초국가 시대
해외 한인문학

초국가 시대 해외 한인문학

초판 인쇄 · 2025년 7월 10일
초판 발행 · 2025년 7월 18일

지은이 · 강희진
펴낸이 · 한봉숙
펴낸곳 · 푸른사상사

주간 · 맹문재 | 편집 · 지순이 | 교정 · 김수란
등록 · 1999년 7월 8일 제2-2876호
주소 · 경기도 파주시 회동길 337-16(서패동 470-6)
대표전화 · 031) 955-9111(2) | 팩시밀리 · 031) 955-9114
이메일 · prun21c@hanmail.net/prunsasang@naver.com
홈페이지 · http://www.prun21c.com

ⓒ 강희진, 2025

ISBN 979-11-308-2303-4   93800
값 26,000원

- 저자와의 합의에 의해 인지는 생략합니다.
- 이 도서의 전부 또는 일부 내용을 재사용하려면 사전에 저작권자와 푸른사상사의 서면에 의한 동의를 받아야 합니다.
- 이 도서의 표지 및 본문 디자인에 대한 권리는 푸른사상사에 있습니다.

본 연구서는 2025년 전북특별자치도문화재단 문화예술육성지원사업 기금을 받아 발간되었습니다.

초국가 시대
해외 한인문학

강희진

책머리에

　외교부의 통계에 따르면(2021년 기준) 세계 193여 개국에 약 732만 명의 재외한인이 거주하고 있다. 한편 국내에 거주하는 외국인의 수는 대략 224만 명(2022년 기준)을 넘는 것으로 추정된다. 이처럼 국경을 허물고 경계를 넘나드는 현상은 전 세계적인 자본화와 함께 더욱 가속화되고 있으며, 이주자의 문제는 특정 소수민족 집단만의 문제가 아니라 근대 이후 보편적인 삶의 문제로 부각되고 있다. 또한 기존의 국가들이 설정한 '국가'나 '민족'의 개념은 물론, 영토를 횡단하는 트랜스로컬 주체의 확산도 다양한 방식으로 이루어지고 있다. 일반적으로 오늘날의 트랜스내셔널한 행위는 국경을 넘는 것을 통해 국가 혹은 민족의 경계를 고집하지 않겠다는 명시적인 목표가 잠재되어 있다.

　그동안 해외 한인문학에 대한 연구는 주로 '국가' 혹은 '민족'이라는 틀 안에서 이루어져왔다. 이에 따라 많은 논의가 한민족으로서의 정체성을 어떻게 유지하고 강화하는가에 초점을 맞추어 전개되었다. 그러나 해외 한인을 단순히 '국가적 자산'으로 바라보는 관점을 넘어, 이들을 하나의 독립된 '주체'로 인식하고 조명하는 새로운 연구 방향이 요구된다. 즉, 동일한 민족과 같은 언어의 공통성을 바탕으로 재외 한인문학을 평가하던 기존의 방식에서 탈피하여 해당 작품을 보다 객관적으로 분석하는 연구로의 전환이 필요하다. 이는 서로 다른 두 문화가 자연스럽게 섞이고 상호작용하는 과정을 통해 인식될 수 있는 '경계'의 관점에서 해외 한인들의 문학작품을 조망하는 접근 방식이라 할 수 있다.

문학은 삶을 질료로 삼고 있기 때문에, 작품의 내용이나 형식, 경향 등이 시대의 흐름 따라 다양하게 변화하는 것은 자연스러운 일이다. 이민자가 새로운 정착지에서 필연적으로 마주하게 되는 '타자성'의 자각은 다양한 방식으로 표출될 수밖에 없으며, 이는 문학적 형상화의 출발점이 된다. 전 지구화 시대의 문학적 양상을 제대로 이해하기 위해서는 기존의 국가 중심적·민족 중심적 사고를 넘어서려는 새로운 인식 틀이 필요하다. 이러한 맥락에서 '트랜스내셔널 인문학'은 특정 국가의 경계 안에서 문학을 이해하려는 국민국가 중심 패러다임을 극복하려는 시도로 주목된다. 즉, 국가의 경계를 넘어 보다 객관적이고 유연한 시각에서 다양한 문화적 현상을 탐구하고자 하는 학문적 경향이다. 민족적 또는 국가적 틀만으로는 포착하기 어려운 정치적, 사회적, 문화적, 문학적 혼종 현상들을 분석하는 데 있어, 트랜스내셔널리즘의 방법론은 유의미한 해석의 도구로 기능한다.

해외 한인들은 모국과의 연관성만으로는 이해할 수 없는 복잡한 삶을 살아가고 있다. 따라서 '우리'의 관점에서 벗어나 서로 다른 두 문화의 자연스러운 섞임과 상호작용을 통해 인식될 수 있는 '경계'의 관점을 통해 해외 한인들의 문학작품을 바라보는 것이 필요하다. 거주국의 다양성만큼이나 거주자(이민자)의 처한 상황도 각기 다를 수 있다. 따라서 트랜스내셔널한 정체성은 다양한 양상을 지니게 된다.

본 연구서의 1부에서는 한국 문단에 상대적으로 잘 알려지지 않은 캐나다, 아르헨티나, 브라질, 호주 등의 한인문학을 살펴보았다. 이를 통해 해당 지역의 한인문학에 대한 관심을 환기하고, 후속 연구로서의 권역별 상호 교류와 연구 활성화의 기회를 모색할 수 있을 것이다. 본 연구서는 국내외에서 이루어진 해외 한인문학 연구를 기반으로 수집하고 정리한 자료들을 체계적이고 면밀히 분석하여 선행연구의 한계를 보완하고 새로운 차원으로 승화시키고자 하는 핵심적 지향점을 두고 있다. 2부에서는 중앙아시아 고려인 문학에 대해 살펴보았다. 1937년 스탈린의 강제이주 정책으로 인해 연해주에서 중앙아시아로 이주한 고려인들은 1938년 『레닌기치』라는 매체를 발간하고 이를 통해 새롭게 고려인 문학의 싹을 틔운다. 한글신문 『레닌기치』는 1990년 폐간되기까지 50년이 넘게 고려인 문학의 산실이자 문학사의 토대가 되었다. 이에 『레닌기치』에 실린 문학작품을 중심으로 고려인 문학의 다양한 양상과 특징에 대해 살펴보았다.

 본 연구서는 한국연구재단 인문사회학술연구교수 사업의 지원(2020.9~2025.6)을 받아 진행된 연구 결과물이다. 해외 한인문학의 지속적인 연구를 지원해준 한국연구재단에 깊은 감사의 마음을 전한다. 더불어 항상 따뜻한 지지와 격려를 보내주시는 부모님과 가족, 그리고 이 책 출간을 쾌히 맡아준 푸른사상사 여러분께 고마움을 표한다.

2025년 초여름 지리산봄루이네
강희진

차례

책머리에 • 5

제1부 초국가적 서사와 트랜스내셔널 정체성

중앙아시아 고려인 문학과 재중조선인 문학의 트랜스내셔널　15
  1. 트랜스내셔널리즘, 경계 사이 혹은 경계 너머　15
  2. 트랜스로컬의 정체성과 지향성　17
  3. 중앙아시아 고려인 시문학의 트랜스내셔널 양상 : 차이의 인식과 유지　20
  4. 재중조선인 시문학의 트랜스내셔널 양상 : 공존과 화합　30
  5. 맺음말　40

캐나다 한인 시문학에 나타난 트랜스내셔널 양상
  — 문예잡지 『캐나다 문학』을 중심으로　44
  1. 머리말　44
  2. 캐나다 한인 시문학의 형성과 전개 양상　46
  3. 자기 소외 인식과 트랜스내셔널　53
  4. 서로의 차이 인식과 트랜스내셔널　58
  5. 맺음말　64

아르헨티나 한인 시문학과 트랜스내셔널　67
  1. 머리말　67
  2. 언어의 혼종성과 트랜스내셔널　71
  3. 환상의 공간으로의 트랜스내셔널　76
  4. 맺음말　83

브라질 한인문학과 트랜스내셔널 · · · · · · · 85
1. 머리말 · · · · · · · 85
2. 로컬 공간의 환상성을 구축하는 주체의 트랜스내셔널 · · · · · · · 88
3. 공간의 혼재를 경험하는 주체의 트랜스내셔널 · · · · · · · 98
4. 맺음말 · · · · · · · 107

재일조선인 시에 나타난 트랜스내셔널의 특징 및 의미 · · · · · · · 110
1. 머리말 · · · · · · · 110
2. 경계의 틈새에서 살아가는 주체 · · · · · · · 115
3. 보이지 않는 장소를 넘어서는 주체 · · · · · · · 119
4. 맺음말 · · · · · · · 126

호주 한인 시문학의 트랜스내셔널리즘 양상 · · · · · · · 129
1. 머리말 · · · · · · · 129
2. 호주 한인 시문학의 형성 · · · · · · · 132
3. 공간의 전유와 트랜스내셔널 · · · · · · · 137
4. 공간의 환상성과 트랜스내셔널 · · · · · · · 142
5. 자의식의 발현 장소와 트랜스내셔널 · · · · · · · 146
6. 맺음말 · · · · · · · 153

제2부 『레닌기치』와 중앙아시아 고려인 문학

고려인 시문학 속 여성상의 변화 양상   159
1. 머리말   159
2. 소비에트 문학을 위해 호명된 여성상   163
3. 페레스트로이카(개혁 혹은 개편)와 여성상   174
4. 맺음말   179

고려인 여성 작가 리정희 소설 연구   183
1. 머리말   183
2. 여성 화자를 통한 서술 방식   189
3. 가부장의 부재 양상과 의미   195
4. '떠남' : '사할린'으로부터의 양상과 의미   200
5. 맺음말   204

고려인 소설 비평 고찰   207
1. 머리말   207
2. 소설 비평 및 문예이론의 성격과 전개 양상   208
3. 맺음말   224

고려인 시문학 비평 고찰   227
1. 머리말   227
2. 형성기(1938~1969) : 형상성을 통한 당성과 인민성 강조   231
3. 발전기(1970~1984) : 언어의 미학성과 문학적 파토스의 강조   235
4. 성숙기 및 쇠퇴기(1985~1991) : 주제와 소재의 다양화 추구   239
5. 맺음말   243

고려인 극평 고찰 245
   1. 머리말 245
   2. 고려인 연극과 고려극장 248
   3. 창작극평 : 구성의 문제와 등장인물의 형상화 강조 250
   4. 고전 각색극평 : 예술성과 사상성, 원작의 충실성 강조 253
   5. 극평의 의의 257
   6. 맺음말 259

참고문헌 · 264
찾아보기 · 273

제1부

초국가적 서사와
트랜스내셔널 정체성

중앙아시아 고려인 문학과
재중조선인 문학의 트랜스내셔널

1. 트랜스내셔널리즘, 경계 사이 혹은 경계 너머

트랜스내셔널리즘(transnationalism)은 사람들 간의 상호 연결성이 강화되고, 국가 간 경계의 경제적·사회적 중요성이 약화되면서 발전한 학문적 연구 주제이자 사회적 현상이다. 특히 19세기 이후 국가를 초월한 이주가 급증하면서 이는 근대적 현상의 하나로 자리 잡았다.

더불어 기존 국가가 설정한 민족과 영토의 개념을 넘어 활동하는 트랜스로컬(transtocal) 주체들 또한 점점 증가하고 있다. 이에 따라 태어난 지역을 떠나 새로운 곳으로 이주한 실향민, 무국적성과 불안정성을 안고 모국에서 추방된 디아스포라(Diaspora), 자본과 노동을 찾아 전혀 다른 환경으로 이동한 트랜스이주자 등을 단순히 민족적 로컬리티의 변화로만 보는 것은 한계가 있다. 이들은 단순한 공간적 이동을 넘어 새로운 정체성과 사회적 네트워크를 형성하며, 더욱 복합적인 방식으로 존재하고 있다.

'트랜스내셔널'이라는 개념은 국가 밖이라거나, 국가 위라거나 아니면 국가 간 경계라는 특정한 지역의 범주화라기보다는 '지역의 재개념화'를 의미한다. 즉 명백히 분리되어 있다고 여겼던 공간들이 서로 얽혀 있는 양상, 다양한 문화들이 혼종되어 복잡하고도 불가분으로 얽힌 관계성을 명료하게 드러내기[1] 위한 개념이라 할 수 있다. 따라서 트랜스내셔널 문학은 "자신이 태어나지 않은 나라에서 살고 있는 사람들의 사회적 공간과 지리적 공간의 의미, 그들의 다중정체성, 그리고 그들의 방황과 고뇌를 성찰하는 문학"으로 "문화적 접촉과 상호작용을 비판적으로 그러나 동시에 긍정적으로 연구하는 새로운 문예사조"[2]라 할 수 있다.

근대에는 인간의 다른 모든 사상 및 현상들과 마찬가지로, 문학도 국가나 국민별로 분류할 수 있는 것으로 여겨져왔다.[3] 그러나 급속히 변화하는 세계화의 흐름 속에서 문화, 자본, 그리고 사람의 교류가 활발해지는 오늘날, 국가와 민족의 경계를 넘어서는 새로운 사유 방식이 요구된다. 기존의 민족국가 중심의 사고나 전통적 개념으로는 점점 더 혼종성이 증가하는 정치·사회·문화·문학적 현상을 충분히 설명하기 어렵기 때문이다.

그동안 해외 한인문학을 다룬 연구는 지속적으로 이루어졌으며, 권역별 연구 논저들이 다양하게 출간되면서 일정한 성과를 거두었다. 대표적인 선행연구로는 「재중 조선족 근·현대문학 연구 - 1949~1990년 자료 수집·정리 및 분석을 중심으로」(KRF-2002-AS1036), 「재외 한인문학 연구 - CIS·중국·일본 지역 한인문학을 중심으로」(AS0113), 「재외 한인문학사 연구」(KRF-2009-32A-A00094), 「미주 지역 디아스포라 시문학의 사건과 심상지리」(2012S1A5A2A01018155) 등이 있다. 단행본으로는 『미주 한인문학사』(정덕준 외), 『트랜스내셔널리즘과 재외 한인문학』(송명희), 『미주 지역 한인문학의 어제와 오늘』(송명희), 『중국 조선족 문학의 어제와 오늘』(정덕준), 『재

---

1 오윤호, 「탈경계 주체들과 문화 혼종 전략」, 『비교문학』 55권, 한국비교문학회, 2011, 83쪽.
2 김성곤, 『하이브리드 시대의 문학』, 서울대학교 출판문화원, 2009, 28~32쪽 참조.
3 이연숙, 『이방의 기억』, 신지영 역, 그린비, 2019, 111쪽.

외 한인 작가 연구』(김현택), 『아무다리아의 아리랑』(강회진), 『중국 조선족 디아스포라 문학』(김종회), 『중앙아시아 고려인 디아스포라 문학』(김종회), 『한민족 디아스포라 문학-해외 동포 문학과 북한 문학의 새 길』(김종회) 등 다양한 연구가 출간되었다.

하지만 이러한 연구들은 대체로 민족, 민족성, 한국인으로서의 정체성, 디아스포라의 관점에서 개별 지역이나 특정 작가 및 매체를 분석하는 데 머무르는 한계가 있다. 기존의 해외 한인문학 연구가 각 권역별로 고립적으로 이루어졌다면, 권역 간 비교 및 대비 연구는 해외 한인문학을 보다 객관화할 수 있는 중요한 방법이 될 것이다.

2. 트랜스로컬의 정체성과 지향성

오늘날 세계는 초국가적인 트랜스로컬 주체들이 빠르게 증가하고 있다. 문학 또한 지구상의 다양한 문화가 지닌 특수성과 다양성을 반영하며, '장소성(locality)'에 대한 새로운 접근이 요구된다.[4] 사람들은 특정 장소에서 실존적 삶을 영위하며, 동시에 그 장소 밖의 타자를 경험한다. 반면, 민족·국가·계급·성별과 같은 추상적 공간은 항상 '동질성'을 강조한다. 국가라는 추상적 공간은 언어와 서류를 통해 확정되며, '물리적 경계'와 '의미적 경계'가 국민·인민의 사고방식과는 무관하게 이미 규정되어 있다. 그 결과, 국가 공동체로 정의된 로컬 공동체는 집시·난민·소수자 등을 자신과 다른 시공간으로 구분하고 배제하는 방식으로 자리 잡게 된다.[5]

---

4 최병학, 「로컬의 도덕과 트랜스-로컬 윤리학」, 『윤리교육연구』 36, 한국윤리교육학회, 2015, 214쪽 참조.
5 하용삼·배윤기, 「경계의 불일치와 사이 공간에서 사유하기-G. 아감벤의 국민·인민, 난민을 중심으로」, 『대동철학』 제62호, 대동철학회, 2013, 85쪽 참조.

따라서 '장소'는 인간의 구체적인 경험과 일상을 구성하는 실천적 공간으로서 국가나 트랜스내셔널 현상과 항상 맞닿아 있다.

트랜스로컬리티(translocality)는 단순히 물리적 경계를 넘는 문제가 아니다. 이 개념은 인적·물적 이동뿐만 아니라 세계관·정서·이데올로기·정체성 등 다양한 요소들이 서로 연결되고 접합되는 방식까지 포함한다. 따라서 트랜스로컬리티는 특정 지역에서 거주하던 이들이 지리적 이주를 감행하면서도 기존의 소속감이나 정체성을 유지하는 한편, 자신의 기원과 관계의 맥락을 가로지르며 새로운 장을 재구성하는 과정에 주목한다. 이는 단순한 공간적 이동이 아니라 경제·정치·사회적 요소가 복합적으로 얽혀 새로운 혼종적 정체성과 문화 현상을 형성하는 트랜스적 삶의 방식이다. 트랜스 이주는 단순한 국경 초월을 의미하는 것이 아니라, 여러 생활 공간에 동시적으로 속하며 쌍방향 이동을 수행하는 방식으로 이루어진다.[6] 트랜스내셔널 이주민들은 새로운 거주국에서 민족 형성 과정에 직면하거나, 그 과정에 직접 참여하기도 한다. 이들의 정체성과 일상은 민족국가들의 민족 형성 과정 속에서 인종과 종족성 같은 헤게모니적 범주에 의해 규정된다.[7] 개인의 정체성은 국가·사회적 계급·하위문화·민족성 등의 특정 집단에 대한 소속감을 형성하는 방식으로 규정된다. 따라서 이주자들의 정체성은 초국적 사회적 장의 경험과 밀접하게 연관되어 있다. 이주자들은 정착 국가와 새로운 관계를 형성하면서도, 여전히 자신이 태어난 모국과의 연결성을 유지하려 노력한다. 결국 이들은 두 국가를 포함하는 초국가적 사회적 영역 속에서 살아가며, 이러한 경험이 서서히 그들의 정체성을

---

6 트랜스 이주는 경계를 뛰어남는 이동이기는 하나, 여러 생활 공간에 동시에 소속되고 쌍방향 이동이 전개되는 방식을 의미한다. 이영민, 「글로벌 시대의 트랜스 이주와 장소의 재구성」, 『이주와 로컬리티의 재구성』, 소명출판, 2013, 74쪽 참조.

7 이용일, 「트랜스내셔널 전환과 새로운 역사적 이민연구」, 『서양사론』 제103호, 참조.

트랜스내셔널한 정체성으로 변화시킨다. 트랜스내셔널한 정체성은 기존 거주 지역의 문화적 특성과 정착 국가의 문화가 결합되어 잡종적 연속성을 형성한다. 개인의 정체성은 국가·사회적 계급·하위문화·민족성 등의 특정 집단에 대한 소속감을 형성하는 방식으로 규정된다. 따라서 이주자들의 정체성은 초국적 사회적 장의 경험과 밀접하게 연관되어 있다. 이주자들은 정착 국가와 새로운 사회적 관계를 형성하는 동시에, 출생지인 모국과의 연결성을 지속적으로 유지하고자 한다. 이로 인해 이들은 두 국가를 포괄하는 공간 속에서 삶을 영위하며, 이러한 경험은 점차 그들의 정체성을 트랜스내셔널한 정체성으로 변모시키는 계기가 된다. 트랜스내셔널 정체성은 기존 거주 지역의 문화적 특성과 정착 국가의 문화가 결합된 잡종적 연속성으로 나타난다.[8] 이러한 정체성은 '영구히 이곳에 머물러야 한다'는 인식과 '잠시 머무르는 장소'라는 인식이 공존하는 복합적인 형태를 띤다. 즉, 이주민들은 현재의 정착지에서 사회적 적응을 모색하는 동시에, 언제든지 타지로 이동할 가능성을 열어두고 있다. 궁극적으로 이들은 국가라는 상상적 틀에 국한되지 않고, 경험적 실체로서의 로컬 공간에 귀속된 트랜스이주자로 이해할 수 있다.

본 연구는 전통적인 국가 중심적 및 민족 중심적 연구의 한계를 넘어, 트랜스내셔널리즘 관점에서 중앙아시아 고려인 시문학과 재중조선인 시문학에 나타나는 트랜스내셔널한 양상과 그 의미를 분석하고자 한다. 거주국의 다양성만큼이나 거주자들의 현실적 상황이 각기 다름을 고려할 때, 문학은 현실을 반영하는 사회적 산물이므로 그 문학적 생산물 역시 다채로운 양상을 보일 수밖에 없다. 이에 본 연구는 국가나 민족의 개념을 넘어서는 경계인의 정체성 의식을 탐구하고, 해외 한인문학에 대한 통합적 접근

---

[8] 이소희 편, 『다문화사회, 이주와 트랜스내셔널리즘』, 보고사, 2012, 21쪽 참조.

과 확장된 해석의 가능성을 모색하고자 한다.

3. 중앙아시아 고려인 시문학의 트랜스내셔널 양상
: 차이의 인식과 유지

조선인의 러시아 지역으로의 이주는 1860년대부터 시작되었다. 연해주로 이주한 조선인들은 황무지를 개간하며 삶의 터전을 일구었다. 그들은 민족적 차별과 핍박 속에서도 이를 극복하며 생활의 기반을 마련했고, 결국 연해주를 새로운 '고향'으로 여기며 집단농장을 중심으로 정착하게 되었다. 그러나 1937년, 스탈린 정권은 소수민족에 대한 분리 차별 정책을 시행했고, 이에 따라 약 18만여 명의 조선인이 연해주에서 6천 킬로미터 떨어진 중앙아시아 각 지역으로 한 달여 동안 화물기차에 실려 강제이주당했다. 고려인이라는 명칭은 1920~30년대 구소련 한인들 사이에서 '조선인'과 함께 사용되었으며, 1940년 이후 '조선인'이라는 명칭이 주로 통용되었다. 하지만 1983년 올림픽을 기점으로 한국과의 관계를 고려해 '고려인'이라는 명칭이 공식화되었다.[9] 강제이주된 고려인들은 카자흐스탄과 우즈베키스탄 등 여러 지역에 도착했다. 이들은 거의 방치되다시피 했으며, 중앙아시아의 척박한 땅을 농업지대로 바꾸려는 소련 당국의 계획에 따라 불모지에 적응해야만 했다. 도시 거주는 금지되었고, 이주 전에 약속받았던 재산의 보상과 공민권 보장은 기대할 수도 없었다. 그럼에도 불구하고 고려인들은 강제이주를 겪은 이듬해, 소비에트 중앙아시아 고려인의 최대 민

---

9 '고려인'이라는 명칭은 구소련 한인들 사이에서 1920~30년대까지 '조선인'이란 명칭과 함께 사용되었다. 1940년 이후에는 '조선인'이 주로 통용되었으나 1983년 올림픽 이후부터는 한국과의 관계를 고려해 '고려인'이라는 명칭이 공식화되었다. 김병학, 『카자흐스탄의 고려인들 사이에서』, 인터북스, 2009, 10쪽 참조.

족신문인 『레닌기치』를 창간했다. 『레닌기치』는 1938년 5월 15일 카자흐스탄에서 창간되어 1990년 12월 31일자로 폐간되었다. 1937년 강제이주된 고려인들이 한글로 발간한 신문으로, 처음에는 구역 신문으로 출발했으나 1955년 공화국 신문으로 확장되었고, 1961년부터는 공화국 간 공동 신문으로 격상되었다. 따라서 신문사의 운영은 소련 공산당의 직간접적인 영향을 받을 수밖에 없었다.

또한 고려인들은 고려극장을 재설립해 공연을 이어갔다. 고려극장의 전신은 1932년 원동 블라디보스토크에서 결성된 '원동변경조선인극장'이었다. 1937년 강제이주 당시 카자흐스탄 크즐오르다로 이전했으며, 1942년에는 우스또베로 옮겨 '딸띄-꾸르간주조선극장'으로 명칭이 변경되었다. 이후 1959년 크즐오르다로 다시 이전하며 '크즐오르다 주립음악연극조선극장'으로, 1962년에는 '조선음악연극극장'으로 이름이 바뀌었다. 1968년 알마타로 이전한 후에는 '음악희곡극장' 혹은 '카자흐공화국 국립조선음악연극극장'으로 불리다가, 1990년 이후 고려극장이라는 공식 명칭으로 변경되었다.[10]

중앙아시아 고려인들의 문학 활동은 한글신문 『선봉』[11]이 창간된 1932년 무렵부터 시작되었다.[12] 이후 중앙아시아로 강제이주를 한 후 창간된 신

---

10 본 글에서는 편의상 '고려극장'으로 통일하여 표기한다. 카자흐스탄 국립고려극장, 『고려극장의 역사』, 알아띄 라리쩨뜨, 2007 참조.
11 『선봉』은 1923년 3월 1일 러시아 블라디보스토크에서 연해주 거주 한인들이 창간한 한글신문이다. 1937년 가을에 스탈린 정권의 중앙아시아로의 한인 강제이주 정책에 의해서 그해 9월 중순에 폐간된다.
12 고려인 작가 한진의 말에 의하면 "쏘비에트 조선문학의 출발점은 보통 1923년으로 취정하는 것이 상례로 되어 있다. 그래서 3월 1일, 삼일운동 4주년을 맞는 날 『선봉』 신문 창간호가 세상에 나왔다. (중략) 처음으로 쏘련에서 조선말로 산 조선사람들의 문학작품들이 출판되기 시작하였으며 첫 작가들과 시인들의 이름이 알려지게 되었다."(『오늘의 벗』, 알마아따 사시시 출판사, 1990, 3쪽.)

문 『레닌기치』를 주요 발표 공간으로 문학 활동을 재개했다. 여러 작품집 역시 이들 신문사 출판부를 중심으로 간행되었다.

고려인은 강제이주 후 오늘에 이르기까지, 이주의 경험은 물론 민족적 차별, 문화적 충격, 이중언어의 어려움, 세대 간의 갈등, 민족과 국적의 갈등의 시련과 정체성의 위기를 경험한다. 그에 따라 고려인 문학은 대부분 냉혹한 현실에 직면한 고려인의 다양한 삶의 양태와 전망, 정체성 회복을 향한 갈망 등을 담아내고 있다. 강제이주 1세대 작가의 작품에는 이산의 생생한 흔적과 함께 혼종 또는 혼성의 특성이 혼재되어 나타난다. 과거 기억 속에 존재하는 모국과 현재 일상을 꾸려나가는 거주 국가 사이에서 발생하는 내적 갈등은 고려인 문학 근저에 깔려 있는 공통적 특질이라 할 수 있다.[13] 이러한 내적 갈등은 강제이주 이후부터 지금까지 세대가 지남에 따라 양상은 조금씩 다르지만 거주국으로의 동일화와 새로운 공간을 찾고자 하는 환상성으로 그려지고 있다.

에르네스트 르낭은 『민족이란 무엇인가』에서 망각이야말로 "국민 창조의 본질적인 요소"[14]라고 언급한다. 국민 창조라는 요소는 집단이 구성하는 공식적인 기억을 의도적으로 역사에서 없애버리는 것에 의해 좌우되는 것임을 시사한다. 역사적 사실이 은폐되거나 망각된 것은 학문적으로 "오류"에 해당하지만, 기억을 역사에서 소거함으로써 국가 단일체에 소속된 운명공동체라는 환상을 만들어내면서 국민을 창조한다는 것이다.[15] 르낭의 이러한 언급은 중앙아시아 고려인에게도 적용될 수 있다. 1937년 강제이주

---

13 정덕준·이상갑, 「민족어의 자장, 민족의 경계 넘기」, 『현대문학이론연구』 28권, 현대문학이론학회, 2006, 228쪽.
14 에르네스트 르낭, 『민족이란 무엇인가』, 신행선 역, 책세상, 2002, 61쪽.
15 김종욱, 「아시아-태평양 지역의 이주와 트랜스내셔널리즘 : 국가권력의 폭력성과 디아스포라의 양상-김석범의 『화산도』론」, 『비교한국학』, 18권 3호, 국제비교한국학회, 2010, 42쪽.

의 비극은 오랫동안 그들의 공식적인 역사에서 억압되고 망각될 수밖에 없었다. 소련에서 살게 된 경계인인 그들에게 있어 '1937년'이나 '강제이주'는 발설해서는 안되는 금기였기 때문이다. 심지어 강제이주 이후 고려인들은 자신의 그림자마저도 두려워하는 존재가 된다. 그들은 이웃들과의 교제도 기피할 정도였다.[16] 이러한 상황에서 당연히 고려인 시문학에서도 강제이주에 대한 실상은 오랫동안 은폐되고 배제될 수밖에 없었다. 따라서 강제이주 이후 고려인 시문학 언술 주체는 소비에트 제국에 대한 불만과 반발 등 갈등을 표현하기보다는 일차적으로 소비에트와의 동일화 원리를 수용하고 따르고자 한다. 그 결과 언술주체는 제국의 이데올로기에 대한 찬양과 동일화를 보여주는 방식으로 주체를 보호하고 형성하고자 한다.

> 얼마나 모대기였던가, 나는/일제의 식민지 학정하에서/제가 걸어야 할 길 몰라서/해방자-쏘련병사 야간학교에서/로어를 가르쳐준 그날부터/나의 생활 변하였어라//그때부터 나는/위대한 레닌의 말,/서성 뿌스낀의 말/로씨야말을 숭상하노라//이 말은 길을 헤매는 나에게/력사의 흐름, 인류의 앞길/내다보는 눈을 뜨게 해준 말//향학열에 불타는 나에게/지식의 날개 달아주고/행복의 노래 안겨주었네//이 세상엔 말들이 하많아도/로씨야말보다 더 위대한 말/나는 몰라라.
>
> ─ 주영윤, 「위대한 말」 전문[17]

화자는 일제 식민지하에서 길을 몰라 방황할 때 "해방자 쏘련병사"에게 로어를 배우고 난 후부터 생활이 변한다. 로어는 화자에게 "역사의 흐름"과 "앞길을 내다보는 눈을 뜨게 해"주고 "지식의 날개"를 달아주고 "행복의

---

16 유 게라씸, 「재쏘 조선사람들」, 『한국과 국제징치』, 경남대학교극동문제연구소, 1990, 267쪽 참조.
17 『레닌기치』 1988년 3월 30일.

노래"을 안겨준 "위대한 말"이다. 강제이주 후 고려인들은 가능한 빨리, 적극적으로 소비에트라는 지배질서에 적응해야만 했다. 이때 제일 먼저 요구되는 것이 바로 소비에트 가치관에 자신들을 동화시키는 것이다. 따라서 화자가 로어를 배우는 일은 소비에트라는 새로운 터전에서 지배질서의 언어를 사용함으로써 이념적 합일을 이루고자 하는 안타까운 노력으로 볼 수 있다. 지배질서의 언어를 배우고, 지배질서의 구성원이 되고자 하는 이러한 행위들은 결국 인정받지 못한 거주국에서 '선'한 주체가 되어 '동의'하는 것으로 자신의 주체를 보호하고자 함과 다름 아니다. 그러나 이런 노력에도 불구하고 그들은 주변화에 그치고 만다. 왜냐하면 강제이주를 당한 고려인들이 당시 문화의 중심인 "소비에트"라는 거대 체제 안의 구성원으로 인정받기란 착각이자 허상에 불과할 공산이 크기 마련이다. 미셸 푸코가 적시한 것처럼, 자신의 문화적 정체성을 포기하고 스스로 거대 체제의 일부가 되기를 원하고 스스로 그 중심부에 위치해 있다고 착각하지만 "체제는 결코 그들의 중심부에 위치를 만들어주지 않기"[18] 때문이다.

> 쓰고 찢어버린다/또 쓰고, 찢어버리고 다시 써본다//우리 삶 있는 그대로 쓸 수만 있다면/경종으로 된 글을 쓸 수 있다면//나 역시 시대의 산물이기에/한시도 불안치 않을 때가 없다/세월의 줄달음에서 뒤떨어지기 싫기에//정도 이상 기뻐할 수도/악의를 품을 수도 없음이/우리의 삶 아닌가!
> ─ 양원식, 「바라는 바」 부분[19]

화자가 살고 있는 공간은 "삶 있는 그대로 쓸 수" 없는 곳이다. 따라서 화자가 할 수 있는 일이란 거짓된 글을 "쓰고 찢어버리"기를 반복할 뿐이

---

18 김성곤, 『뉴미디어 시대의 문학』, 민음사, 1996, 47쪽.
19 양원식, 『카자흐스탄의 산꽃』, 시와진실, 2002.

다. "정도 이상 기뻐할 수도" "악의를 품을 수도 없"는 시대를 살아가는 화자는 늘 불안하다. 이는 화자 혼자만의 일이 아닌 "우리의 삶"이라는 말에서처럼 대부분의 고려인들의 삶의 형태임을 짐작할 수 있다. 고려인들은 지배계급과의 동일화를 통해 정체성을 찾고자 부단한 노력을 하지만 끝내 자신들이 지배계급과 같아질 수 없다는 사실을 인식하기에 이른다. 이는 현실공간이 결핍의 공간임을 인식하고 새로운 공간을 찾고자 하는 양상으로 이어진다. 결핍은 대부분 몸이 떠나오는 데서 오는 것이기보다는 공간 안에서 심리적 충족감을 갖지 못하는 데서 기인한다.

> 아, 여기에도/봉선화 울밑에 피였구나/밤이면 우리 누나/꽃잎 뜯어 손톱마다 물들이곤/나에게 붉은 손톱 자랑하던/흘러간 그날이여!//봉선화 꽃잎 속에 어려오는/누나의 얼굴!/잊혔던 그 세월 살아나는 듯//아, 여기에도/추억 깊은/누나의 꽃 피였구나/아직 봄은 아니어라////산야의 백설이 덮였으니/봄이라 말하기 이르거니/허나/눈 속에서 봄풀은 솟아나고/얼음 밑에서 조잘대는 물소리/처마에 달린 고드름에/떨어지는 물방울/새 계절을 아뢰는데/봄은 추위를 밀어버리며/마음 속에 맴돌고 있다.
>
> — 박현, 「봉선화」 전문[20]

박현의 「봉선화」에서 화자는 '봉선화'를 매개로 누나와의 따뜻한 추억을 떠올리며 잊혀졌던 시간들을 불러들인다. '흘러간 그날'은 누나와 함께했던 충만한 기억의 공간인 반면, 현재의 '이곳'은 '누나의 꽃 피었으나' '산야의 백설이 덮인' 봄이 부재한, 얼어붙은 현실 공간으로 묘사된다. 이는 생명이 소생해야 하는 봄임에도 불구하고 풍요로움이 상실된 상태를 상징한다. 그러나 "봄은 추위를 밀어버리며/마음 속에 맴돌고 있다"라는 구절에

---

20 『고려일보』, 1996년 3월 8일.

서 알 수 있듯이, 화자는 '봄 눈 속에서 봄풀이 솟아나듯' 희망을 품고 결핍된 공간을 극복하며 새로운 공간을 꿈꾸고 있음을 보여준다.

제국과 하위주체 간의 적대적 경계선을 해체하기 위해서는 양측을 넘나드는 새로운 공간, 즉 '혼종성'을 내포한 제3의 공간이 형성되어야 한다. 이 제3의 공간은 기존의 상징계와 실재계, 재영토화와 탈영토화 사이에 위치하며, 새로운 정체성을 창조할 수 있는 장소로 기능한다. 고려인은 거주국과 모국 사이에 위치함으로써 본질적으로 혼종적 정체성을 지니며, 이 과정에서 두 가지 상이한 욕망이 공존한다. 즉, 거주국 문화를 수용할 것인지, 아니면 주체로서의 정체성을 확립하기 위해 모국 문화를 선택하고 거주국 문화와의 단절을 선언할 것인지에 관한 선택이다. 이에 고려인들은 자신들만의 공간을 재구성하여 새로운 제3의 공간을 모색하고자 한다.

> 나는 죽고 죽어/아홉 번을 죽더라도/다시 살아나겠습니다/설레이는 내 마음을/마지막 번 달래려고/꼭 일어나겠습니다/씨르다리야강 기슭에/몇 자욱 더 남겨 놓으려고…/우리 고장 꽃바람에/다시 한번 안겨 보려고…/민요의 예쁜 흐름에/한바탕 또 몸을 적시려고…/그리고 이 몸이/영영 떠나갈 때면/저 하늘 푸른 쪼각 하나/눈 속에 감추고 가겠습니다.
>
> ─ 강태수, 「푸른 쪼각 하나」 전문[21]

화자가 '아홉 번'을 죽어서라도 가닿고 싶은 공간은 '씨르다리야강 기슭'과 고려인들의 전통의 표상이라 할 수 있는 '민요'가 흐르는 곳이다. 그곳은 '꽃바람'이 부는 낙원이자 순수한 시절의 추억을 불러일으키는 곳이다. '씨르다리야강'은 카자흐스탄 크즐오르다를 거쳐 흐르는 강이다. 크즐오르다는 강제이주 후 고려인들이 터를 잡고 지난하게 살아온 공간이다. 따라

---

21 『레닌기치』 1989년 4월 29일.

서 이곳은 '꽃바람' 부는 낙원의 공간이 될 수는 없다. 죽어서도 가고 싶은 '쐬르다리야강 기슭'은 이주 이전의 공간이 아니며 현실 속 거주지에서도 발견할 수 없는 공간인 셈이다. 이는 현 시점에서 불러오는 과거 속의 공간과 합쳐진 창조의 공간, 상상의 공간이다. 즉, 이 공간은 제국과 하위 주체 간의 경계가 해체된 제3의 공간이다. 그러나 2000년대에 접어들면서 이 공간의 탐색은 다른 양상으로 전개된다. 제국과 하위 주체 간의 경계가 해체된 이 제3의 공간 역시 허구임을 인식하게 된 것이다.

트랜스내셔널리즘의 과제는 단순히 민족국가의 상상성을 강조하여 이를 해체한다든가 특정한 문화 양식에서 발원한 보편성이나 더 나아가 세계시민성을 강조하는 데 있지 않다. 오히려 트랜스내셔널리즘은 국민국가, 민족주의, 자본주의, 계몽주의, 합리성 등의 개념어가 보편과 특수의 이분법을 통해 세계화뿐 아니라 그 대항논리마저 규정한다는 점을 인지하고 인간의 현실과 경험을 이들을 넘어서 규정하려 한다.[22] 따라서 트랜스내셔널리즘을 이해하기 위해서는 단순히 "국가와 민족을 넘"거나 이들의 허구로 파악하는 것이 아니라 국가와 민족이 어떤 방식으로 기능하는지 살펴 국가와 민족을 인격적 주체가 아닌 일종의 효과로 다루는 인식론적 전환을 선행하는 것이 필요하다.[23]

1991년 소비에트 연방이 해체된 후 고려인 문단에는 중앙아시아에서 태어나 러시아어로 문학 교육을 받은 세대들이 등장하면서 이른바 신세대 작가들로 빠르게 교체되었다. 고려인 문단 또한 일정 정도 창작의 자유가 보장되면서 이들은 이전 세대와는 차별된 문학적 특성을 보여준다. 현재 이들 세대가 고려인 문단의 주축이 되면서 한국어 작품 창작은 사라지고

---

[22] 오경환, 「트랜스내셔널 역사 : 회고와 전망」, 김상현·오경환·황정아 외, 『트랜스내셔널 인문학으로의 초대』, 한양대학교 출판부, 2017, 38~39쪽 참조.
[23] 위의 논문, 32쪽.

점차 현지어 작품 창작이 보편화되었다. 이러한 이유를 들어 웹사이트 Ko pë capaм 운영자인 한 블라디슬라브(Хан В. В)는 고려인 문학은 러시아 문학의 일부로 존재한다고 말한다. 아나톨리 김, 미하일 박, 블라디미르 김, 디아나 강, 유리 황 등의 작품 활동을 보더라도 대부분의 고려인 작가 대부분은 러시아어로 작품을 창작하고 있다. 이러한 과정을 통해 고려인이 모국어로 인식하고 있는 러시아어로 자신의 사상을 펼쳐 보이기 때문이라는 것이다. 이는 강제이주 이후 고려인이 불가피하게 겪을 수밖에 없었던 질곡의 역사에서 비롯한 것이라 할 수 있다. 반면 이로 인해 고려인 작가들은 언어예술에서 새로운 표현 수단을 획득했고, 자신들의 정신적 가치를 보존하고 확장할 수 있었다.[24]

물론 이 과정에서 창작의 주체는 혼란을 겪기도 한다. 현재 고려인 문학을 보면 개인의 정체성 확립을 위해 거주국과의 대립이나 투쟁보다는 자신이 살고 있는 사회와의 거리를 유지하고자 하는 경향을 보인다.

다음 시를 보면 시적 화자는 고려인이라는 집단이나 어느 한 민족으로서의 사유가 아닌, 한 인간으로서의 사유를 통해 개인의 정체성을 확보하고자 노력한다.

> 나는 러시아 벽촌의 국민이다. 이로써 신과 사람들 앞에서 정당하다. 시골에서의 슬픔의 발작은 조국에 대한 내 사랑과 유사하다. 나, 고려인이 러시아인처럼 눈을 가늘게 뜨는 습관이 누군가에겐 겨울날의 장맛비처럼 낯설겠지. 사람들이 많이 오가는 도시에서 멀리 떨어진 곳, 차가운 맞바람이 부는 곳에서 나는 시간에 의해 거칠어진 입술 위 러시아적 문제의 피맛을 느낀다. 내 삶은 고통스럽고도 괴롭게 불타고 있다. 나는 어둠 속에서

---

[24] 한 블라디슬라브, 「웹사이트 〈고려사람〉에 나타난 CIS 고려인 문학」, 『재외한인문화연구』 2집, 공주대학교, 2018, 111쪽.

> 길을 잃었다. 때때로 정신을 잃어가며 나는 피눈물로 얼굴을 씻는다. 그러나 나의 축복받은 국적을 절대 그 무엇으로도 바꾸지 않으리!
>
> — 강 디아나, 「고향」 전문[25]

일반적으로 디아스포라는 거주국에서 주변인으로 살아가며 언젠가는 조상 또는 자신의 고향으로 돌아가고자 하는 '귀환 신화'를 갖고 있다. 그러나 이 '귀환 신화'는 외부자의 시선, 즉 거주국 주민의 시선에 비쳐진 디아스포라에 대한 선입견이라 할 수 있다. 실제로 대부분의 디아스포라들은 자신들이 떠나온 '모국-고향'보다 '정착지-거주국'을 고향으로 간주하며 살아가는 경우가 더 많다.[26] 위의 시에서도 이를 엿볼 수 있다. 고려인인 화자는 스스로를 '러시아 벽촌의 국민'으로 지칭한다. 기본적으로 화자는 자신을 '약소자'이며 변방으로 '추방된 소수자'로 인식한다. 그러면서 한편으로는 러시아인과 같은 습관을 지니고 있다고 말한다. 화자는 이러한 정체성의 혼종성 속에서 "어둠 속에서 길을 잃고/정신을 잃"기도 할 만큼 고통스러워한다. 그럼에도 "축복"과도 같은 러시아 국적을 포기하지 않겠다고 선언한다. 자기 소외를 의식하는 것이야말로 전진을 가능하게 한다는 프란츠 파농의 말처럼 고려인으로서의 차이를 인식하고 이를 유지하며 자신의 운명을 짊어지고 나가겠다는 다짐으로 읽을 수 있다.

민족 정체성이나 디아스포라의 '귀환 신화'의 시각으로만 고려인 문학을 해석하기 불가능한 이유가 바로 여기에 있다. 트랜스내셔널리즘은 혼종적인 문화 현실과 노동의 이주와 이산으로 대변되는 경제 현실, 또한 국가의 상, 하위 행위자들의 중요성이 강화되는 정치 현실 등을 새로운 방식으

---

[25] https://koryo-saram.ru
[26] 박정석, 「두바이의 힌두 신디 상인 디아스포라 : 이주 양상과 고향의식을 중심으로」, 『한국문화인류학』 제39권 2호, 한국문화인류학회, 2006, 205~206쪽 참조.

로 사유하여 국민국가가 구조적으로 내포하고 있는 폭력성을 해결하고자 한다[27]고 보았을 때 혼종문화를 경험한 고려인들은 지배적 민족국가 체계를 타의든 자의든 탈영토화하는 트랜스로컬 주체들이라 할 수 있다. 이때 문화 혼종의 환경 속에서 고려인 문학은 지배계급과의 동일화를 통해 문화의 중심인 "소비에트"라는 거대 체제 안의 구성원으로 인정받고자 한다. 그러나 자기 동일성을 획득하지 못한 주체는 구축해왔던 정체성이 오인된 환상이었음을 깨닫게 된다. 그로 인해 주체는 거주국과 고향(원동) 나아가 국가와 민족 사이의 '틈새'의 공간인 '제3의 공간'을 탐색한다. 이후 고려인 시문학에서 보이는 '제3의 공간' 탐색은 적극적으로 문화 혼종을 경험하면서 한 곳에 머무는 존재가 아닌 유동적인 주체성을 추구한다. 따라서 이들이 추구하는 공간은 시간과 공간, 국가와 민족의 경계를 가로지르는 움직이는 공간으로, 새로운 문화를 창조할 수 있는 트랜스내셔널한 공간이기도 하다. 고려인들은 이 공간 안에서 거주국에 정착하고자 하는 동시에 자신들이 여러 집단에 걸쳐 있는 존재인 '고려인'으로서의 '차이'를 인식하고 이를 '유지'하며 트랜스내셔널한 정체성을 구축하고자 한다.

4. 재중조선인 시문학의 트랜스내셔널 양상 : 공존과 화합

19세기 후반, 조선인들은 중국으로 대거 이주를 시작하였다. 1910년 한일합방 이후 일제의 수탈이 극심해지자 중국, 특히 만주로의 이주는 더욱 가속화되었다. 현재 중국의 동북 3성에 밀집되어 거주하고 있는 재중조선인은 중국 정부의 소수 민족 정책에 힘입어 연변조선족자치주를 세우고 행

---

[27] 오경환, 「다문화주의와 트랜스내셔널리즘 : 동향과 전망」, 『HOMO MIGRANS』 1, 이주사학회, 2009, 38쪽.

정과 사법 등에서 자치권을 행사하고 있다. 이들은 조선족어를 자치주 공영어로 사용하고 조선족어로 신문과 잡지를 발간하면서 문화를 계승 발전시키고 있다.

재중조선인이란 중국 국적을 가진 조선민족에 대한 칭호이지만 중국 내에서 소수민족이라는 정체성을 드러내는 표지이기도 하다. 중국 국민과 조선 민족이라는 이중의 호명은 정체성에서 양가적인 면모를 함축할 수밖에 없다. 이에 재중조선인 문학도 자연 이중적 성격을 지닐 수밖에 없다.

김성곤은 트랜스내셔널 문학이란 자신이 태어나지 않은 나라에서 살고 있는 사람들의 사회적 공간과 지리적 공간의 의미, 그들의 다중정체성, 그리고 그들의 방황과 고뇌를 성찰하는 문학이라 정의하였다. 따라서 국외에서 모국어(한국어나 한국말)나 현지어로 이루어진 교포문학 또는 이민문학, 디아스포라 문학은 트랜스내셔널리즘에 속한다고 구분하였다. 즉 이민문학과 디아스포라 문학은 기본적으로 트랜스내셔널리즘에 속하는데, 이민자들이나 국외 거주자들은 국경을 초월해 두 나라 사이에 위치해 있으며, 두 나라의 문화를 모두 포용하고 있기 때문이라는 것이다.[28] 재중조선인의 경우 우선 문화적 동일시, 즉 정체성 확립은 아주 중요한 과정이고 과제이다. 여기는 나는 어디서 왔으며 나는 누구인가를 문학에서 체현하였다 하여 디아스포라적 의미가 있는 것이 아니고 구체적으로 어떤 방법과 과정을 통해 정체성을 확립해갔으며 조선 국내와는 어떤 변화가 있었느냐가 의미가 있다. 정체성의 확립에서 더 중요한 의미가 있는 것은 나는 현 시점에서 무엇을 해야 하는가였을 것이다. 다시 말해서 근대화 과정과 이주과정을 함께 한 재중조선인에게 있어서 정체성적 질문(본질론적 질문)은 시간이 갈수록 약화되고 현 시점에서 무엇을 해야 하는가라는 질문

---

[28] 김성곤, 앞의 책, 27~29쪽 참조.

이 더 강화되었음이 분명하다. 이는 조국 혹은 민족에 대한 상실감을 극복하고 현실적 생존을 위해 새로운 도덕적 주체로 질서화해가야 하는, 즉 새로운 정체성을 만들어야 하는 재중조선인의 삶에 있어 더욱 중요한 질문이었을 것이다.[29] 재중조선인은 출발했던 곳의 문화를 완전히 버리지도 못했고, 정착사회(거주국)의 문화로도 완전히 동화되지 못한, 혹은 두 문화가 결합하여 변형되거나 자생적인 문화를 새롭게 형성하며 혼재된 접경지에 살아가는 혼종성의 정체성을 가진 존재라 할 수 있다. 새로운 환경에 어떻게 적응하고, 통합·동화되며, 문화변용과 공존을 이룰 것인가는 예로부터 오늘날까지 이주 공동체들이 공통적으로 마주해온 핵심적인 과제라 할 수 있다. 이주란 더 나은 삶의 환경을 찾아 삶의 터전을 옮기는 과정이라 했을 때, 이주민들이 새로운 사회로의 통합과 공존을 위한 삶의 방식은 정착지 사회의 요구이기 이전에 이주민들 스스로의 희망이라 할 수 있다. 정착지와 고국을 넘나드는 트랜스내셔널 활동 역시 정착지 사회에서 그들이 더 나은 삶의 환경을 찾고 만드는 과정 속에서 일어난 것이다. 따라서 이주문제는 여기와 저기 사이의 문제가 아니라 여기의 문제, 즉 적응의 문제인 것이다.[30]

> 접목의 아픔을 안고/먼 이웃/남의/뿌리에서/모지름을 쓰면서 자랐다.//이곳 토질에 맞게/이곳 비에 맞춤하게/이곳 바람에 어울리게//잎을 돋히고/꽃을 피우고//이제는 접목한 자리에/든든한 테를 둘렀거니//큰바람도 두렵지 않고/한마당 나무들과도 정이 들고/열매도 한 아름 안고…//그러나 허리를 잘리어/옮겨오던 그날의 칼소리//가끔 메아리로 되돌아오면/기

---

29 장영미, 「재중조선인 시문학 연구의 디아스포라적 접근」, 『통일인문학』, 건국대학교 인문학연구원, 2013, 320쪽.
30 이용일, 앞의 논문, 337쪽 참조.

억은 아직도 아프다

— 리삼월,「접목」전문[31]

위의 시「접목」은 낯선 땅에서 이주민으로서 겪는 고뇌와 아픔, 그리고 그 과정에서의 갈등과 공존의 경험을 상징적으로 형상화하고 있다. 시적 화자는 초기의 수동적 순응 상태인 '접목의 아픔'을 안고 성장하는 모습을 그리면서, 점차 능동적이고 적극적인 적응과 정착의 태도로 전환한다. 특히, "토질에 맞게/비에 맞춤하게/바람에 어울리게"라는 구절은 거주국의 환경과 문화적 조건에 맞추어 자신을 조율하고자 하는 노력을 상징한다. 이러한 적응 과정은 단순한 생존을 넘어, 외부의 시대적 상황과 세력의 압력 속에서도 지혜롭게 견디며 성장하는 '접목나무'의 이미지로 구현된다. 결과적으로 이주는 '큰 바람도 두렵지 않은' 견고한 기반 위에 정착하는 것으로 묘사되며, "한마당 나무들과도 정이 들고/열매도 한 아름 안고"라는 표현은 다민족 사회 내에서의 갈등과 혼란을 극복하고 공존과 융합의 상태에 이른 모습을 상징한다. 이 시는 이주민이 처한 이질적 환경 속에서의 정체성 형성과 문화적 통합의 복합적 과정을 시적 언어로 함축적으로 보여준다.

이주 초기 재중조선인 문학은 조선과 중국 '사이'에서 마이너리티로 외면당한 이민자 집단의 정체성 형성 과정에 있어서 국가나 국경, 국토와 분리된 '북향 의식'을 보여주고 있다. 중화인민공화국에 '소속'된 이후의 시기에는 조국과 모국, 국적과 민족적 정체성의 갈등에서 오는 이중정체성 문제를 중심적으로 다룸으로써 중국 내 소수민족으로서의 정치적 자각과 이에 따른 민족경계의 분화를 전경화하고 있다. 개혁개방기 이후 재중조선인

---

31 연변조선족문화발전추진회 편,『조중대역판 – 중국조선족 명시』, 민족출판사, 2004, 74~75쪽.

문학에서 본격적으로 대두된 것은 거주국에서의 문화적응 문제라 할 수 있다. 즉 자신들만의 문화를 지켜나가는 것과 동시에 거주국 문화와의 공존, 융합을 지향한다. 따라서 재중조선인 시문학에 나타나는 고향 회귀의 꿈과 통일에 대한 꿈이 실제로 그들이 한반도로 돌아가야 한다는 바람을 상징하는 것이라고만 보기는 어렵다. 또한 재중조선인의 역사적 경험과 그들이 기억하는 '민족성' 역시 절대적 실체로서의 민족성이라고만 볼 수는 없다. 왜냐하면 재중조선인 시문학에서 '민족성'은 격변기의 현실에 능동적으로 맞서기 위해 만들어진 것일 수도 있기 때문이다. 일례로 그들은 고향과 통일을 염원하면서 동시에 스스로를 "뿌리에서 파생된" "중국의 조선족"이라고 생각하기 때문이다. 특히 이주 1세대들에게 있어서의 조국과 민족은 동일하게 인식되고 있으나 이주 2세대, 3세대들의 인식은 조상의 나라 한반도는 "고국"이라는 단어로 대체되고 자신들이 태어나서 성장한 중국은 조국으로 인식하고 있는 상황이다. 즉 현재 중국 조선족 2세대, 3세대들에게 있어서 민족은 "조선족"이지만 조국은 태어나서 자란 중국인 것이다.[32]

따라서 본 연구에서 검토한 재중조선인 작가들의 시문학 작품은 중국이라는 국가적 정체성과 조선족이라는 민족적 정체성 사이의 경계를 횡단하며, 이들 정체성 간의 구분을 해체하고자 하는 경향을 보여준다. 이때 동화와 비동화라는 양가성을 문학적 전략으로 삼고 있다. 이는 거대 국가인 중국의 국민이자 동시에 조선족이라는 소수민족으로서의 위치 사이에서 발생하는 긴장과 갈등을 극복하고자, '공존'과 '화합'을 지향하는 방식으로 자신들의 정체성을 모색하는 양상으로 나타난다. 이러한 경향은 다음 시에서도 확인할 수 있다.

---

[32] 석화, 「중국 조선족 詩文學의 한 경향 2」, 『동북아신문』(http://www.dbanews.com), 2018.11.25.

어쩌면 불행이였을수도/아니, 한때는 행운이였을수도/뿌리에서 파생된 아리랑의 족속/나는 중국의 조선족이다//(중략)//그처럼 어려운 날에도/잊지 않은 민요가 있어라/버리지 않은 말과 글이 있어라//(중략)//조국과 고향의 의미를 더하며/이 땅을 떠나가서 외려 애국이 된다는/난 중국의 조선족이다//(중략)//나는 나의 운명을/싫든좋은 이 땅의/어제와 오늘 래일에 맡겼기에/뿌리와 뿔의 이어짐에 힘입어/이 땅에서 새로운 지평을 열어간다.

— 강효삼, 「이 땅-나의 삶」 부분[33]

강효삼의 시 「이 땅-나의 삶」은 이산의 경험이 초래한 기억과 그로부터 비롯된 정체성의 문제를 성찰하는 시적 담론을 제시한다. 시적 화자는 '나는 중국의 조선족이다'라는 반복적인 선언을 통해, 민족적 정체성과 국가적 소속감이 교차하는 복합적 위치를 자각하고 있다. 이는 단일 민족-국가 체제가 개인의 정체성과 기억을 온전히 포괄할 수 없음을 함축적으로 드러낸다. 시 속 화자는 조국과 고향에 대한 향수를 간직하면서도, 자신이 처한 현실의 기반 위에서 새로운 삶의 지평을 열어나가고자 하는 의지를 표현한다. 특히 "잊지 않은 민요", "버리지 않은 말과 글" 등의 표현은 조선족으로서의 문화적 전통과 언어를 지켜온 정체성 유지의 노력과 자긍심을 상징한다. 동시에 "이 땅에서 새로운 지평을 열어간다"는 진술은 뿌리의 기억을 바탕으로 새로운 정체성을 능동적으로 재구성해 나가고자 하는 주체의 태도를 보여준다. 이러한 시적 서사는 이산과 정착, 전통과 변화, 민족성과 국가성의 긴장 속에서 다층적 정체성이 형성되어왔음을 시사한다.

현재 재중조선인은 '한국인'도 아니고 '중국인'도 아닌 중국 국적의 조선인이다. 위의 시에서처럼 조선인(조선족)은 민족적 근원을 한민족의 역사 및

---

[33] 『흑룡강신문』, 1994년 10월 1일(김경훈, 『중국 조선족 시문학 연구』, 한국학술정보, 2006, 201~202쪽 재인용).

민족적 정서에서 찾으려 하면서도 그들만의 정체성을 구성하고 있는 특수한 문화적 공동체를 형성하고 있음을 알 수 있다. 이는 중국이라는 국가 체제 하에서 형성된 또 다른 양상의 정체성을 의미한다. 즉 중국이라는 국가 체제에서 '새로운 지평'을 열어가는 가능성을 내포한 '중국의 조선족'이라는 조선인(조선족)으로서의 정체성의 형성으로 이어진다.

민족은 객관적 요소들인 언어, 지역 혈연, 문화, 경제 역사 그리고 주관적인 요소인 민족의식을 공통으로 갖는 집단[34]이라는 전통적인 민족이론에 비추어 보면, 재중조선인은 우리와 언어적, 혈연적 동질성을 가지고 있는 민족이지만 중국이라는 국가 체제에 종속되어 있는 특수한 성격을 가진 집단이다. 즉 재중조선인의 정체성은 중국 공민이라는 국가적 정체성과 조선인이라는 민족적 정체성을 동시에 지닌 이중 정체성으로 인식되고 있다. 또한 조선인은 중국 내의 평등하면서도 구별되는 특수한 문화공동체일 뿐만 아니라 한국인들과도 혈연적인 유대가 있으면서도 구별되는 특수한 문화공동체[35]라고 할 수 있다.

재중조선인 문학은 중국이라는 국가 체제에 기본적으로 속해 있으면서 조선인의 언어로 되어 있다. 즉 우리말과 글을 표현매체로 한 재중조선인 문학은 중국 문학과 분명히 다른 독자성을 확보하고 있지만 중국 문학의 일부이면서 동시에 동포문학이라는 이중성을 내포하고 있다. 그러므로 그들이 가지고 있는 민족의식은 국가와 민족이 다르다는 차이에서 새롭게 형성된 것이다. 즉 국가적 정체성과 민족적 정체성이 혼재된 양상을 보이므로 어느 한 가지만으로 규정지을 수 없다.

아, 이 고장을 떠나서 또 어디로 가랴!/당이 키워 준 이 팔로/당이 안겨

---

[34] 고부응, 『초민족 시대의 민족 정체성』, 문학과지성사, 2002, 131쪽.
[35] 윤인진, 『코리안 디아스포라』, 고려대학교 출판부, 2004, 81~83쪽 참조.

준 이 땅에서/주어진 곡창문을 열어 젖히지 못하고서야/조국의 그 어느한 치의 땅에 가서/떳떳이 걸어다닐 면목이 있으랴.//벗이여, 내 떳떳하노라,/내 고향 소나무에 칭칭/천오리 만오리 이 몸을 얽매여/이 땅에 뿌리박고 아지 치기 원하노라!

— 김성휘, 「나는 이 고장에 살겠노라」 부분[36]

시 「나는 이 고장에 살겠노라」는 조선족 정체성과 정착지에 대한 인식, 그리고 그에 내재한 복합적 감정 구조를 보여주는 시적 진술로 이해될 수 있다. 시적 화자는 "당이 키워 준 이 팔로"와 "당이 안겨준 이 땅"이라는 표현을 통해 중국이라는 국가 체제와의 밀접한 관계를 긍정적으로 수용하는 듯한 태도를 보인다. 특히 "이 땅에 뿌리 박고 아지 치기 원하노라"는 선언은 정착지에 대한 충성 및 지속적인 거주의 의지를 표명한다.

그러나 이러한 의지는 "이 고장을 떠나서 또 어디로 가랴!"라는 탄식에서 드러나듯, 일종의 체념적 정착에 기반하고 있다. 이는 조선족 공동체가 과거의 이산 경험 이후 삶의 터전을 찾아 이동해 온 여정의 연장선상에서 현재의 공간을 '고향'으로 수용하게 되는 불가피한 현실을 드러낸다. 즉, 시 속의 '이 땅'은 선택된 정착지가 아니라, 떠날 수 없기에 '뿌리내려야만 하는' 장소로, 타율적 정착의 의미를 내포한다.

이와 같은 정서적 복합성은 이어지는 다른 작품에서 보다 명확히 드러난다. 후속 시편에서는 중국이라는 거대 체제에 대한 동일화의 시도가 오인이었음을 자각하는 시적 주체의 내면적 전환이 포착된다. 이는 거주국 체제에의 동화가 필연적으로 주체의 본질적 정체성과 충돌할 수밖에 없음을 암시하며, 정착과 정체성 사이의 균열을 시사하는 중요한 단초로 기능한다.

---

[36] 임효원 외, 『연변시집 1950~1962』, 연변인민출판사, 1959.

> 그때 우리는 어찌하여 그렇게도 단순했던가?/붉은 도마도를 먹어도/래일엔 당장 마음까지 붉어지는줄 알고/밤사이 거리를 '붉은 바다'로 만들었다//(중략)//아, 그내 우리는 어찌하여 '반란'의 기발 들고 마스고 짓부셨던가
>
> — 한춘, 「그때 우리는 어찌하여」 부분[37]

개혁개방 이후 중국은 사회주의 체제를 벗어나지 않는 한계 속에서 경제, 문화의 발전을 촉진시켜 공동번영을 꾀하자는 것을 중국 공산당의 소수민족 정책의 기본 방침으로 삼았다. 민족의 다양성, 특수성을 인정하는 한춘의 시 「그때 우리는 어찌하여」는 중국 조선족이 겪은 이념적 동화와 그에 대한 후일의 성찰을 담아낸 작품으로, 사회주의 체제 내에서의 주체 인식과 그 전환을 상징적으로 서술한다. 시적 화자는 "붉은 도마도를 먹어도 / 래일엔 당장 마음까지 붉어지는 줄" 알았다는 과거의 진술을 통해, 이념적 열정과 순응의 정서가 어떠한 비판적 거리 없이 수용되었던 시절을 회고한다. 이러한 서사는 한때 '붉음' — 즉 사회주의 이념 — 과 감정, 실천의 일치가 가능하리라 믿었던 조선족 공동체의 순진한 동일시의 역사를 상기시킨다.

그러나 이어지는 "반란의 기발 들고 마스고 짓부셨던가"라는 표현은 당시의 집단적 열망과 그로 인한 급진적 실천이 결국 환상에 기반하고 있었음을 암시한다. 이는 정체성과 이념 사이의 간극을 깨닫는 자각의 계기를 마련하는 동시에, 당대 조선족 공동체 내부에서 발생한 인식의 전환을 드러낸다.

개혁개방 이후 중국 공산당의 소수민족 정책은 경제 및 문화 발전을 도모하면서도 사회주의 이념을 벗어나지 않는 범주 내에서 소수민족의 다양

---

[37] 김경석, 『봄바람』, 연변인민출판사, 1981.

성과 특수성을 부분적으로 인정하는 방향으로 나아갔다. 이러한 정책적 변화는 조선족이 자신의 민족적 정체성을 문화적으로 표출할 수 있는 공간을 마련해 주었으며, 이는 곧 타자와의 동일화로부터 벗어나 주체에 대한 비판적 자각으로 이어졌다. 결과적으로, 시는 조선족 주체가 이념적 순응을 넘어 새로운 정체성의 지평을 모색하는 과정을 상징적으로 형상화하고 있다.

> 나는 나입니다/나는 여기저기에서 아무렇게나 뒹구는 이름없는 조약돌도 아니고 뭇사람들이 쳐다보는 하늘가에서 도고한 빛을 뿌리는 그 어느 성좌의 이름있는 별도 아닙니다//나는 나입니다/내가 어찌 그저 한송이 꽃이나 한그루 나무나 또 돌이나 별이겠습니까, 나는 그것들과 그리고 그보다 더 많은것들이 합쳐진 통일체이며 세계이며 우주입니다//나는 나입니다/자꾸만 그저 꽃이나 나무나 돌이나 별이 되라고 하지마십시오 그것들은 나의 머리카락 한 올이나 귀나 코나 눈밖에 또 무엇이겠습니까//나는 나입니다/그리고 당신도 당신이기를 바랍니다
> ― 석화, 「나는 나입니다」 전문[38]

화자는 꽃, 나무, 돌, 별의 개체가 아니라 그것들과 더 많은 것들이 합쳐진 통일체, 세계, 우주가 바로 '나'라고 말한다. 즉 꽃, 나무, 돌, 별로 상징되는 하나의 구성원으로 강요되는 체제에서 벗어난 '나'라는 한 인간으로서의 자의식을 깨우쳤음을 의미한다. 시적 자아는 체제에 순응하는 피동적이고 수동적인 한 구성원이 아닌 '세계'와 '우주'를 구성하는 중심에 서 있는 '나'인 것이다. 이는 스스로가 세계의 주체임을 재인식한 것이다. 작가들의 특수한 국가적 정체성은 생각처럼 그렇게 쉽게 고정할 수 있는 것이 아니다. 국가적(혹은 문화적)정체성이 전제하는 구성원들 간의 공통분모, 코드의 공유, 원활한 소통 등의 개념도 좀 더 철저하게 분석해보면 역사적 맥

---

[38] 석화, 『연변』, 연변인민출판사, 2006.

락에서 구성된 개념이라 할 수 있다.[39] 이렇게 봤을 때 "나는 나"이고 "당신도 당신"으로 남기를 바란다는 것은 영원히 동일시될 수 없는 중국이라는 타자 속에서 주체로 살아가기 위한 방편을 모색하는 것과 다름없다. 이는 '국민'에 귀속하지 않음으로써 역설적으로 '국가'와 거리를 유지할 수 있는 방편이 될 수 있다. 화자에게 트랜스내셔널한 경험 혹은 상태는 고통스럽거나 불완전한 것, 극복해야 할 것이 아니다. 오히려 낯선 서로의 존재를 인정하고 그 속에서 화합과 공존을 찾아가는 것으로 자신의 정체성을 유지하고자 한다. 꽃이나 나무나 돌이나 별이 되라고 하지마십시오"라고 단호히 말하는 화자의 정체성은 '내셔널'한 틀에 갇히지 않고 끊임없이 유동하며 변화할 것임은 자명하다.

살펴본 바와 같이, 재중조선인 시인들은 디아스포라로서의 삶과 이주민 정체성에 내재한 갈등을 타문화와의 '공존' 및 '화합'을 통해 해소하고자 하는 경향을 보인다. 이러한 경향은 재중조선인 문학이 지닌 트랜스내셔널리즘의 중요한 양상으로 평가할 수 있다.

5. 맺음말

세계 각국에 퍼져 있는 한인들은 거주국에서 새로운 공동체를 형성하여 또 다른 문화를 만들어내고 있다. 이때 문화는 이주 전 장소의 문화와 동질성을 띠기도 하지만 이주 후 거주국의 영향을 받아 이질성을 보이기도 한다. 전 지구화시대의 문학적 양상을 풀어내기 위해서는 국가와 민족을 넘어선 새로운 사유 양식이 필요하다. "Trans라는 용어는 보통 across(횡단),

---

[39] 박선주, 「트랜스내셔널 문학—(국민)문학의 보편문법에 대한 문제제기」, 『영미문학연구』 28권, 2010, 181쪽.

beyond(超), through(通)이라는 의미를 포괄하는 접두어"로 보고 있으며 트랜스내셔널이라는 용어는 횡단국가적, 초국가적, 봉국가적이라는 의미를 함축하고 있다[40]는 점을 고려할 때, 기존의 민족과 국가적 틀만으로는 해독할 수 없는 정치, 사회, 문화, 문학의 혼종적인 현상을 해석하는 데 있어 트랜스내셔널리즘의 방법론은 유용하다고 본다.

해외 한인문학은 지금까지 많은 학자에 의하여 연구되고 있다. 중앙아시아 고려인 문학과 재중조선인 문학 역시 꾸준히 연구되고 있다. 그러나 기존 연구는 해외 한인문학이 한국문학 내지 민족문학에 귀속되느냐 여부라든가, 이들 문학에 나타나는 민족문학적 성격이나 성취의 정도, 디아스포라 관점 등에 집중되어 있는 것은 아쉬움이 있다. 기존의 연구가 민족이라는 범주를 선험적으로 설정하고 중앙아시아 고려인 문학과 재중조선인 문학과 삶을 그 안으로 끌어들이고자 했다면 이제는 반대로 확산의 발상이 필요하다. 주지하다시피 중앙아시아 고려인이나 재중조선인들은 민족적인 정체성의 공유라는 틀을 넘어서서 그 정신적 지향 역시 이산해가고 있는 중이다. 이들이 보여주는 이산의 정신적 지향도는 물론, 아직은 민족적 상상력과 민족으로 회귀하고자 하는 정신과의 길항관계 속에서 전개되고 있는 것도 사실이다. 따라서 민족이라는 타자적 개념을 분리해서 생각하기에는 무리가 따를 수도 있다. 그러나 동시에 이들은 끊임없이 민족 간 경계를 넘어서는 장소의 삶 속에서 정체성을 상상하고 구축하고자 한다.

오늘날 우리는 글로벌 환경 속에서 살아가고 있으며, 제4차 산업혁명의 관점에서 볼 때 단순히 멜팅 팟(Melting Pot)이나 샐러드 볼(Salad Bowl)이라는 기존의 은유만으로는 사회, 문화, 그리고 문학 현상을 충분히 설명하기에

---

[40] 윤해동, 「트랜스내셔널 히스토리의 가능성-한국근대사를 중심으로」, 『역사학보』 200호, 역사학회, 2008, 33~34쪽.

는 한계가 존재한다. 이에 본고는 이러한 인식의 지평을 확장하고자, 중앙아시아 고려인 시문학과 재중조선인 시문학을 중심으로 트랜스로컬 정체성과 그 지향성을 고찰하고자 한다.

해외 한인문학에서 이 두 지역에 초점을 맞춘 이유는 다음과 같다. 중앙아시아 고려인과 재중조선인이 처음 이주지로 공간을 선택한 원인과 거주지의 생활환경이 비슷하다는 점, 그 당시 소련과 중국은 사회주의 국가라는 동일한 체제의 나라였으며 사회주의 건설 과정에서도 유사한 정치체제와 경제발전 패턴을 보였다는 점이다. 또한 문예사상과 문예정책 면에서 중국 문학 역시 소련 문학의 영향을 많이 받았고 고려인 문학과 재중조선인 문학 역시 그 영향을 받으며 발전했다는 점 등에서 공통점을 보이기 때문이다.

세계 여러 문화권 내에서 한민족의 문화적 다양성은 공통적으로 심화되고 있으며, 더 이상 민족이라는 동질적 혈연의식에 기반한 통합적 정체성으로 해석하는 것은 이제 불가능하다. 그들이 공유하는 역사적 전통과 정체성은 거주국이 가지고 있는 구성요인 및 상황요인에 따라 내용과 강조점이 다르게 나타나게 되며 다면적인 해석을 요구한다.

중앙아시아 고려인과 재중조선인 시문학을 살펴보면 거주국과의 사이에 위치한 '경계인'을 그리고 있다는 공통점을 지니고 있다. 물론 이들의 위치는 각 문화권에 따라 그 형성 과정과 극복하고자 하는 방법에서 차이를 보인다. 이는 단순히 국가와 민족, 장소(공간)의 문제로만 읽을 수는 없다. 그들이 처해있는 경제, 정치, 사회현상 등 다양한 요소들은 로컬의 속성과 복합적으로 얽혀 혼종적 정체성과 문화를 만들어낸다. 따라서 이들은 트랜스적인 삶의 특성을 보인다고 할 수 있겠다. 경계를 넘으며 살아가는 트랜스내셔널 이주민들은 초국적 사회적 장의 경험의 과정에서 트랜스내셔널한 정체성을 형성하게 된다. 이러한 트랜스내셔널한 정체성은 이주 이전 장소의 문화적 특성과 이주 후 거주국의 문화가 섞인 잡종성의 연속성을 형성한다.

강제이주 이후 중앙아시아 고려인들의 시문학은 소비에트 이데올로기에 대한 찬양과 동일화를 통해 주체를 보호하고 형성하려는 시도로 정체성을 구축하고자 하였다. 그러나 이러한 동일성은 결국 자기 동일성의 획득에 실패한 오인된 환상임을 자각하게 된다. 이로 인한 혼란 속에서 주체는 거주국과 고향(원동) 사이의 '틈새' 공간인 '제3의 공간'을 모색하게 된다. 이후 '제3의 공간' 탐색은 시간과 공간, 국가와 민족의 경계를 넘나드는 유동적인 공간 탐색으로 확장된다. 고려인 주체는 거주국에 정착하려는 동시에, 자신이 여러 집단에 걸쳐 존재하는 '차이'를 인식하고 이를 유지함으로써 트랜스내셔널한 정체성 형성을 추구한다.

재중조선인 작가들의 시문학 작품은 중국이라는 국가적 정체성과 조선족이라는 민족적 정체성 간의 경계를 횡단하며 이를 허물고자 하는 양상을 보인다. 이들은 동화와 비동화라는 양가적 태도를 문학적 전략으로 활용한다. 이러한 전략은 '국민'이라는 정체성에 완전히 귀속되지 않음으로써 오히려 국가와 일정한 거리를 유지하는 방편이 된다. 즉, 거대 국가인 중국의 국민으로서의 위치와 조선족이라는 소수민족으로서의 위치 사이에서 긴장과 조화를 동시에 경험하며 '공존'과 '화합'을 추구하는 가운데 자신들의 정체성을 모색하고자 하는 양상을 보인다.

캐나다 한인 시문학에 나타난 트랜스내셔널 양상
— 문예잡지 『캐나다 문학』을 중심으로

1. 머리말

오늘날 급격히 증가하고 있는 국가 간 이주는 이제 하나의 자연스러운 사회 현상으로 자리 잡았다. 이에 따라 기존 국가 체계가 전제로 삼고 있던 '국가'나 '민족'이라는 개념과 영토의 경계를 넘나드는 트랜스로컬 주체들 역시 지속적으로 늘어나고 있다. 그러나 자신이 태어나고 자란 장소를 떠나 타지로 이주한 실향민들, 모국으로부터의 추방으로 인해 무국적성과 불안정성을 지닌 디아스포라, 자본과 노동을 좇아 전혀 다른 차원의 공간으로 이동한 트랜스이주자들을 단순히 민족적 로컬리티의 변환을 수행하는 존재로 이해하는 데에는 분명한 한계가 존재한다.[1] 이러한 현상을 배경으로 등장한 학문적 연구 의제이자 사회적 흐름이 바로 '트랜스내셔널리즘'이다. 이때 '트랜스내셔널'이라는 개념은 단순히 국가 밖, 국가 위, 혹은 국가 간 경계를 지칭하는 지리적 분류를 의미하는 것이 아니라, "지역의 재개

---

1 강희진, 「재외 한인문학에 나타난 트랜스내셔널 양상 – 중앙아시아 고려인 문학과 재중조선인 문학의 시를 중심으로」, 『한국문학과 예술』 제27집, 숭실대학교 한국문학과 예술연구소, 2021, 122쪽.

념화"를 지향한다. 다시 말해, 명확히 구분되어 있다고 여겨졌던 공간들이 상호 얽혀 있는 양상, 그리고 다양한 문화들이 혼종되어 복잡하고도 분리할 수 없는 관계망을 이루는 현실을 보다 분명하게 드러내기[2] 위한 개념이라 할 수 있다.

트랜스로컬리티는 주체가 그저 경계를 넘어가는 단순한 문제로 볼 수 없다. 이는 인적, 물적, 세계관, 정서, 이데올로기, 정체성 등 유동하고 산포되는 것들이 상호 연결되고 접합되고 접속하는 관계성과 장소성, 정체성을 아우르는 개념이다. 따라서 트랜스로컬리티는 어떤 고정된 장소에 거주했던 구성원들이 지리적 이주를 감행함으로써 기존에 품고 있던 소속감이나 특성을 매몰시키지 않고, 자신의 기원과 관계의 맥락을 가로지르면서도 새로운 장을 재구성하는 과정에 주목한다. 이주민들의 이동을 그저 공간으로만 한정할 수 없는 까닭이다. 그들이 갖는 경제와 정치, 사회 등 다양한 요소들은 로컬의 속성과 복합적으로 얽혀 혼종적 정체성과 문화 현상을 형성하며 트랜스적 삶의 특성을 보이기 마련이다.

경계를 넘으며 사는 트랜스내셔널 이주민들은 새로운 거주국에서 민족 만들기 과정에 직면하거나, 심지어 그 과정에 참여하기도 한다. 때문에 그들의 정체성과 일상은 민족국가들의 민족 만들기 과정 속에 깊이 뿌리박힌 인종과 종족성과 같은 헤게모니 범주들에 의해 구성된다.[3] 이때 개인의 정체성은 개인이 스스로에게 국가, 사회적 계급, 하위문화, 민족성 등 특정 집단의 구성원으로 소속감을 부여하는 방식으로 규정된다. 따라서 이주자들의 정체성은 초국적 사회적 장의 경험과 무관하지 않다. 이주자들은 자

---

2 오윤호, 「탈경계 주체들과 문화 혼종 전략」, 『비교문학』 55권, 한국비교문학회, 2011, 81~107쪽.
3 이용일, 「트랜스내셔널 전환과 새로운 역사적 이민연구」, 『서양사론』 제103호, 한국서양사학회, 2009, 315~341쪽.

신이 정착한 국가와 새로운 관계를 형성하고자 하면서도 여전히 자신들이 태어난 모국 혹은 모국이라 일컫는 국가와의 연결성을 지속하고자 노력한다. 그러므로 두 국가 모두를 포함하는 초국가적 사회 영역 속에서 살게 된다. 이러한 경험은 서서히 이주자의 정체성을 트랜스내셔널한 정체성으로 변화시킨다. 따라서 트랜스내셔널한 정체성은 거주 이전 장소의 문화적 특성과 거주국의 문화가 섞인 것으로서 잡종성의 연속성을 형성한다.[4]

그동안 해외 한인문학을 다룬 연구는 꾸준히 진행되고 있으며 권역별 연구 논저들 역시 다양하게 출간되는 등 일정한 성과를 거뒀다. 그러나 이러한 연구들은 주로 민족, 민족성, 한국인으로서의 정체성, 디아스포라의 관점에서 개별 지역이나 특정 작가 및 매체를 일별하는 연구에 머무르고 있는 아쉬움이 있다. 트랜스내셔널한 정체성은 거주국의 다양성 못지않게 거주자들의 상황 또한 다르기 마련이므로 다양한 양상을 지니게 된다. 문학은 현실을 반영한다고 보았을 때 문학적 소산의 성향 역시 다양한 양상을 지님은 자명하다. 이에 본 연구는 캐나다 한인 시문학에서 나타나는 국가나 민족의 개념에서 벗어나고자 하는 정체성 의식의 다양한 양상을 트랜스내셔널리즘의 관점으로 살펴보고자 한다.

2. 캐나다 한인 시문학의 형성과 전개 양상

1967년 캐나다는 유럽계 백인들에게만 허용하던 이민정책을 바꾼 이래 전 세계 약 200개국에서 매년 평균 25만 명 이상의 이민자를 받아들이고 있다. 1967년 "한국인 등 유색인종에게 입국문호를 개방"하는 이민정책은 당시 인구 압박을 이겨내기 위해서 해외로 분산의을 장려하던 남한의 이민

---

[4] 이소희 엮음, 『다문화사회, 이주와 트랜스내셔널리즘』, 보고사, 2012, 21쪽.

정책과 맞물리면서 많은 한인들이 미국을 포함한 캐나다로 이주했다. 캐나다는 미국, 구소련권, 중국, 일본에 이어 한인들이 많이 정착한 지역이다. 현재 캐나다에는 약 24만 명(2019년 외교통상부 재외동포 현황)의 한인들은 주로 수도인 토론토를 비롯하여 밴쿠버, 몬트리올, 퀘벡 등 대도시를 중심으로 정착하였고 대부분이 '이민 신드롬'으로 일컬어지던 1980년대, 1990년대에 이주한 경우에 해당한다. 캐나다로 이주 한 한인들은 한인사회를 형성(한인문단 포함)했다.

윤인진은 캐나다 한인사회의 특징을 다음과 같이 설명했다. 이민 시기는 주로 1967년 이전과 1967년 이후로 나누어진다. 세대 구성은 1세대가 주류를 이루고 있으며 대부분 남한 출신이다. 이주 동기는 주로 경제적인 이유였지만, 사회문화적인 이유도 있다. 특히 자녀 교육과 사회복지에 대한 높은 관심이다. 이민자들의 계층과 배경은 주로 고학력, 전문직, 중산층에 속하며 정착이민의 성격이 강하게 나타난다. 캐나다의 다문화주의에 맞서 캐나다 문화로의 동화와 민족문화 유지 사이에서 길항하고 있다. 1세대나 1.5세대가 주로 자신을 한인으로 여기는 것에 반하여 2세대는 캐나다인에 가깝다고 여긴다. 그리고 이민 1.5세대와 이민 2세대의 일부는 자신들을 '코리안 캐나다인(Korean Canadian)으로 여긴다[5]고 보았다.

캐나다 한인의 문학 활동은 1977년 1월 15일 창설된 '캐너더한국문인협회'[6]로부터 시작된다. 이후 여러 문학 활동을 전개해 나가는데 가장 대표적인 것이 캐나다한국문인협회 회원 8명의 합동시집이자 협회 기관지인 『새울』의 출판이다. 이는 북미지역(캐나다, 미국) 전체에서 가장 이른 시기에 발

---

5   윤인진, 『코리안 디아스포라』, 고려대학교 출판부, 2004, 263~315쪽.
6   '캐너더한국문인협회'는 1977년 조직되었다. 이 명칭은 1979년 『이민문학』 2집을 발간하면서 '캐나다한국문인협회'로 바뀐다. 이후 2001년 『캐나다문학』 10집 발행 때부터 '캐나다한인문인협회'로 다시 명칭이 바뀐다.

간한 문예잡지이다. 또 다른 것은 캐나다 한인들을 위한 신춘문예를 개최한 것이다.(신춘문예는 처음에는 캐나다한인문인협회 단독으로 실시했으나 1988년부터는 캐나다한국일보의 후원으로, 2007년부터는 캐나다한인문인협회와 캐나다한국일보의 공동주최로 바뀌었다.) 『새울』 제8집부터 제호가 『캐나다문학』으로 변경되어 2021년 23호 발간을 앞두고 있다.[7] 한편 신춘문예는 다양한 신인들을 등용하여 캐나다 한인문학의 확대와 활성화에 기여하고 있다. 이 외에도 한카문학상(2021년 9회), 호반문학제와 겨울문학캠프 등을 개최하고 있으며 해마다 봄가을에 '한인문인협회 문예교실'을 진행하고 있다. 또한 2009년부터 인터넷카페(https://cafe.daum.net/ofkcwa)를 개설해 회원들 간의 활발한 소통과 작품 활동 발표의 장으로 삼고 있다.

현재 캐나다 한인문단 중 가장 규모가 크고 오래된 캐나다한인문인협회는 2년에 한 번씩 회원의 작품을 모아 기관지를 발간하고 있다.(2020년 1월에 발간한 19호가 최종이다. 그리고 2021년에는 한영대역문집 6호의 발간을 준비하고 있다. 그동안 발간한 자료는 아직 전산자료화가 이루어 지지 않아서 인터넷상 열람하기 어려운 실정이다.) 또한 수필 분과와 시분과에서는 꾸준히 동인지를 발간하고 있다.(캐나다 한인문인협회 수필 동인지로는 김영수 외 14인, 『수요일에 만나요』, 시한울사, 2016.3; 시분과모임 『겨울바람이 말했지』, 1998 등이 있다) 또한 현지화를 위해 2007년부터 격년제로 한영대역집을 발간하고 있다.

이 외에 다른 문인단체로는 캐나다한국문인협회, 캐나다한인문학가협회, 에드몬튼한인얼음꽃문학회, 캘거리한인문인협회, 사스캐츠완문학회(https://cafe.daum.net/saskpoetry11), 캐나다 서부지역을 중심으로 활동하는 캐나다한인여류문인협회(Korean Canadian Women Writers Association) 등이 꾸준히

---

[7] 『새울』(창간호)는 『이민문학』(제2집), 『이민도시』(제3집), 『이민문학』(제4집-제6집), 『이민문학-옮겨심은 나무들』(제7집)으로 변경해 발행해 오다가, 제8집부터 『캐나다문학』이라는 제명이 정착된다.

문학 활동을 하고 있다.

캐나다 한인문학은 역사가 40여 년에 불과하기 때문에 시대를 구분해서 살펴본다는 것은 무의미할 수도 있겠으나, 굳이 나누자면 1977년 캐너더한국문인협회가 조직된 시기부터 캐나다한인문인협회로 명칭을 바꾼 2000년 이전과 이후로 시대를 구분할 수 있다.[8] 캐나다 한인들은 2000년까지는 자신들을 캐나다에 살고 있는 한국인으로 인식하여 '캐나다한국문인협회'라는 명칭을 사용했지만 2001년부터 캐나다 한인이라는 이중정체성 인식을 갖기 시작하여 문협의 명칭도 '캐나다한인문인협회'로 바꾸었다. 그리고 이러한 정체성 인식의 변화는 문학 창작에도 반영되고 있다고 보았다. 따라서 1977년부터 2000년까지를 캐나다 한인문학의 형성기로 규정할 수 있다.

그동안 캐나다 한인 시문학을 다룬 연구로는 이동하와 정효구의 「캐나다 한인문학의 몇 가지 특징」, 송명희의 『캐나다 한인문학 연구』, 김정훈의 「캐나다 한인 시문학 연구」, 김환기의 「코리안 디아스포라 문학 연구」, 박준희 「재캐나다 한인 시 연구」 등이 있다. 그중 송명희는 『캐나다 한인문학 연구』 중 「캐나다 한인 초기 시에 나타난 문화 변용의 태도」와 「2000년대 이후 캐나다 한인시에 반영된 문화변용의 태도」에서 이민의 이상과 현실－후회와 향수의 정서, 1.5세대의 정체성 혼란, 이민에 대한 실망감과 아웃사이더 의식, 종교에의 귀의, 거주지에서의 생존 전략, 캐나다의 자연풍광과 복지제도에 대한 찬양, 모국의 정치사회적 문제에 대한 관심과 비판으로 나누어 살폈다. 한편 김정훈은 「캐나다 한인 시문학 연구」에서 캐나다 한인문학에는 이주라는 탈공간의 박탈적 체험과 언어적 전치 과정에서 발생하는 소외와 정체성의 혼란 속에서도 민족적 정체성을 고수하려는 노력

---

8 송명희, 『캐나다 한인문학 연구』, 지식과교양, 2016, 55쪽.

이 담겨있다고 보고 캐나다 한인 시문학을 일관하는 주제는 '한국인으로서의 정체성 추구'라 보고 있다. 김환기는 「코리안 디아스포라 문학 연구」에서 캐나다 한인문학의 특징을 캐나다 코리안 이민사회를 모국어로 그려내면서 민족정신과 정체성을 유지, 계승하는 문화의 장으로 자리매김하고 있다고 보고 있다.

오늘날 트랜스내셔널한 행위로서 국경을 넘는 행위 자체에는 국가 혹은 민족의 경계에 중심을 두지 않는다. 재외한인들 중에서도 이러한 인식의 소유자가 늘고 있는 것이 사실이다. 그러나 위에서 살펴보았듯이 캐나다 한인문학을 다룬 기존의 연구들은 주로 민족, 민족성, 한국인으로서의 정체성, 이민자 의식, 디아스포라의 관점의 연구에 머무르고 있는 아쉬움이 있다. 따라서 본 연구는 캐나다한인문인협회에서 발간한 기관지『캐나다문학』(1~19호) 중에 수록된 몇몇 시를 대상으로, 캐나다 한인의 이주, 정착 과정이 어떻게 이들의 작품 속에 형상화되고 있으며 어떤 문학적 특성을 보이는지 고찰하고자 한다. 나아가 기존의 국가 중심적, 민족 중심적 연구에서 벗어나 그들 작품에 나타난 트랜스내셔널한 양상과 그 의미에 대해 조명해보고자 한다. 이 과정을 통해 캐나다 한인문학뿐 아니라 해외 한인문학의 확장된 해석의 가능성을 생각해 보는 기회로 삼고자 한다.

캐나다 한인 문인들은 자신들을 캐나다에 살고 있는 한국인이 아니라 다민족 사회인 캐나다를 구성하는 캐나다 한인이라는 이중정체성을 지닌 존재로 인식한다. 따라서 그간 자신들의 문학을 '이민문학'으로 규정하고, 이민문학의 정체성에 큰 관심을 표명해왔다. 이석현의 다음 글을 보면, 이민자로서의 정체성을 뚜렷이 갖고, "아름다운 옛 보람을 이 땅에 심"는 것과 더불어 "이 고장의 정신적 예술적 자양분을 흡수, 또 하나의 차원에서 한국문학의 새 분야를 개척하는 것"을 그들의 문학적 목표로 삼고 있음을 알 수 있다. 한국이나 캐나다라는 국가를 넘어 새로운 차원의 한국문학을 개척하는 것을 중요한 목표로 설정하고 있는 것이다.

> 생활양식이며 문화토양이 서로 다른 다민족사회에 뛰어들어 숨 쉬는 평상의 적응과 동화과정에서 때로 저항을 느끼고, 좌절을 겪으면서도 우리다운 옛 보람을 이 땅에 심고, 이 고장의 정신적 예술적 자양분을 흡수, 또 하나의 차원에서 한국문학의 새 분야를 개척하는 것이 교포문학인의 스스러운 사명이라 마음 새겼기에 한 자리에 붓을 모아 고되고, 때로는 역겨운 이민생활을 작품에 담았다.[9]

이석현은 위의 글 「이민문학론」에서 이민문학을 "한국적 풍토에서 전승해온 문화적 특장과 유산(사상, 전통, 역사, 풍습 포함)을 서구적 다양문화 및 토착문화인 인디언, 에스키모의 원색문화에 접목시키는 한편, 이민생활에서 직면하는 온갖 양상 – 피나는 고충이며 절절한 고적감, 잠을 잃은 향수들이 혼합하여 산출되는 색다른 차원의 한국문학"이라고 정의한 바 있다.[10] 잘 알려진 대로 캐나다는 다양한 민족과 인종, 문화, 종교, 언어가 공존하는 다문화사회이다. 이석현의 위의 글에는 캐나다가 표방한 다문화적 가치가 반영되고 있음을 알 수 있다. 다문화주의란 동화가 아닌 공존을 지향한다. 특히 캐나다는 국가가 정책적으로 소수민족과 이민자들의 고유문화를 발전시키는 데 도움을 주고 있다. 이석현의 글에 의하면 캐나다 한인들이 그리고 있는 이민문학은 과거의 한국문학에 연연할 수도 없고, 현재의 캐나다문학에도 무방비 상태로 흡수돼 들어갈 수도 없는, 독특한 자리에 위치하고 있음을 알 수 있다. 2001년 이후 박민규는 한인 작가들의 문학이 과연 캐나다 문학에 포함될 수 있는지에 대한 정체성 문제를 진지하게 성

---

9 캐나다한국문인협회, 『이민문학』 2, 1979, 1쪽.
10 이석현, 「이민문학론」, 『이민문학』 2, 캐나다한국문인협회, 1979, 63~64쪽.

찰하기 시작한다. 그는 단지 영어 또는 불어라는 캐나다의 공용어로, 캐나다에서의 삶을 소재와 주제로 글을 쓴다고 해서 자동적으로 캐나다 문학으로 분류될 수는 없다고 지적한다. 이는 언어의 문제가 아니라, 캐나다 문단의 국수주의적이고 배타적인 성향 때문인데, 이러한 문단은 이민 2세 혹은 3세 작가에게조차 차가운 시선을 보내며 경계선을 긋는 경우가 많다는 것이다.[11]

이처럼 캐나다 한인문학은 캐나다 한인이라는 이중정체성을 지닌 문학으로의 주제적 심화라는 과제를 안고 있다. 주지하다시피 캐나다는 모자이크 문화를 추구하는 다문화사회이다. 따라서 정체성의 문제를 피해갈 수 있는 것이 아니라 오히려 더욱 정체성이라는 주제를 요구받는다. 다양한 인종들이 공존하는 사회에서 정체성은 매우 중요한 사안이다. 그러나 오늘날 작가들의 이동성은 지난 세기와는 비교할 수 없을 만큼 종횡무진이며 이들의 유동적인 정체성 역시 하나의 국가 안에서 해석하기란 사실상 불가능하다. 물론 이중정체성을 지닌 작가들이 자동적으로 그들의 작품을 트랜스내셔널하게 만드는 것은 아니다. 그간의 캐나다 한인문학을 살펴보면 대부분 작품들은 이민과 정착과정에서의 지난함을 그리고 있다. 그러나 그 중에서도 이민자의 정체성을 단순히 고통스럽거나 불완전하고 극복해야 할 것으로만 제시하지는 않는 작품들도 분명 존재한다. 이때 이들에게 정체성이란 '내셔널'한 틀에 갇혀있는 것이 아니다. 그들의 작품은 다문화사회에서 자신들이 겪는 불소통과 단절의 경험을 단순히 '한국인'이라는 정체성으로 가두기를 거부하는 양상을 보이기도 한다.

---

11 박민규, 「캐나다 한인 문입협회와 한인 이민문학」, 『캐나다문학』 10집, 캐나다 한인문인협회, 2001, 195쪽 참조.

3. 자기 소외 인식과 트랜스내셔널

캐나다 한인문학의 경우, 문화적 동일시를 통한 정체성의 확립은 매우 핵심적인 과제이자 문학적 탐구의 주요한 주제로 작용한다. 이때 중요한 것은 단순히 "나는 누구이며 어디에서 왔는가"라는 본질론적 질문을 문학적으로 표출하는 데 그치는 것이 아니라, 그 정체성을 어떠한 구체적 방법과 과정을 통해 형성하였는지, 그리고 그 과정에서 어떤 변화가 수반되었는지를 서술하고 반영하는 것이다.

정체성의 확립과 관련하여 특히 주목할 점은, 시간이 흐를수록 캐나다 한인 공동체 내에서 '나는 누구인가'라는 질문보다 '현 시점에서 나는 무엇을 해야 하는가'라는 실천적 문제의식이 보다 강하게 부각되었다는 사실이다. 이는 곧 민족적 거리감이나 정체성 상실에 대한 위기의식을 극복하고, 생존과 현실 적응이라는 과제를 해결하기 위한 새로운 도덕적 주체의 자기 정립과 연결된다.

이와 같은 맥락에서 캐나다 한인의 정체성은 단일한 민족적 소속감이나 일방적 동화의 논리로 설명될 수 없다. 오히려 이들은 한민족 문화와 정착국 문화 사이의 경계에서 양자를 결합·변형시키거나, 독자적 방식으로 재구성된 문화적 환경 속에서 살아가는 혼종적(hybrid) 정체성을 지닌 존재로 이해될 수 있다. 이러한 혼종성은 단지 문화 간의 타협이 아닌, 새로운 문화적 주체성을 구축해 가는 과정이자 문학적 창작의 토대가 된다.

새로운 환경에 어떻게 적응하고, 통합되며, 동화되고, 문화적으로 공존할 것인가는 예나 지금이나 모든 이주 공동체가 마주하는 핵심적인 과제이다. 이주란 더 나은 삶의 조건을 찾아 삶의 터전을 옮기는 행위인 만큼, 이주민들에게 정착 사회와의 통합과 공존은 외부로부터의 요구이기 이전에 스스로 품은 삶의 희망과 열망이라 할 수 있다.

정착지와 모국을 횡단하는 트랜스내셔널한 활동은 궁극적으로 이주민들이 정착 사회 내에서 보다 나은 삶의 조건을 모색하고 구축해 나가는 실천의 일환으로 이해할 수 있다. 이에 따라 이주 문제는 단순히 '여기'와 '저기'라는 이원적 공간의 문제로 환원될 수 없으며, 본질적으로는 '여기'의 문제, 즉 이주민의 정착과 사회적·문화적 적응의 문제로 귀결된다. 이와 같은 관점은 트랜스내셔널 현상이 지리적 이동에 국한되지 않고, 삶의 지속성과 주체 형성 과정에서 중요한 의미를 지님을 시사한다.

> 다른 시간을 알려오는
> 아침 출근길의 소음들,
> 그 소음을 타고 열리는
> 삶의 빛깔이
> 오늘은 어떤 것일까?
>
> 도시 생활에 젖어
> 매일을 똑같은 시간
> 맞고 보내는
> 기계적인 삶에
> 진저리 난다.
>
> 이방인의 삶,
> 온타리오 호수,
>
> 해마다 더위와 추위를
> 맞고 보내며
> 이마에는 주름이 늘고
> 허파는 쭈눅 들어
> 저승길 느낌이 더 한다.

그럼에도 단 하나
후회 없는 나날 보내리
속 다짐을 한다

저마다 앞서거니 뒷서거니
죽음과 삶의 철학!

왔다가 사라지는 일회성 살이에
후회없기를 다짐하며
주먹을 움켜쥔다.

— 이석현, 「이민살이」 전문

  화자는 자신을 어느 한 곳에도 정착하지 못한 채 "일회성 살이"를 이어가는 "이방인의 삶"을 살아가고 있다고 정의한다. 동시에 그는 반복되는 "기계적인 삶"의 고단함을 토로하며, 이방인으로서 겪는 내면의 피로와 소외를 드러낸다. 이방인의 삶은 정착지의 가치관, 정서, 문화적 맥락이 한국인의 사고방식과 충돌하면서 필연적으로 다양한 좌절과 갈등을 수반하게 된다.
  그러나 프란츠 파농이 강조했듯, 자기 소외의 자각은 오히려 전진의 동력이 될 수 있다. 타인과의 차이를 인식하고 이를 적극적으로 유지하는 것은 자아 정체성을 분명히 세우는 계기가 되며, 이는 곧 자신의 운명을 스스로 감당하고자 하는 의지와도 연결된다.
  화자는 캐나다를 단순한 이주지가 아닌 새로운 삶의 터전으로 인식하며, "후회 없기를 다짐하며/주먹을 움켜" 쥐는 행위를 통해 이주 현실에서 마주한 어려움을 극복하고자 하는 결연한 의지를 표출한다. 이는 고국에 대한 향수보다는 정주 사회에 대한 몰입과 정착의지가 더욱 강하게 작동하고 있음을 보여준다. 나아가 화자의 이러한 태도는 이주민이 수동적인 수

용자가 아닌, 정착 사회에 능동적으로 뿌리를 내리고자 하는 주체적 존재임을 반영한다.

> 밑둥 잘린 나의 봄은
> 늑골 사이로 움츠러든다
>
> 썩은듯 검은 가지에도
> 옛 봄은 연두색 눈을 또렷이 뜨건만
> 갈매기 날개끝에
> 눈부시게 출렁대는
> 호수가의 봄 속에 버티어 서도
> 나의 봄은
> 늑골 사이에서
> 식은 땀 흘리고 있다.
>
> 눈 인사로 스치는 숨찬 얼굴들
> 이 아침 또 하나 안 보인다
>
> 물결 아우성 치는 외딴 섬
> 나의 봄은
> 또 각혈을 한다. 내 늑골사이
> 어디선가 밑둥 잘린 기침 소리
>
> 하늘은 오늘도 푸르다.
>
> ─ 조혜미, 「접목」 전문

이 시는 낯선 땅에서 살아가는 이주민의 고뇌, 아픔, 그리고 내면의 갈등을 상징적으로 형상화하고 있다. 시적 화자는 자신을 "밑둥이 잘린" 나무에 비유하며, "물결 아우성 치는 외딴 섬"에서 살아가고 있다고 말한다.

"썩은 듯 검은 가지"에도, "눈부시게 출렁대는" 호수에도 봄이 찾아왔지만, 정작 "나의 봄"은 "밑둥 잘린 기침 소리"로 대체될 뿐, 어디에도 존재하지 않는다.

김정훈은 이를 두고 "자신이 살아가는 세계와의 대립적 갈등을 의미하며, 이러한 경우 주체의 패배로 귀결되는 것은 자명하다"고 분석한다.[12] 그러나 시의 제목인 「접목」에 주목할 필요가 있다. 잘 알려졌듯, 접목은 새로운 품종을 만들거나, 병해에 대한 저항력을 키우기 위해 시행되는 행위로, 그 성공 여부는 생리적 조건과 환경적 요인에 크게 좌우된다. 화자가 자신의 이민 생활을 "접목"에 비유한 것은, 스스로를 이민자로 자각하고 있음을 드러내는 동시에, 현재의 삶이 '접목이 아직 불안정한 상태'임을 인식하고 있다는 뜻이기도 하다.

그럼에도 불구하고 시의 마지막 구절 "하늘은 오늘도 푸르다"는, 불안과 단절 속에서도 삶에 대한 희망과 의지를 잃지 않으려는 화자의 태도를 암시한다. 이는 단순한 절망의 서사가 아니라, 소외와 방황의 정서를 통과하면서도 처한 현실에 적극적으로 대응하고자 하는 이민자의 주체적 자세를 보여준다.

> 초대받지 않은 봄이라도
> 피겠어요
> 피어서, 정원의 꽃들보다 더 싱그럽게
> 자부심 키울 거예요.
> 땅 한 뼘 유산 없는 보통이 꿈
> 풀풀 떠나온 떠돌이,
> 십 년, 백 년,

---

12 김정훈, 「캐나다 한인 시문학 연구」, 『우리어문연구』 34집, 우리어문학회, 2009, 52쪽.

> 천 년을 살더라도 들꽃일 뿐이라지만
> 꿈 깨면 바람벽뿐인 남의 뜨락
> 샛노란 햇살 흔들며
> 풋풋한 심성 가뭄 적시고파요.
>
> — 이금실, 「이민의 꽃」 부분

화자는 비록 "땅 한 뼘 유산 없는" "떠돌이"일지라도, "초대받지 않은 봄이라도 피겠다"고 단호히 선언한다. 이 선언은 자신의 정체성을 새로운 시각에서 인식하고, 그 가능성을 모색하려는 자각으로 이어진다. 시적 자아는 거주국 사회에 순응하는 수동적 존재가 아니라, "정원의 꽃들보다 더 싱그럽게" 피어날 수 있다는 자부심을 키우겠다는 다짐을 통해 삶의 주체로서 자신을 재확인하고 있다.

이러한 태도는 타자 속에서 주체로 살아가기 위한 적극적인 적응의 방식을 탐색하는 과정이라 할 수 있다. 다시 말해, 화자는 단지 민족적 소속감에 의존하기보다는 정착국의 현실에 유연하게 반응하며 삶의 출구와 지속 가능성을 능동적으로 찾아가고 있는 것이다.

따라서 캐나다 한인문학은 민족 정체성이나 디아스포라의 '귀환 신화'라는 전통적인 틀만으로는 온전히 해석할 수 없다. 오히려 이 문학은, 이주민이 새로운 공간에서 주체로서 살아가기 위한 실천적 전략과 정체성의 재구성을 그려낸다는 점에서 주목해야 할 것이다.

4. 서로의 차이 인식과 트랜스내셔널

일반적으로 디아스포라는 거주국에서 주변인으로 살아가며 언젠가는 조상 또는 자신의 고향으로 돌아가고자 하는 '귀환 신화'를 갖고 있다. 그러나 이 '귀환 신화'는 외부자의 시선에 비쳐진 디아스포라에 대한 선입견이라 할 수 있다. 실제로 대부분의 디아스포라들은 자신들이 떠나온 '모국-고향'보다 '정착지-기주국'을 고향으로 간주하며 살아가는 경우가 너무 많다.[13] 민족 정체성이나 디아스포라의 '귀환 신화'의 시각으로만 캐나다 문학을 해석하기 불가능한 이유가 바로 여기에 있다. 트랜스내셔널리즘은 혼종적인 문화 현실, 노동의 이주와 이산으로 대표되는 경제 현실, 그리고 국가의 상·하위 행위자들이 중요한 역할을 수행하는 정치 현실 등을 새로운 방식으로 사유함으로써, 국민국가가 구조적으로 내포하고 있는 문제들을 해결하고자 한다. 이러한 맥락에서 혼종적 문화 속에 위치한 캐나다 한인들은 민족국가 체계를 자의든 타의든 탈영토화하며 살아가는 트랜스로컬 주체로 볼 수 있다.

이들이 지향하는 공간은 시간과 공간, 국가와 민족의 경계를 유연하게 넘나드는 역동적 장소로, 새로운 문화의 창출이 가능한 트랜스내셔널한 지점이라 할 수 있다. 캐나다 한인들은 이러한 공간 속에서 거주국 내 안정적 정착을 도모함과 동시에, 자신들이 여러 정체성의 경계에 위치한 '이민자(이방인)'로서의 '차이'를 명확히 인식하고 이를 보존하고자 한다. 더 나아가, 이들은 이러한 '차이'를 기반으로 타자와의 공존 가능성을 모색하며, 트랜스내셔널한 정체성을 주체적으로 구축해 나가고자 한다.

나는 초식동물이었다.

America 대륙의 숲 속 한가운데
눈빛 번뜩이는 백인들의 사냥법을
배우지 못한 나는

---

[13] 박정석, 「두바이의 힌두 신디 상인 디아스포라 : 이주 양상과 고향의식을 중심으로」, 『한국문화인류학』 제39권 2호, 한국문화인류학회, 2006, 205~206쪽.

> 이빨을 갈아서라도
> 송곳니 하나쯤 만들어야 한다.
>
> 약육강식을 숭상하는
> 야성의 피가 이 땅에 도도히 흐른다
> 잘 훈련된 표범처럼
> 늘 높은 콘크리트 그늘 위
> 그들은 표적을 찾고 있다.
>
> 이빨을 송두리째 갈아야겠다
> 제기랄 아직도 초식동물인가, 나는.
>
> ― 김한성, 「Hunter」 전문

시 「Hunter」는 캐나다의 다문화 사회, 특히 백인 중심 사회에서의 생존 전략과 그에 대한 이민자의 생존 의지를 상징적으로 드러낸다. 시적 화자는 "초식동물"로 자신을 규정함으로써, 지배적인 백인 사회 내에서의 무력하고 비주류적인 정체성을 드러낸다. 반면 백인들은 "잘 훈련된 표범"이라는 이미지로 재현되며, "약육강식을 숭상하는 야성의 피"가 흐르는 강자로 형상화된다. 이러한 대비는 이민자와 주류 사회 간의 권력 구도를 함축적으로 표현한 것이다. 시적 화자는 "이빨을 갈아서라도 송곳니 하나쯤 만들어야 한다"는 결연한 의지를 통해, 생존을 위한 자기 갱신과 정체성의 재구성을 시도한다. 그러나 "눈빛 번뜩이는 백인들의 사냥법"을 배우지 못한 채 여전히 "초식동물"로 남아 있다는 인식은, 소수자로서의 한계와 자의식의 고투를 내면화하고 있는 모습을 반영한다. 이 시는 이민자 정체성의 위기와 그 극복의지를 상징적으로 형상화함으로써, 트랜스내셔널한 맥락에서 소수자의 주체 형성과 적응 전략을 탐색하고 있다. 이러한 양상은 다음 시에서도 나타난다.

나뭇가지에 앉으면
나뭇가지가 되고
풀잎에 사이에 누우면
풀잎이 된다.

가슴을 짜르는 시선
날카로운 발톱에 쫓겨
꼬리를 떼어내고 피 흘리니
옷을 바꾸어 입고 서 있다.

하루하루 부닥치며 기어갈 때
눈보다 더듬이로 길을 찾고

복잡하게 생각하지 않는다
생활은 피부로 느낄 때 절실하다

아무도 나를 부르지 않는다.
다리 사이에 감춘 꼬리
그림처럼 매달려 흔들거리지만
그들은 피부의 색깔을 먼저 본다

축복과 기회의 땅이건
저주와 차별의 땅이건
다만 색깔의 차이지만
풀과 나무가 여전히 자라고
그 사이에 두 팔 벌리고 서 있다.
― 박성민, 「카멜레온을 위하여」 전문

시 「카멜레온을 위하여」는 이민자가 정착국에서 살아남기 위해 감내해야 하는 정체성의 유동성과 생존 전략을 상징적으로 형상화하고 있다. 시적 화자는 "나뭇가지에 앉으면/나뭇가지가 되고/풀잎 사이에 누우면/풀잎이 된다"고 말함으로써, 카멜레온처럼 환경에 자신을 맞추는 존재로서의 이민자의 처지를 드러낸다. 이는 생존과 적응을 위해 외적 정체성을 유연하게 변화시켜야 하는 현실을 은유적으로 표현한 것이다.

그러나 이러한 노력에도 불구하고 "가슴을 찌르는 시선"과 "날카로운 발톱"이라는 표현은 이민자가 여전히 외부의 감시와 차별적 시선에 노출되어 있음을 시사한다. 그 원인은 "다만 색깔의 차이"일 뿐이지만, "그들은 피부의 색깔을 먼저 본다"는 구절은 거주국 내에서 인종적 차이가 사회적 관계의 핵심 판단 기준으로 작동하고 있음을 비판적으로 드러낸다. 이처럼 캐나다는 이민자에게 있어 "축복과 기회의 땅"이자 동시에 "저주와 차별의 땅"이라는 이중적 의미를 지닌다.

그럼에도 불구하고 시적 화자는 "풀과 나무가 여전히 자라고/그 사이에 두 팔 벌리고 서 있다"고 말하며, 생태적 상생과 조화를 상징하는 공간에서의 주체적 서기를 선언한다. 이는 단순한 동화나 포기의 태도가 아니라, 차이를 인식하면서도 타자와의 공존을 모색하고자 하는 트랜스내셔널한 정체성 형성의 의지를 내포한다. 이처럼 시는 캐나다 한인 이민자들의 적응과 생존의 과정을 카멜레온의 이미지로 형상화함으로써, 다문화 사회 속에서의 유동적 정체성과 주체적 대응의 가능성을 탐색하고 있다.

오늘날 지구는 한 지붕
오늘날 지구인은 한 가족,

지구촌 어느 구석 누가 그늘에서
사는가를 찾는 일은
문화인에게 주어진 과제

선진국에서 행복에 겨워 사는 사람들이여!
그 행복의 일부를 나누어 가짐으로써 오는
더 큰 행복을 차지하지 않으려는가?

선택받은 문화인들이여
지구인을 위한 축제에 참여하지 않으려는가?

문화인은 앞장서서 나팔을 불고
북을 치고, 평화의 종소리 높이 울리어
백색, 검정색, 황색인종 모두 횃불을 켜들고 거리로 나오세요
태극기는 개켜두고
만국기 하나면 되어요
다만 피부색 사이 사이 손에 손을 마주잡고
원을 그려 빙빙 돌면서
우리 모두 춤을 추어요

피부색 사이 사이 우리 모두 손에 손을
마주 잡고 빙빙 돌면서
우리 모두 이 땅에
영원한 평화를 노래하고, 춤을 추어요

우리 모두 이 땅에
영원한 평화를 노래하고, 춤을 추어요
— 민귀혜, 「지구인의 축제」 전문

 시 「지구인의 축제」에서 화자는 민족주의적 경계를 넘어, 지구촌 모든 인류를 '한 가족'으로 인식하며 연대와 평화를 호소한다. 특히 "태극기는 개켜두고" "만국기 하나면 되어요"라는 구절을 통해, 특정 국가나 민족의 상징을 넘어서 보편적 인류애와 공동체 의식을 강조한다. 이는 다문화·다

민족 사회로서 캐나다의 현실과 맞닿아 있으며, 국경과 민족을 초월한 트랜스내셔널한 정체성의 가능성을 시사한다.

화자는 인종과 문화의 '차이'를 부정하거나 억압하는 대신, "피부색 사이 사이 손에 손을 마주잡고/원을 그려 빙빙 돌면서/우리 모두 춤을 추어요"라는 구절을 통해 차이를 인정하며 상호 공존과 화합을 이루는 모습을 그려낸다. 이는 고통스럽거나 불완전한 상태로 인식되는 트랜스내셔널 경험을 긍정적이고 능동적인 정체성 형성의 과정으로 재구성한 것이다.

따라서 시는 캐나다에 거주하는 한인 이민자들이 한국인과 캐나다인이라는 이중정체성 사이에서 서로의 차이를 인정하고 거리 두기를 넘어, 공존과 화합을 꿈꾸며 새로운 정체성을 모색하는 트랜스내셔널한 삶의 태도를 반영한다고 볼 수 있다.

5. 맺음말

전 세계 각지로 이주한 한인들은 거주국 내에서 독자적인 공동체를 형성하며, 그 과정에서 고유한 문화를 창출하고 있다. 이러한 문화는 이주 이전의 전통을 일정 부분 계승하는 한편, 거주국의 사회적·문화적 영향을 수용하며 변화하고, 때로는 이질적인 특성을 드러내기도 한다. 전 지구화 시대에 나타나는 이러한 문학적 양상을 심층적으로 해석하고 조망하기 위해서는, 국가와 민족의 경계를 넘어서는 새로운 인식과 사유 방식이 요구된다.

"Trans라는 용어는 보통 across(횡단), beyond(超), through(通)이라는 의미를 포괄하는 접두어"로 보고 있으며 트랜스내셔널이라는 용어는 횡단 국가적, 초국가적, 통국가적이라는 의미를 함축하고 있다[14]는 점을 고려했을

---

[14] 윤해동, 「트랜스내셔널 히스토리의 가능성-한국근대사를 중심으로」, 『역사학보』

때, 기존의 민족과 국가적 틀만으로는 해독할 수 없는 정치, 사회, 문화, 문학의 혼종적인 현상을 해석하는 데 있어 트랜스내셔널리즘의 방법론은 유용하다고 본다.

그동안 캐나다 한인문학은 여러 학자들에 의해 꾸준히 연구되고 있다. 그러나 기존 연구는 캐나다 한인문학이 한국문학 내지 민족문학에 귀속되느냐 여부라든가, 이들 문학에 나타나는 민족문학적 성격이나 성취의 정도, 디아스포라 관점 등에 집중되어 있는 아쉬움이 있다. 기존의 연구가 민족이라는 범주를 선험적으로 설정하고 캐나다 한인문학과 삶을 그 안으로 끌어들이고자 했다면 이제는 반대로 확산의 발상이 필요하다.

캐나다 한인들은 미국의 한인들보다 더 이른 시기에 통합된 문단 조직을 결성하여, 캐나다 한인문학의 토대를 형성하였다. 이 과정에서 캐나다 한인문학은 단순히 고향과 모국에 대한 향수나 이민자로서의 소외감을 표현하는 단계를 넘어서, 자아 정체성에 대한 진지한 성찰과 캐나다 내 소수민족으로서 겪는 현실적 장벽을 깊이 있게 형상화하며 문학적 성숙을 이뤄가고 있다.

물론 많은 작품들은 이주 현실에 적응하려는 심리에서 비롯된, 떠나온 모국에 대한 집착이나 막연한 고향에 대한 그리움을 담고 있다. 이는 이민자의 삶이 갖는 경계성과 감정적 복합성을 반영한 것으로, 민족이라는 개념을 타자화하여 분리해 이해하기에는 한계가 따른다. 그럼에도 불구하고, 정착 기간이 길어질수록 이들의 문학은 점차 모국 중심의 정서에서 벗어나 현지 사회의 정치적·사회적 이슈와 일상적 삶의 문제로 관심을 확장하고 있다. 이러한 흐름 속에서 한인 이민자들은 민족 간 경계를 넘나드는 삶의 자리에서 자신들의 정체성을 끊임없이 상상하고 재구성하고자 한다.

vol.no 200, 역사학회, 2008, 33~65쪽.

오늘날 우리는 글로벌 환경 속에서 삶을 영위하고 있으며, 제4차 산업혁명 시대의 관점에서 기존의 '멜팅 팟(Melting Pot)'이나 '샐러드 볼(Salad Bowl)'과 같은 단순한 다문화 사회 인식만으로는 현대 사회와 문화, 그리고 문학 현상을 온전히 이해하기 어려운 실정이다. 이러한 인식의 전환을 바탕으로 본 연구는 캐나다 한인 시문학을 중심으로 트랜스로컬 정체성과 그 지향성을 분석하였다. 분석 결과, 캐나다 한인 시문학은 '캐나다 내 한국인'으로서의 차이를 명확히 인식하고 이를 적극적으로 유지함과 동시에, 트랜스내셔널 정체성 구축을 지향하는 경향을 내포하고 있음을 확인할 수 있었다. 이는 이민자로서의 정체성을 바탕으로, 캐나다 국민이라는 동일화의 틀에 완전히 귀속되지 않음으로써 오히려 국가와의 건강한 거리를 유지할 수 있는 하나의 방식이 된다. 즉, 캐나다 사회의 일원으로서 살아가면서도 한국인이라는 소수민족 정체성을 견지하며, 차이를 인식하고 나아가 화합을 지향하는 방식으로 자아 정체성을 형성해 나가는 모습을 알 수 있다.

아르헨티나 한인 시문학과 트랜스내셔널

1. 머리말

이 논문은 아르헨티나 한인 시문학에 나타난 트랜스내셔널의 특징 및 의미를 고찰하는 것이다. 이를 위해 아르헨티나의 한인 이민 사회의 형성 및 한인문학의 형성 과정을 개괄한 후 아르헨티나 한인문인협회에서 발간하는 기관지 『로스안데스 문학』[1]과 작품집 『아리랑이 땅고와 만났을 때』[2], 『아르헨티나 코리안 문학 선집-시/수필』[3]에 수록된 일부 작품들 분석의 대상으로 살피고자 한다.

1966년 아르헨티나에 한인사회가 형성되었다. 이후 1984년 한국과 아르헨티나 양국 정부 사이에 체결된 투자이민 협정으로 본격적인 이민이 시작되었다. 1990년 후반 아르헨티나 경제가 안정을 이룬 시기에 4만여 명

---

[1] 아르헨티나의 한인들의 경우 북미주의 미국 한인이나 중국 조선족 문학, 구소련 고려인들에 비해 교민 수효 및 이주 역사는 길지 않다. 그러나 1965년 공식적인 이주 이후 1994년 한인문인협회를 결성한 후 1996년부터 한글 종합문예지인 『로스안데스 문학』을 꾸준히 발간하고 있다. 2021년 12월 21호가 발간되었다.
[2] 재아문인협회, 『아리랑이 땅고와 만났을 때』, 2017.
[3] 김환기, 『아르헨티나 코리안 문학 선집-시/수필』, 보고사, 2013.

에 이르던 재아 한인사회는 1990년대 후반 IMF를 맞는다. 이어서 2001년 말 아르헨티나 정부의 채무 불이행 선언과 은행예금 동결조치, 페소화 평가절하 등으로 인해 경제가 최악의 상태로 접어들자 재아 한인들은 미국과 멕시코, 브라질 등으로 재이민하거나 한국으로 역이민을 한다. 한때 한인사회는 1만 5천 명 선까지 축소되었다가 2003년 12월 27일 한국인에 대한 비자 입국 조치 이후 다시 증가 추세를 보였다. 재외동포 재단의 통계에 의하면 2019년 재외동포 수는 23,063명으로 추정된다.[4]

아르헨티나로의 초기 한인 이주는 한국 사회에서의 빈곤을 극복하고자 하는 디아스포라적 성격이 강했다. 이후 1984년 양국 간 투자이민 협정을 계기로 더 나은 환경을 추구하는 개인의 의지가 반영된 초국가적(transnational) 이민의 성격이 더욱 뚜렷해졌다.

1994년 1월 4일, 아르헨티나 한인 문인(제1세대 교민) 20여 명은 '아르헨티나한인문인협회'를 결성하였다. 이후 1996년 기관지 『로스안데스 문학』을 발간한다. 『로스안데스 문학』은 재아르헨티나 한인 문인 사회의 정신적, 문화적 구심점이라 할 수 있다. 1994년 6월에 한국에서 김주영 김원일 김혜순 정현종 등 13명의 문인들이 아르헨티나를 찾았다. 이때 환영회를 겸한 작품 발표회와 최초의 문학 강좌가 열렸다. 이후 1995년 윤춘식 회원과 심근종 회원이 각각 1회씩 강좌를 한 바 있으나 지속적으로 이어지는 않았다. 『로스안데스 문학』은 1996년 이후 매년 혹은 격년제로 발간되었으며 2021년 12월 현재 20호가 발간되었다. 또한 "로스안데스 문학상 신인상" 제도를 꾸준히 이어오고 있다.(2021년 15회 수상자 배출)

아르헨티나 한인 문인 중 "등단 작가"라 하면 한국의 문학잡지 등단을 의미한다. 이들은 재아문인협회 회원 전체(20여 명 정도) 중 3분의 1 정도이

---

4 https://www.index.go.kr/main.do

다. 초기 문학 활동을 했던 분들은 고인이 되었거나 캐나다나 미국 등 다른 나라로 재이민을 간 상태이다. 현재 재아문인협회 회원은 로스안데스 문학 공모전에 당선된 사람들로 구성되어 있으나 당선 후 회원으로 활동하는 사람들은 지극히 드문 형편이다. 활동하는 작가들은 50대부터 70대가 주를 이룬다.[5] 2001년 개설된 재아문인협회 홈페이지(다음카페) 역시 2014년 10월 이후 별다른 활동이 없다. 연구자가 현지 상황을 전해들었을 때 현재 2세대의 가교 역할이 충실히 이루어지고 있다고 할 수 없다. 따라서 아르헨티나 한인 문단의 가장 큰 문제는 지속적으로 창작 활동을 하는 문인 수가 줄고 있고 발표 작품 역시 한정된 작가의 적은 수의 작품이라는 것이다.

아르헨티나로 이주한 한인들은 어떠한 정치적 외압을 경험하지 않은 자발적 이주자들로 볼 수 있다. 이들은 거주지에 대한 선택권을 가지고 자유롭게 다른 국가로 이동할 수 있는 주체로, 실제로 거주국에 만족하지 않을 경우 미국이나 캐나다 등 타국으로 이주하였으며, 다시 원거주지로 복귀하거나 고국으로 역이주하는 경우도 있었다.[6] 물론 현지에서 태어나서 성장한 2세대들은 재이민이나 역이민보다는 현지 사회에 정착해서 자신들의 삶을 영위하고자 하는 경향이 더욱 증가하고 있다.[7]

---

[5] 현재 아르헨티나 한인문인협회 회장 이정은 씨와의 이메일, SNS면담 내용 정리.(2021.11)

[6] 아르헨티나에서 거주했던 박채순은 "아르헨티나 동포들은 영어 사용국인 캐나다, 미국이 지리적으로 인접해 있고, 서양문화를 이미 맛본 문화적인 특수성 때문에 중국, 일본, 구러시아 등 여타 지역 동포들보다 더 쉽고 빨리 이민 정착지를 바꿀 수 있다는 특징을 갖는다. 이러한 현상으로 현지인들은 한인들을 아르헨티나를 북미로 이주하기 위한 정착지라고 비난하기도 한다"고 밝힌다. 박채순, 「아르헨티나 한인 동포의 재이주(再移住)에 관한 연구」, 『이베로아메리카』 11(2), 부산외국어대학교 중남미지역원, 2009, 239쪽.

[7] 김영철, 「아르헨티나 재외동포 1.5세의 역이민과 정착 연구」, 『한국민족문화』 제60호, 부산대학교 한국민족문화연구소, 2016.8, 86쪽.

그동안 국내에서 이루어진 아르헨티나 한인문학의 주요 연구는 다음과 같다. 김정훈은 재아르헨티나 한인 시문학은 다른 미주 국가의 한인문학과는 두 가지 차별성이 있다고 보았다. 첫째, 매직글라스를 통해서 바라보기, 둘째, 미국이나 캐나다의 한인문학과 달리 '현지에 뿌리내리고 살기'의 모습이 잘 보이지 않는다는 것이다.[8] 김환기는 재아르헨티나 한인문학을 디아스포라 특유의 다층적, 월경주의를 읽어내는 데에는 다소 한계가 있다고 보았다.[9] 이명재는 아르헨티나 한인들의 작품 성향을 사회 적응 갈등과 정체성 찾기, 모국어와 디아스포라적 향수, 또 다른 삶의 터전 찾기로 나누어 살피고 있다.[10] 최종환은 아르헨티나 한인들의 시문학을 '혼종성'의 아젠다로 상정하고 그들 시에 나타난 "피안 감성"은 그들이 되돌아가야 할 한반도를 지상 너머의 피안으로 그리고 있다고 보았다. 또한 그들에게 어머니가 계신 조국으로 돌아가기 위한 욕망은 기독교 신앙과 남미의 다문화 무의식과 혼종되면서 구원의 "길찾기" 욕망으로 대체되어 나타난다고 보았다.[11] 한편 양왕용은 실향 의식의 다양한 표출, 라틴(Latin) 문화의 다양한 수용, 기독교적 상상력의 표출로 나누어 시문학과 정체성을 살폈다.[12] 본 연구는 해외에서 창작된 교포문학 혹은 이민문학을 트랜스내셔널리즘의 범주에 포함시켜야 한다[13]는 김성곤의 견해에 동의하며, 이러한 이론적 틀을 바

---

8 김정훈, 「재아 한인 시문학의 특성 연구」, 『한민족문화연구』 제32집, 2010.
9 김환기, 「재아르헨티나 코리언 이민문학의 형성과 전개 양상」, 『중남미연구』 31, 한국외국어대학교 중남미연구소, 2012.
10 이명재, 「아르헨티나 한인들의 한글문단 고찰」, 『우리문학연구』 46, 우리문학회, 2015.
11 최종환, 「혼종성 의제로 읽는 아르헨티나 한인 시」, 『비평문학』 69, 한국비평문학회, 2018, 321~352쪽 참조.
12 양왕용, 「남미 한인의 시문학과 정체성 – '아르헨티나' 지역을 중심으로」, 『한국시문학』 14집, 한국시문학회, 2004.
13 "우선 이민문학과 디아스포라 문학은 기본적으로 트랜스내셔널리즘 문학에 속한다. 이민자들이나 국외 거주자들은 국경을 초월해 두 나라 사이에 위치해 있으며, 두 나

탕으로 아르헨티나 한인 시문학을 분석하고자 한다. 트랜스내셔널 문학은 일반적으로 "자신이 태어나지 않은 나라에서 살아가는 이들의 사회적·심리적 공간의 의미, 그들이 겪는 다중적 정체성의 충돌, 방황과 고뇌 등을 성찰하는 문학적 실천"[14]으로 정의된다.

이에 본 논문은 아르헨티나 한인 시문학에 나타난 트랜스내셔널한 특성을 중심으로, 첫째, 자기 소외의 인식, 둘째, 언어의 혼종성과 문화적 전유, 셋째, 지리적 공간의 재서술과 환상적 공간의 형성이라는 세 가지 축을 설정하여 작품을 분석하고자 한다. 이러한 접근은 아르헨티나라는 특수한 로컬 공간 안에서 형성된 이민자 주체의 문학적 상상력을 해명하는 데에 기여할 것이다.

2. 언어의 혼종성과 트랜스내셔널

이주는 보다 나은 삶의 환경을 찾아 삶의 터전을 이동하는 과정으로 정의될 때, 이주민들이 새로운 사회에서 통합과 공존을 모색하는 삶의 방식은 단순히 정착지 사회의 요구를 충족하기 위함이 아니라, 이주민 스스로의 희망과 의지에 기반한 것이라 할 수 있다. 따라서 이주 문제는 '여기'와 '저기'라는 이분법적 구도의 문제가 아니라, 현재 자신이 처한 공간에서의 적응과 현실적 삶의 문제로 이해되어야 한다.[15]

라의 문화를 모두 포용하고 있기 때문이다. 캐나다 요크대학의 R. 채란 교수는 두 영어의 차이점을 논하면서 디아스포라는 강제 해외이주의 경우이고, 트랜스내셔널리즘은 자발적 이민의 경우라고 말한다. 그래서 그는 디아스포라는 '떠남'의 조건이고, 트랜스내셔널리즘은 '삶'의 조건이라고 말하고 있다." 김성곤, 「새로운 문예사조 트랜스내셔널리즘문학」, 『21세기문학』, 2008, 가을호, 30~31쪽.

14 김성곤, 『하이브리드 시대의 문학』, 서울대학교 출판문화원, 2009, 28~32쪽 참조.
15 강희진, 「재외 한인문학에 나타난 트랜스내셔널 양상 – 중앙아시아 고려인 문학과

> 하얀 사각방/쇠침대 하나/긴의자 하나/브라인드가 내려진 커다란 창 하나/문 하나/문 바깥쪽 이름 하나/그 아래 낙서 한 줄/'너는 나그네'
>
> — 박영희, 「입원」[16]

위 시는 낯선 공간에 놓인 화자의 처지를 상징적으로 드러내고 있다. 병원의 한 병실이라는 제한된 공간 속에서 의자도, 창문도, 문도 모두 '하나' 뿐인 상황은 화자가 고립되어 있음을 시사한다. 특히 '문 바깥쪽 이름 하나'라는 표현은 화자가 외부와 단절된 상태임을 암시하며, 낙서된 '너는 나그네'라는 문구는 타인이 화자에게 던지는 말일 수도, 혹은 화자가 스스로를 지칭하는 내적 독백일 수도 있다. '나그네'라는 개념은 정착하지 못한, 일정한 거주지 없이 방황하는 존재를 의미하며, 이는 화자의 불안정하고 고립된 존재 상태를 상징적으로 나타낸다.

> TV는 아내와 같이/어둠 속으로 돌아온 나를 맞고/욕실이나 주방에/나도 모르게 낳아놓은 아이는 없는지/한 번씩 열어본 후에 나는 옷을 벗는다//냉장고에 사는 김치를 꺼내/탁자에 놓으면/김치의 나이만큼 젊은 내가/그 맛만큼 늙어 버렸다//한 번도 타올라 본 적 없는/나의 어제, 그제 그리고 기억도 나지 않는/숫자로 된 지난 날들/그 날들만큼이나 미지근한 물로 몸을 씻고/감당하기 힘들게 커다란 침대에 올라/왼쪽 끄트머리에 웅크려 눕는다//모두에게 작별을 고한다/유서의 한 줄 한 줄을 암송한다[17]
>
> — 박상수, 「저녁풍경」

시 속 화자는 집에 돌아와 가장 먼저 욕실이나 주방을 살피며 "나도 모

재중조선인 문학의 시를 중심으로」, 『한국문학과예술』 37, 한국문학과예술연구소, 2021.3, 138쪽 참조.
16 『로스안데스 문학』, 통권 4호, 1999.
17 『로스안데스 문학』, 통권9호, 2005.

르게 낳아놓은 아이는 없는지" 확인한다. 이는 불안과 긴장의 심리를 상징하며, 그가 처한 불안정한 내면 상태를 드러낸다. 이어 "커다란 침내에 올라/왼쪽 끄트머리에 웅크려" 눕는 모습은 위축되고 고립된 심정을 보여준다. 또한 "모두에게 작별을 고한다/유서의 한 줄 한 줄을 암송"하는 장면은 현실에 대한 무기력함과 절망감, 그리고 내면의 깊은 고통을 상징적으로 표현한 것이다. 이처럼 시는 거주국 사회에 적응하지 못하는 내면 갈등과 그로 인한 정신적 고통을 함축적으로 나타내고 있다.

> 어떤 장소가 문제가 아닌데/문제는 분명 나인데/어떤 장소라도 처음 들어간 장소는/나올 때마다 방향감각을 잃고/생게망게에 빠지고 만다.
> — 맹하린, 「방향감각」 부분[18]

"어떤 장소가 문제가 아닌데, 문제는 분명 나인데"라는 구절에서 나타나듯이, 이주 초기에 새로운 정착지에서 경험하는 방향 감각 상실과 혼란은 외부 환경의 문제가 아니라 주체 내면의 문제임을 시사한다. 즉, 이들은 낯선 공간에서 정착지의 가치관, 정서, 문화적 상황과의 갈등과 좌절을 경험하지만, 이러한 어려움은 장소 자체의 문제가 아니라 자기 자신의 정체성과 적응의 문제임을 인식하게 된다. 이에 따라 이들은 자기 재발견의 과정을 거쳐, 거주국과의 차이를 수용하며, 이를 새로운 삶의 터전으로 인식하는 태도를 형성한다. 이러한 인식 변화는 트랜스로컬(translocal) 정체성 형성의 한 단면으로 해석될 수 있다.

---

[18] 김환기, 『아르헨티나 코리안 문학 선집 – 시/수필』, 보고사, 2013, 35쪽 재인용; 맹하린, 소설집 『세탁부』(2006), 시집 『나에게 길 내어주다』(2009), 『부에노스 아이레스』(2010).

> 돌아갈 구실 찾느라/미처 짐 못 푼채/떠날 궁리 굳히고 굳히면/젖혀도 젖혀도 휘감기던/안개비와 같던 막막함//부윤의 날들 아름다이 번쩍여도/포만감 모르는 열정은/일이 일을 포개었고/겸두겸두 일과의 실갱이를 할 때에야/고국 생각을 잊었다/구메구메 바쁜 중에도/나는 두 나라에 살고 있었어라//돌아가 짐 풀었으면/반가움과 낯섬이/서름서름 갈마들지라도
> — 맹하린, 「이민」[19]

"돌아갈 구실을 찾느라" 짐을 제대로 풀지 못한 채, 끊임없이 떠날 궁리를 하면서도 일상생활을 유지하는 과정 속에서 결국 "고국 생각을 잊었다"는 서사는 이민자 주체가 겪는 내적 갈등과 적응의 복합적 양상을 보여준다. 트랜스내셔널 문학이 주목하는 것은 단순히 특정 지역이나 국가 간 경계의 문제라기보다, 이주민 주체가 거주 공간과 문화적 정체성을 재구성하는 '지역의 재개념화'에 있다.[20] "나는 두 나라에 살고 있어라"라는 자각은 결국 자기 정체성을 인정하고 수용하는 행위로 해석할 수 있다. 프란츠 파농(Frantz Fanon)이 제시한 바와 같이, 자기 소외를 인식하는 것은 자아 정체성 확립과 더불어 사회적 전진을 가능케 하는 중요한 계기이다. 따라서 이민자의 정체성은 타인과의 차이를 인식하고 이를 유지하는 가운데 명확해지며, 이는 변화 가능성을 내포한 트랜스내셔널한 정체성으로서 오늘날 글로벌 시대의 특성을 반영한다.

> 까푸치노의 쓴 맛이 목젖을 타고 추락하고/볼펜의 똥구멍이 거미줄을 짜내어/의식의 집을 짓고//거리 나부랭이에선/창녀와 성자가 탱고를 춘다/창녀는 창 밖의 여자/성자는 성 불구자//겨울바람이 시고 날카로운 혀

---

19 『로스안데스 문학』, 통권 10호, 2007.
20 박선주, 「트랜스내셔널 문학의 소속과 지평」, 『한국현대문학회 학술발표대회자료집』, 2010, 30쪽 참조.

를 날름거리고/까칠까칠한 수염은 어둠을 먹고 자라고/사람 같은 것이 치부를 드러낸 채 연신 다리를 떨어대고//아!/포르노에서 낭만을/pc에서 진리를 구하는 누에바 헤네라시온 신세대!//여기/스테인리스 도시에/인스턴트 고독을 마시는/스턴트 같은 인생이 있다.

— 김재성, 「인스턴트 고독」[21]

시 속 화자는 "창녀와 성자"가 공존하는 '스테인리스 도시'에서 "인스턴트 고독을 마시며" 삶을 견뎌낸다. 이는 도시의 부조리와 모순, 그리고 혼란스러운 현실을 상징한다. 특히 "까푸치노의 쓴 맛," "볼펜의 똥구멍," "겨울바람이 시고 날카로운 혀" 등의 이미지들은 도시 생활의 삭막함과 고독을 표현하며, "사람 같은 것이 치부를 드러낸 채"라는 구절에서 인간의 허약함과 속물근성을 드러낸다.

또한 '누에바 헤네라시온(신세대)'이라는 표현은 멕시코의 마약 조직을 빗대어, 현실에서 낭만이나 진리를 찾기 어려운 신세대의 삶을 반영한다. 화자는 이러한 모순적인 도시 속에서, 언어와 이미지의 혼종적 방식을 통해 복잡한 정체성과 현실 인식을 드러내고 있다. 흔히 등장하는 것은 즉, 시에서 원문 텍스트에 별도의 설명 없이 삽입되는 외국어나 지명 등은 단순히 '권력 언어(거주국의 언어)'와 '소수 언어', '중심과 주변'의 대립 및 저항으로서의 혼종성이라기보다는, 주체가 자신만의 '영토화'를 시도하는 장치로 기능한다고 해석할 수 있다. 이러한 언어적 혼종성은 이중정체성과 복잡한 현실 속에서 자신의 존재를 확립하고, 새로운 공간에서 의미를 창출하려는 시적 주체의 전략적 표현으로 볼 수 있다.

태양의 섬에 핀 미끈한 '에우깔립또'/태초부터 흩날리던 생명이라 부르

---

21 『로스안데스 문학』, 통권 5호, 2000.

기 전/너는 '아이마라' 부족의 혼이었다//부질없이 '야마'를 유혹해도/'야마'는 너의 순결을 꺾지 못하고/'빠차마마'는 뽀족한 혈관으로/혼혈의 열매를 지켰다//태양이 놀라 와/호수 위에 심어놓은 야생화 몇 송이/사람이 그리워 멀리하듯/뱃전에 펄럭인다//질겅질겅/너도 스페인 총칼에 머리가 동강난/'꼬까' 잎을 씹는구나.

— 윤춘식, 「야생화」[22]

"에우깔립또", "아이마라" 부족, "야마", "빠차마마", "꼬까" 잎 등 현지 언어를 모르면 해석하기 어려운 아르헨티나 고유의 문화적 언어 표기는 텍스트 내에서 이질적이고 낯선 감각을 유발한다. 이러한 현지어의 자연스러운 삽입은 한국어로 시를 창작하는 화자가 이중 언어적 글쓰기 행위를 통해 모국어 질서에 균열을 내는 이중적 기입(dual inscription)의 틈새로 작용한다. 나아가 이는 초국적 권력과 문화적 규범에 균열을 내고자 하는 일종의 저항적 서사로 해석될 수 있다. 텍스트 내 거주국 언어의 사용은 이민자 문학에서 이중 언어 사용의 실정을 인정하고 포용하는 작가의 인식을 반영한다. 이는 아르헨티나 한인 시인들이 한국적 정체성과 더불어 국제적, 초국가적 위치를 동시에 점유하고 있음을 시사한다.

3. 환상의 공간으로의 트랜스내셔널

흔히 디아스포라 공동체는 거주국에서 주변인으로서 살아가면서 언젠가 조상이나 자신의 고향으로 돌아가고자 하는 '귀환 신화(return myth)'를 내면화하고 있다고 인식된다. 그러나 이러한 '귀환 신화'는 외부자의 시각에

---

[22] 『로스안데스 문학』, 통권 6호, 2002; 윤춘식, 시집 『풀잎 속의 잉카』(2001), 『저녁 노을에 걸린 오벨리스꼬』(2001), 『그의 하늘이 이슬을 내리는 곳』(2004), 『지금 손 안에 피는 꽃』(2009).

의한 디아스포라에 대한 선입견에 불과할 수 있다. 실제로 다수의 디아스포라 구성원들은 자신들이 떠나온 '모국(고향)'보다 현재 정착하고 있는 '거주국'을 진정한 고향으로 받아들이며 살아가는 경우가 훨씬 많음을 확인할 수 있다.[23] 민족 정체성이나 디아스포라의 '귀환 신화'의 시각으로만 해외 한인문학을 해석하기 불가능한 이유가 바로 여기에 있다.

물론, 캐나다, 북남미, 유럽과 같은 다문화 국가, 그리고 중국 조선족 사회, CIS 지역의 한인문학, 재미 문학, 재일 문학 등에서도 '고국' 혹은 '고향'에 대한 그리움을 표현한 작품들을 쉽게 찾아볼 수 있다. 이민 초기에는 대부분의 문학 작품들이 이러한 향수를 주제로 삼았으며, 현재에도 이러한 경향은 꾸준히 이어지고 있다. 따라서 그동안 해외 한인문학을 '귀환 신화'로 해석해온 것도 어느 정도 자연스러운 일이었다. 그러나 '귀환 신화'라는 개념은 때로는 외부자의 시각에서 형성된, 디아스포라에 대한 일종의 선입견일 수도 있다. 실제로 일부 디아스포라들은 자신이 떠나온 모국이나 고향보다 현재 정착한 나라, 즉 거주국을 더 이상한 고향으로 인식하며 살아가기도 한다. 세대가 거듭될수록 이러한 인식은 더욱 확산되는 경향을 보인다. 이는 앞서 언급한 바와 같이, '민족'이나 '국가'라는 틀만으로는 해외 한인문학을 온전히 이해하기 어렵다는 점과도 연결된다.

아르헨티나 한인들은 거주국과 고국 두 국가를 포함하는 초국가적 사회 영역 속에서 살아가는 트랜스내셔널한 정체성의 소유자들이라 할 수 있다. 언제고 다른 곳으로 떠날 수 있는 주체들에게는 국가의 중요성보다는 이동과 정착이라는 개념이 더 큰 의미를 지닌다. 이는 곧 공간 및 장소의 문제이기도 하다. 이러한 초국가적 이동성을 소유한 주체들에게 거주국은 정착

---

[23] 박정석, 「두바이의 힌두 신디 상인 디아스포라 : 이주 양상과 고향의식을 중심으로」, 『한국문화인류학』 제39권 2호, 한국문화인류학회, 2006, 205~206쪽 참조.

지라 할 수 없다. 정착지를 찾아감에 있어 아르헨티나 한인 시 작품에서는 공간에 대한 환상성을 엿볼 수 있다.

> 반짝이는 것은 무엇이나 좋았다./낯선 곳에 도착했을 때/잎사귀에 매달린 물방울이/금새 다이아몬드로 바뀐다//푸른 달팽이는 세상과 등진 듯/바위 위에 목 내밀고 잠든다//배추벌레는 나비가 되기 위해/조금씩 부풀어 오르고 있다//끈끈한 삶의 행렬은 잠시/대중을 벗어나 햇빛 속으로/증발한다//계곡의 물줄기 위로 사라진 햇빛이/줄무늬 비단이 되어 곱게 눕는다.
> ─ 이향희, 「햇빛이 머무는 곳」[24]

대다수 이민자들이 거주국에 정착하는 과정에서 낯선 법과 제도, 문화적 차이로 인한 갈등을 겪는 것은 필연적이다. 아르헨티나 한인들 역시 자발적인 이주 주체임에도 불구하고 중심과 주변, 현실과 이상 사이에서 내적 갈등을 경험한다. 이들은 문화적 혼종 공간 속에서 또 다른 '로컬(local)'을 모색하며, 이를 거주국 내 특정 장소를 이상화한 유토피아적 공간으로 그려낸다. 시 속 화자에게 '낯선 곳'은 풍요롭고 긍정적인 공간으로, "반짝이는 것은 무엇이나 좋았다"는 표현에서 그러한 희망과 가능성을 엿볼 수 있다. 나아가 "잎사귀에 매달린 물방울"을 "다이아몬드"로 보고, "햇빛이 줄무늬 비단"으로 변하며, "배추벌레가 나비가 되기 위해 조금씩 부풀어 오르듯" 자신도 환상적인 공간 속에서 새로운 정체성을 형성하고자 하는 의지를 드러낸다.

> 하늘을 떠 받친/은빛나래/하얗게 부서져 비원을 이루고//깃발처럼 휘날리는/순결한 영혼/운해를 이룬 듯 설원의 바다//천 년인들 하루같이/숙연한 청정/영원한 침묵으로 장엄을 이룬다//설령에 유성처럼/쇠잔한 햇살/

---

[24] 『로스안데스 문학』 통권 9호, 2005.

남극에 쏟아 부은 은빛 강물//세속의 상념을 떨쳐버린 채/극야는 백야의 설국에/지새워 꿈을 먹느냐/오, 당신의 뜻으로 멈춰진 시간/하늘로 이어진 영원의 길이/바로 이어진 영원의 길이/바로 여기에 있으렴인가[25]

"우수아이아(USHUAIA)"는 아르헨티나의 티에라델푸에고 주의 주도로, 남극에서 가장 가깝고, 길이 닿는 가장 남쪽에 있는 도시이다. 1950년대까지 유배지로 사용하였으나 지금은 남국탐험의 전지기지이다. 시 속에서 우수아이아는 공간적 경계를 허무는 장소로, "하늘로 이어진 구원의 길"이자 현실에서는 닿을 수 없는 이상향으로 묘사된다. 이는 현실적 자아가 상처받지 않을 정도로 충만한 공간이며, 이민자로서 겪는 불안정성과 방황의 경험과 맞닿아 있다.

글로컬라이제이션(glocalization)의 관점에서 볼 때, 이 낙원은 분열된 정체성과 낯선 거주국 문화 속에서 자신을 통합할 수 있는 장소적 기능을 수행한다. 이러한 특징은 이후에 제시될 다른 시에서도 유사하게 나타난다.

당신이 그 하늘 높은 곳에/도달할 즈음/예배당 종소리 호수 위로 굴러 오는/꼬빠까바나에 가 보았는가?//눈이 시린 검은 물결을 딛고/은빛 갈매기를 따라/숨막히도록 가파른/한 세상을 넘어가 보면//거기, 저그마한 호수 마을/돌담 그늘 아래서/당신을 맞이하는 노라를 만날 것이다.//아리따운 손을 흔들며/에우깔립토 꽃잎처럼/욕망의 호수를 가리키는 노라에겐/파도가 안겨주는 산소로 얼굴이 젖는다//열세 살 노라는/수평선에 둥둥 떠다니며/이름도 없이 가출한/아이마라족 아버지를 기다리고 있다//당신도 그곳에선/노라의 눈동자와 함께/꼬까잎을 씹으며 빈손으로 돌아오는/노라의 아버지를 기다리게 될 것이다[26]

---

25 임동각, 「USHUAIA의 설원」, 『로스안데스 문학』 통권3호, 1998.
26 윤춘식, 「띠띠까까 호수를 위하여」, 『로스안데스 문학』 통권6호, 2002.

시 속의 띠띠까까 호수는 "숨막히도록 가파른/한 세상을 넘어가"야 도달할 수 있는 장소로, 현실과 환상이 교차하는 상징적 공간으로 묘사된다. 이곳에서 만나는 "열세 살 노라"는 실제 인물이 아니라 시적 상상 속에 존재하는 인물로, 띠띠까까 호수 자체가 물리적 공간임과 동시에 화자의 내면과 욕망이 투영된 심리적 공간임을 알 수 있다.

문학에서 환상은 현실 세계에는 존재하지 않으나, 심리적 차원에서는 실재하는 욕망이 형상화되는 매개체로 기능한다. 이는 현실 속에서 억압되거나 은폐된 욕망이 문학적 환상을 통해 대리 충족되거나 일시적 도피의 수단으로 표출되는 현상이다. 이러한 환상은 단순한 비현실적 공상과는 구별되며, 현실적 근거를 바탕으로 형성되어 현실 이데올로기의 전복 또는 비판적 재구성의 역할을 수행한다.[27] 따라서 시에 나타난 띠띠까까 호수와 노라의 이미지는 현실과 상상의 경계를 넘나드는 공간으로서, 개인의 분열된 정체성을 통합하고 심리적 안정성을 도모하는 중요한 상징적 장치로 해석될 수 있다. 이와 같이 환상은 개인 정체성 형성 과정에서 핵심적인 심리적 원천이자 문학적 의미 구성에 있어 필수적인 요소로 자리매김한다.

> 땅끝에서 땅끝까지/하늘과 땅이 만나는 곳/수평선과 지평선이 만나는 곳/뻬칠레모 여름 바다//남미 칠레 땅에/석양은 지고 땅거미가/황혼의 저녁 별 수놓는/뻬칠레모 은빛 바다//남미의 낮 동안/뜨거운 햇살/팜파를 키우고/해바라기 씨 속살 여물고/철없이 뛰노는 아이들/출렁출렁 파도 품에 끌어 안긴다//하늘은 밤바다에 은파를 연주하고/칠흙 같은 바다는 밤하늘에/하나 둘 별꽃 등불을 들고 나오고/바로 머리 위에 하늘이 내려와//등불은 별비처럼 주룩주룩 떨어진다/저마다 해변을 거니는 연인들/밤하늘 별들 해변 가에 내려앉던/파도는 하얀 치마 입고 춤추던/별비내리는 뻬칠레

---

[27] 최기숙, 『환상』, 연세대학교출판부, 2003, 4~5쪽 참조.

모 은빛 바다!/내 영혼에 별빛 되어 영원히 빛나리[28]

"뻬칠레모"라는 공간은 '하늘과 땅이 만나는 곳', '수평선과 지평선이 만나는 곳'으로서 경계가 허물어진 초월적 공간으로 묘사된다. 시 속에서 '뜨거운 햇살'은 팜파의 생명력을 키우고, 해바라기 씨의 속살을 여물게 하며, 아이들의 활기찬 놀이를 가능하게 하는 생명의 원천으로 기능한다. 이러한 자연에 대한 찬양은 단순한 자연 경관 묘사를 넘어, 거주국인 아르헨티나에 대한 화자의 깊은 애정과 정체성의 표현으로 해석될 수 있다. 더 나아가 '내 영혼에 별빛 되어 영원히 빛나리'라는 구절은, 이 공간이 화자에게 단순한 물리적 장소를 넘어서 고통스럽고 불확실한 현실을 극복하고자 하는 의지와 희망의 상징임을 시사한다. 즉, 뻬칠레모 바다는 분열된 정체성을 통합하고 삶의 의미를 재확립하는 치유와 위안의 장소로서 기능하며, 트랜스내셔널 문학에서 중요한 정체성 형성의 심리적 공간으로 자리매김한다.

> 내 맘에 꽃이 피었다 졌다/바람이 불었다 비가 내렸다/해가 뜨고 졌다를 수 해년//철썩 거친 파도와 바다를/밤새 홀로 꿋꿋이 지키는 등대//그립고 사무치도록/찬란한 슬픔의 긴 여운이/한참동안 머문 후/땅거미가 내리고/드디어 해가 떠오른다//붉고 따스한 햇살을 얼굴에 담는다/수평선부터 물들기 시작한다/바다와 하늘을 깨운다/새날이 밝아온다[29]

위 시에서 화자는 자신을 '거친 파도와 바다를 밤새 홀로 꿋꿋이 지키는 등대'에 투영함으로써, 어려움과 고난 속에서도 꿋꿋이 자신의 자리를 지키며 견뎌온 존재로 형상화하고 있다. 시는 '꽃이 피었다 졌다', '바람이 불

---

[28] 이윤숙, 「뻬칠레모의 밤바다」, 『로스안데스 문학』 통권20호, 2020
[29] 이정은, 「인생찬가」, 『로스안데스 문학』 통권21호, 2021; 이정은(21대 재아르헨티나 한인문인협회 회장), 시집 『어느 섬마을의 라온 이야기』, 2021.

었다 비가 내렸다', '해가 뜨고 졌다'는 반복적인 자연 현상을 통해 화자의 지난 시간이 고난과 변화의 연속이었음을 상징적으로 보여준다. 그러나 시적 화자는 이러한 지난한 시간들을 지나 '드디어 해가 떠오르'는 새벽을 맞이하기를 간절히 희망한다. '붉고 따스한 햇살'이 비추는 공간은 '슬픔의 긴 여운'이 걷히고, 평온과 위로가 깃든 환상의 장소로서, 화자는 이 안에서 새롭게 시작되는 '새날'을 기대하며 희망과 치유의 메시지를 전한다. 이러한 이미지들은 이민자의 불안과 고립 속에서도 미래에 대한 긍정적 전망과 정체성 회복의 가능성을 드러내는 문학적 상징으로 해석된다.

이주 또는 이민 현상은 본질적으로 '장소'와 밀접하게 연관되어 있다. 이민자들은 출발지에서 새로운 목적지로 이동하여 정착하는 과정을 거치며, 때로는 출발지와 정착지를 반복적으로 오가기도 한다. 이러한 이동 과정은 단순한 물리적 이동을 넘어, 사회적·정치적·경제적·문화적 차원의 다양한 경험과 관계 형성을 포함하는 복합적인 여정으로 이해할 수 있다. 이와 같은 이주의 공간 스펙트럼 내에서 이민자들은 다중의 장소와 연계된 복합적 정체성을 구성하며, 각 장소에 내재된 의미와 상징성을 재해석하고 재구성한다. 특히, 이민자의 '장소성(place-ness)'은 단순히 지리적 위치를 넘어, 심리적·문화적 의미를 함축한 환상적 공간으로 표상되기도 한다.[30] 이러한 환상적 공간은 이민자에게 정체성의 재확립과 문화적 소속감을 제공하는 심리적 안식처로 기능하며, 현실의 제약과 갈등을 넘어서는 대안적 공간으로서 문학적 상상력 속에서 중요한 역할을 담당한다.

---

[30] 정은주, 「장소성에 기반한 초국가 시대 이주 연구 : 교외 거주 재미한인 연구 모델의 모색」, 『지역과 세계』 43, 전북대학교사회과학연구소, 2019 참조.

4. 맺음말

세계 각국에 거주하는 한인들은 새로운 지역사회와 공동체를 형성하며, 그 과정에서 독자적인 문화를 창출하고 있다. 이때 형성된 문화는 이주 이전의 문화와 일정한 동질성을 유지하는 동시에, 이주 이후 정착한 거주국의 사회·문화적 영향 속에서 이질적인 요소를 함께 내포하게 된다. 이러한 문화적 혼종성과 다층성을 이해하기 위해서는, 전 지구화 시대의 문학적 현상을 민족이나 국가라는 전통적 범주를 넘어서는 새로운 사유의 틀 속에서 고찰할 필요가 있다.

'트랜스내셔널 인문학(Transnational Humanities)'은 철학, 역사, 문학, 사회, 정치 등의 학문적 대상을 단일 국민국가의 경계 안에서 바라보는 기존의 국민국가 중심 패러다임을 비판적으로 극복하고자 하는 새로운 인문학적 접근이다. 이는 국가 간 경계를 초월하여 보다 탈중심적이고 복합적인 시각에서 인문학적 현상을 해석하려는 연구 흐름이라 할 수 있다.

민족 중심주의나 국가 중심주의의 한계 속에서는 충분히 포착되지 않는 정치적, 사회적, 문화적, 문학적 복합성과 혼종성을 이해하는 데 있어, 트랜스내셔널리즘의 이론과 방법론은 중요한 분석 도구로 기능할 수 있다. 이를 바탕으로 본 연구에서는 아르헨티나 한인 시작품에 나타나는 트랜스내셔널한 의미와 특징에 대해 살펴보았다. 초국가적 트랜스내셔널리즘에 어떤 유의미한 가능성이 존재한다면, 그것은 국가와 국가를 그저 공간적으로 횡단 이동하는 것이 아니라 현실적이고 내면화된 가치에 천착하는 경향이 강해진다는 것이다. 이를 염두했을 때 아르헨티나 한인 시 작품 속에서 이는 언어의 혼종성, 지리적 공간 다시 쓰기와 환상의 공간 찾기로 드러남을 알 수 있었다.

새로운 이주지에서 정착한 이주민들은 거주국의 가치관, 정서, 문화적 맥락과의 충돌과 좌절을 경험하며, 그 과정에서 자기 소외를 인식하게 된다. 이러한 인식의 결과로, 일부 이주민들은 자신이 살아가는 거주국을 단순한 이주지 이상의, 즉 새로운 삶의 터전으로 수용하려는 태도를 취하게 된다. 이와 같은 정착의 의지와 방향성은 일상 언어의 사용에서 나타나는 언어적 혼종성(hybridity)을 통해 표현된다.

대표적인 예로, 문학 텍스트 속에서 독자에 대한 별도의 해설이나 주석 없이 삽입된 거주국의 문화적 요소나 언어 표기 방식이 빈번하게 등장한다. 이러한 혼종적 언어 사용은 '권력 언어(major language)/소수 언어(minor language)' 혹은 '중심/주변'이라는 이분법적 구조에 대한 대립이나 저항의 표현이라기보다는, 오히려 주체가 새로운 공간에 정주하고자 하는 '영토화(deterritorialization/reterritorialization)'의 전략으로 해석될 수 있다.

또한, 일부 작품에서는 이주민이 거주하고 있는 장소를 묘사함에 있어 환상성을 부여함으로써, 물리적 공간을 상징적이고 서사적인 장소로 재구성하고 있다. 예컨대 아르헨티나의 한인 디아스포라 문학에서는 자발적인 이주의 경험에도 불구하고, 거주국에서 겪는 문화적·사회적 갈등이 문학적 재현을 통해 드러난다. 그러나 이러한 갈등의 반작용으로, 특정 장소나 공간은 현실의 고통과 상처로부터 자아를 보호할 수 있는 이상화된 낙원(Utopia)으로 형상화되기도 한다.

이러한 서사 속 공간은 단지 배경적 의미를 넘어서, 조각난 정체성, 이질적인 문화 경험, 이중 언어 사용 등의 요소들을 통합하는 '심리적 장소(psychological place)' 또는 '상징적 공간(symbolic space)'으로 기능한다. 결과적으로 이러한 공간은 주체의 내적 정체성과 외적 환경 사이의 간극을 매개하며, 디아스포라 문학이 지닌 복합성과 다층성을 드러내는 핵심적인 장치로 작용한다.

브라질 한인문학과 트랜스내셔널

"나는 딱히 한국 사람이라거나 브라질 사람이라거나 하는 인식 없이, 그저 브라질에 사는 한 인간이라는 느낌으로 살았습니다."

— 닉 페어웰, 『GO』 부분

1. 머리말

한인의 브라질로의 공식 이민은 1963년부터 시작되었다. 1996년까지 5차에 걸쳐 '농업이민' 자격으로 1,300명이 브라질로 이주하였다. 이후 1968년 브라질 정부가 한국인을 대상으로 '농업이민'을 금지하자 1971년 '기술이민' 자격으로 1,400명이 브라질에 입국하였다. 초창기 한인 이민자들은 대부분은 퇴역장교 출신, 고학력 중산층, 도시의 상인이 주를 이뤘다. 한인의 브라질 이민은 애초 농업이민이라는 성격으로 시작되었으나 이민 후 농업에 익숙하지 않은 대다수의 사람들은 처음 정착지인 농촌을 떠나 도시 상파울루에서 삶의 터전을 잡는다. 한인들은 그곳에서 한인회와 한인문단을 형성하였다. 1970년 '한국문화협회'가 조직되었고 『백조』를 발간하였다. 『백조』는 브라질에 정착한 한인들이 발간한 최초의 문예지 형식을 띤 종합교양지이다. 이후 1985년 3월 브라질 한인회 회보인 『무궁화』가 창간된다. 이 잡지 역시 구성과 형식면에서 문학 장르를 중심으로 재브라질 한인 사회의 다양한 목소리를 담고 있다. 전문적인 문예지라 할 수는 없고 종합교양지 형식을 지닌 이 잡지는 『백조』와 마찬가지로 제3호를 끝으로 폐간된다. 브라질 한인 사회에서 문화 활동의 전성기를 대변하고 "정신적 가교" 역할을 담당했던 문예잡지는 『열대문화』이다. 『백조』와 『무궁화』를 통해 작품 활동을 시작했던 한인들은 이후 『열대문화』를 계기로 본격적인 한인문학을 구축하였다.[1] 이 외에도 개별적인 자서전 형태의 창작집과 개별 작품집들을 출간하였다.

그간 국내에서 이루어진 브라질 한인문학의 주요 선행연구는 다음과 같다. 김환기는 브라질한인 소설의 문학적 특징을 조국과 민족, 그리고 이데올로기, 경제적 성공과 정신적인 빈곤, 신대륙에 대한 도전의식과 열린 세계관으로 나누어 살피고 있다.[2] 최종환은 재일조선인 시인 김시종과 브라질 한인시인 황운헌의 시에 나타난 표상 공간에 주목하여 이들의 시는 한반도의 기억에 결박되지 않은 조국을 상상하였고, 그 충동의 힘을 이용하여 그 자기 서술어의 공간을 확장해나가고 있다고 분석하였다.[3] 한편 김낙현과 이명재는 브라질 한인문학의 작품 성향을 유랑과 망향 의식, 정체성에 대한 자각과 탐색, 재이민과 역이민 의식으로 나누어 살피고 있다.[4] 이

---

1 권오식, 김우진, 목동균, 안경자, 연봉원, 이찬재, 주오리, 한송운, 황운헌은 '열대문화 동인회'를 결성하고, 3년 후 1986년 12월 『열대문화』 창간호를 발간했다. 이후 1995년 7월 제9호의 발간으로 약 10년 동안 총 9권의 책자를 발간했다(안경자 동인은 이것을 "시즌 I"이라 명명). 이후 브라질에 닥친 불경기, 일부 동인의 미국으로의 재이주와 사망으로 약 17년 동안 휴간했다. 그러나가 2013년 브라질 한국이민 50주년을 앞두고 체제를 재정비하여, 2012년 8월 "시즌 II"로 제1권(통권 제10권)을 발간했다. 그리고 그 이듬해인 2013년 제11권도 발간했다. 브라질한인이민사편찬위원회, 『브라질한인이민 50년사(1962~2011)』, 도서출판 교음사, 2011.
2 김환기, 「재브라질 코리언 문학의 형성과 문학적 정체성」, 『중남미연구』 30, 한국외국어대학교 중남미연구소, 2011.
3 최종환, 「일본-브라질 지역 한민족 디아스포라 문학 연구」, 『우리문학연구』 62, 우리문학회, 2019.
4 김낙현·이명재, 「재브라질 한인문학의 형성과 성향」, 『우리문학연구』 47, 우리문학회, 2015.

명재는 브라질 지역의 문예지 『열대문화』를 중심으로 현지 문학의 성향을 분석하였다.[5] 이형권은 미국, 캐나다 등의 북미주와 브라질, 아르헨티나 등의 남미주 지역의 시문학을 논하는 데 있어 단편적으로 브라질 한인문학의 양상을 살피고 있다.[6] 남승원은 브라질 한인작가 닉 페어웰의 첫 장편소설 『GO』의 분석을 통해 이주가 일상이 되고, 단일성이 점차 단순한 환상이 되어가는 현실에서 혼종적 주체의 모습을 찾을 수 있다고 보았다.[7] 이상의 연구들은 브라질(남미) 한글문단의 정체성, 문단사 등을 체계적으로 정리하고 있다. 특히 김환기는 브라질 한인의 문학작품을 모아 『브라질 코리안 문학 선집』을 펴냈다. 이는 국내에 잘 알려지지 않은 브라질한인문학을 소개하는데 큰 의의를 지닌다.

이 논문은 선행연구의 성과를 계승하면서, 브라질 한인문학에 나타나는 다양한 양상 중 하나를 트랜스내셔널의 특징과 의미로 접근을 시도하여 살펴보고자 한다.

트랜스로컬리티는 주체가 단순히 경계를 넘나드는 문제가 아니다. 이것은 인적, 물적, 세계관, 정서, 이데올로기, 정체성 등이 상호 연결되고 접합되고 접촉 관계성과 장소성, 정체성을 아우르는 개념이다. 따라서 트랜스로컬리티는 어떤 고정된 장소에 거주했던 구성원들이 지리적 이주를 감행함으로써 기존에 품고 있던 소속감이나 특성을 매몰시키지 않고, 자신의 기원과 관계의 맥락을 가로지르면서도 새로운 장을 재구성하는 과정에 주목한다. 이때 트랜스내셔널 이주민의 이주는 장소 이동의 의미를 넘어

---

5 이명재, 「남미주의 한글문학-브라질. 아르헨티나를 중심으로」, 『국제한인문학연구』 통권7호, 국제한인문학회, 2010.
6 이형권, 『미주 한인 시문학사』, 푸른사상사, 2020.
7 남승원, 「혼종적 주체의 자아 탐색-브라질 한인작가 닉 페어웰의 『GO』」, 『배달말』, 배달말학회, 2020.

사람들의 의식과 정체성에 변화를 가져온다. 브라질로 이주한 한인들은 자발적 이주자로서 더 나은 삶을 추구하며 경계를 넘어 자유롭게 타국으로 이동할 수 있는 주체들이다. 이들은 이주자라는 정체성을 공유하지만, 고국이나 고향에 대한 향수를 지니고 있음에도 불구하고, 그들이 그리워하는 공간은 단순히 대한민국이라는 국가 체제에 국한되지 않고, 개인적인 기억과 경험이 축적된 사적 장소에 주로 집중되어 있다. 이러한 공간은 반드시 고국에서의 특정 경험이나 유년기에 한정된 시간에 묶여 있지 않으며, 보다 폭넓은 의미에서 개인의 정체성 형성에 영향을 미친다. 따라서 브라질 한인 작가들이 작품 속에서 로컬 공간을 어떻게 형상화하는지를 탐구하는 것은 매우 의미 있는 작업이다. 이는 장소가 인간의 삶과 자아 정체성을 형성하는 핵심 요소임을 전제로, 브라질 한인문학에서 나타나는 장소 경험이 작가 개인뿐만 아니라 집단적 정체성의 구성과도 긴밀히 연관되어 있음을 보여주기 때문이다.

2. 로컬 공간의 환상성을 구축하는 주체의 트랜스내셔널

인간의 삶에 있어 공간이 갖는 의미는 지대하다. 인간의 삶은 개인의 사고와 판단에 기반한 주체적 행위와 그를 둘러싼 환경 간의 상호작용 속에서 형성된다. 이때 공간은 단순한 배경이나 물리적 좌표를 넘어, 삶의 조건이자 구성 요소로 기능하며, 인간 존재의 실존적 기반이 된다. 인간은 '공간'과 '장소'라는 구체화된 개념을 통해 자신의 존재를 인식하고 정체성을 확립하며, 그 안에서 관계를 맺고 의미를 부여받는다. 이러한 맥락에서 공간은 단지 외부 세계를 지칭하는 것이 아니라, 인간 삶의 경험을 구조화하고 기억과 정서를 조직하는 핵심적 축으로 작용한다. 의지가 공간에 개입됨으로써 인간의 존재감이 실존적으로 구체화되는 것이다. 내면적 의지를 현실화하려는 힘은 장소 점유를 통해 이루어지고 거기서 또다시 장소 만들기가 연속적으로 이루어진다.[8] 이주란 본질적으로 더 나은 삶의 조건과 환경, 곧 보다 나은 공간을 향한 이동이라는 점에서, 공간적 재배치와 실존적 전환을 동시에 내포한다. 이때 이주민에게 주어진 과제는 단순히 '여기'와 '저기'라는 이분법적 공간 사이의 선택이나 대비의 문제가 아니다. 오히려 보다 중층적인 의미에서 '지금-여기(Dasein의 현존)'의 공간, 즉 현재 자신이 몸담고 있는 장소가 갖는 실존적 의미와 조건이 훨씬 더 중대하게 다가온다.

하이데거의 관점에서 공간은 단순한 물리적 배경이 아니라, 존재가 '거처하며(Wohnen)' 의미를 구성하고 실존을 드러내는 장소이다. 이러한 관점에서 볼 때, 이주민에게 현재의 공간은 단지 이주 이전의 장소와 비교되는 대상이 아니라, 새로운 삶의 가능성과 제약, 갈등과 정착이 교차하는 실존의 구체적 무대이다.

따라서 이주민이 마주하는 공간의 문제는 단순한 지리적 전이가 아니라, 존재의 방식 자체에 대한 물음으로 연결된다. '여기'는 일시적인 정착지가 아니라, 새로운 정체성과 소속, 의미망이 구축되어야 하는 장소이며, 이주민의 삶은 바로 그 장소에서 실존적으로 구성되고 재구성된다.[9]

브라질 한인문학에서는 로컬 공간 또는 장소를 형상화하는 방식에 있어 일정한 환상성을 내포하고 있음을 확인할 수 있다. 이러한 환상성은 단순한 비현실적 묘사나 상상적 구성에 그치지 않고, 이주민의 내면적 욕망과

---

8 이명수, 「존재의 공간과 인식의 경계-차이와 장소에 대한 시론」, 『동양철학연구』 74, 동양철학연구회, 2013, 203~226쪽 참조.
9 강희진, 「재외 한인문학에 나타난 트랜스내셔널 양상-중앙아시아 고려인 문학과 재중조선인 문학의 시를 중심으로」, 『한국문학과예술』 37, 한국문학과예술연구소, 2021 참조.

상처, 기억의 복원 욕구가 반영된 상징적 공간 구성의 전략으로 이해된다. 특히 브라질이라는 이주지의 특정 장소들은 현실적으로 실재하지만, 작품 속에서는 과거와 현재, 현실과 이상이 교차하는 정서적 장소로 재현되며, 이는 이주 주체의 분열된 정체성을 통합하려는 문학적 시도로 볼 수 있다. 즉, 브라질 한인문학에서의 공간은 단순한 배경이 아니라, 이주자로서의 경험과 정체성의 혼종성을 환기시키는 핵심적 서사 장치로 기능하며, 그러한 공간에 부여된 환상성은 자아 회복과 문화적 통합의 상징적 경로로 해석될 수 있다.

> 생전 처음 타는 비행기에서 창수는 미지의 나라에 대한 설렘과 두려움보다는 앞으로의 밝은 미래, 이제 가난을 벗어날 수 있다는 꿈에 부풀어 있었다.
>
> — 박정식, 「곰 다 마리」 부분

잘 알려져 있듯이, 브라질 한인은 자발적 이주 주체로서 국경의 이동이나 낯선 공간에 대한 두려움보다는, "가난을 벗어날 수 있다"는 희망과 가능성에 기반하여 이주를 선택하였다. 이러한 선택은 단순한 현실적 생존 전략이라기보다는, 더 나은 삶에 대한 상상과 열망, 곧 환상을 동반한 행위로 볼 수 있다. 즉, 이들의 이주는 처음부터 일종의 환상적 전망 속에서 출발한 것이며, 브라질이라는 새로운 로컬 공간은 그 환상이 투사된 장소로 자리매김한다.

따라서 브라질은 단순한 이주지 혹은 경제적 기회의 공간을 넘어서, 주체가 꿈꾸는 미래적 삶의 가능성이 투영된 '환상의 공간'으로 기능하며, 이러한 공간 인식은 이후 문학적 재현에서 반복적으로 나타나는 중요한 상상적 토대가 된다.

박정식의 「곰 다 마리」에 등장하는 인물 창수는 "생전 처음 타는 비행기"라는 상징적 장면을 통해 미지의 공간, 즉 이주지에 대한 기대와 희망을 품고 떠나는 인물이다. 그러나 그의 상상 속 "밝은 미래"는 로컬 공간에 도착한 이후 일어난 연속적인 사기와 강도 피해를 통해 점차 균열되기 시작한다. 이때의 로컬 공간은 더 이상 이상화된 장소가 아닌, 불안과 두려움의 현실 공간으로 전환된다. 그러나 중요한 점은, 환상이 무너졌음에도 불구하고 인물은 그 붕괴를 곧이곧대로 받아들이기보다, '더 큰 사고를 당할 수도 있다'는 불안 속에서도 여전히 '돈을 많이 벌어 이 땅을 떠나야겠다'는 탈주 의지를 드러낸다는 점이다. 이는 곧 새로운 공간에 대한 환상을 다시 구성하려는 심리적 기제로 작용하며, 주체는 현재의 로컬 공간을 통과 지점으로 삼고 또 다른 유토피아적 공간을 탐색하기 시작한다.

이처럼 초기 이주자의 공간 체험은 환상과 현실의 교차 지대에서 불안정한 이중적 인식을 낳고, 로컬 공간은 더 이상 도착지로서의 종착점이 아니라 끊임없는 이동과 재구성의 대상으로 전환된다. 이는 환상이 깨진 이후에도 새로운 환상을 다시 구성함으로써 정체성과 생존의 의미를 찾아가는 이주 주체의 복합적인 내면을 드러내며, 나아가 문학적 공간 구성에 있어 '이동성(mobility)'과 '환상성(fantasy)'의 긴장 관계를 입체적으로 보여준다.

> 나야 어찌되든 상관없어요. 아이들 때문에 참고 기다린 거여요. 조금 있으면 아이들이 지들 앞가림 할 나이는 되니까, 그때까지만 아이들 곁에서 돌봐주고 나는 한국으로 돌아갈려고요.
> ― 박정식,「SADDEST THING」부분

위의 시에 등장하는 화자는 현재 거주지에 완전히 정착하지 못한 심리적 갈등 상태를 드러낸다. 이 서사적 진술은 이주 이후의 '도착'이 물리적 이동의 완료만으로 성립되지 않으며, 주체 내부의 정서적·존재론적 수용 과정을 전제한다는 점을 시사한다. 화자는 이미 현지에 '도착'했음에도 불구하고, 여전히 자신이 도달해야 할 '진정한 장소'로서의 고국(한국)을 염두에 두고 있다. 이때 고국은 단순한 과거의 지리적 배경이 아니라, 현재의 불안정한 삶의 조건으로부터 벗어날 수 있는 '정서적 귀속지'이자 '심리적 도피처'로 재의미화된다.

특히 "아이들이 지들 앞가림할 나이가 되면" 돌아가겠다는 발화는, 현재의 삶이 자발적인 정착이라기보다 일시적인 '기다림'과 '유예'의 시간임을 드러낸다. 이러한 유예된 주체성은 이주민 서사에서 자주 발견되는 '미완의 도착' 또는 '지연된 귀환'의 의미와도 연결된다. 고국은 단순한 과거의 회귀 장소가 아니라, 주체가 자신의 실존적 균형을 회복하고자 기약 없이 기다리는 상징적 공간으로 기능한다.

결과적으로 해당 작품은 이주민이 경험하는 정체성의 분열, 공간적 불안정성, 그리고 도착과 귀환 사이의 복합적 감정 구조를 섬세하게 포착하며, 이주 문학의 핵심적인 정동 구조 중 하나인 '귀환의 환상'을 드러낸다.

> 나는 껍데기였나? 한국에 두고 온 사람들, 두고 온 모든 시간들, 그 그리움에 사로잡히고 그 아픔에 끄달리며 이렇게 살고 있는 나, 엉뚱한 곳에서 낯선 사람들과 아무 생각없이 살고 있는 내 생활, 이것은 임시의 나날, 이러한 내 생활은 언젠가는 끝나게 되고 난 제자리로 돌아갈 것이라고 굳게 믿어온, 오! 나의 어리석음이여!
> ― 안경자, 「새와 나무」 부분

안경자의 「새와 나무」에 등장하는 화자는 "나는 껍데기였나? 한국에 두고 온 사람들, 두고 온 모든 시간들, 그 그리움에 사로잡히고 그 아픔에 끄달리며 이렇게 살고 있는 나…"라는 자문과 고백을 통해, 이주 이후의 삶을 '임시적 존재'로 자각하는 내면의 분열을 드러낸다. 화자는 현재의 삶을 '엉뚱한 곳', '낯선 사람들과 아무 생각 없이' 이어가는 생활로 묘사하며, 이 모든 것이 잠정적인 상태일 뿐이고, 결국 언젠가는 '제자리', 즉 한국으로 돌아갈 것이라는 믿음 속에 살아왔다. 그러나 그는 곧 그 믿음이 '어리석음'이었다는 사실을 깨닫고, 자신의 존재를 '껍데기'로 은유하며 정체성의 공허함을 고백한다.

이러한 정서는 디아스포라 주체가 흔히 경험하는 '귀환의 환상'과 '현실의 비가역성' 사이의 괴리를 드러낸다. 고국은 애초부터 실재하는 장소가 아니라, 그리움과 상실을 투사하는 심리적·상징적 공간으로 기능하며, 현실 속의 '돌아감'은 점점 불가능한 선택지로 전락한다. 주체는 결국 '귀환'이라는 서사로 자신을 지탱해왔던 정체성의 허구성을 자각하게 되고, 그 자각은 자기 존재에 대한 해체와 회의로 이어진다. 그러나 주목할 점은, 이후의 서사에서 화자가 현재 거주하고 있는 공간을 단순히 낯설고 일시적인 공간으로만 인식하지 않는다는 점이다. 그는 점차 그 공간을 '신비로운' 장소이자 '환상의 공간'으로 재구성하고자 하는 상상적 개입을 시도한다. 이는 하이데거가 말한 '머묾(Wohnen)'의 가능성, 즉 인간이 장소를 단순히 점유하는 것이 아니라, 그 안에 의미를 부여하고 '살아가는' 존재로 전환될 수 있는 실존적 전회를 암시한다.

> 딸의 손을 잡고 마당으로 내려갔지요. 하늘이 점점 밝아오니까 모든 것이 보이기 시작했는데 그 뜰에 있는 것은 생전 처음 보는 것이었어요. 저 빠이네이라(상파울루 주에서 많이 서식하는 꽃나무, 가을에 꽃을 피우고 꽃이 지면 솜을 담은 열매가 맺힌다)세 그루도 처음 보는 것이었고 그 나무를 떠나 멀리 날아가며 우지 짖는 새들도 처음 보았어요. 저 아래 개울도, 불끈 불끈 솟아 있는 개미집들도 처음 보는 것이었어요. 일찍 길을 나서는 사람들이 저 아래에서 "오이! 봉지아! 씨놀 껑, 괜찮아요? 하며 반갑게 내게 인사하는데 난 그 사람들이 누구인지 몰랐어요. 세상은 비로소 창조되어 내 앞에 펼쳐졌어요. 그 세상은 너무도 아름다웠어요.
> ― 안경자, 「새와 나무」 부분

문학에서 환상은 현실적으로는 부재하나 심리적으로 실재하는 욕망이 가시화되는 지점에서 발생한다. 문학작품 속의 사실들은 현실을 재현한 것인데, '재현'이란 실재 세계를 그대로 보여주는 것이 아니라 작가의 시각과 욕망에 의해 뒤틀리고 굴절된 모습으로 나타난다. 환상의 문제는 환상의 대척점에 있는 현실의 문제와 깊은 관련이 있으며 환상과 현실의 관계는 환상이 현실의 '무엇'을 다루는가와 동시에 '어떻게' 다루는가의 문제와 연결된다.[10] 주체가 처해 있는 현실은 공간과 긴밀히 연결되는데, 이때 공간은 현실을 초월하거나 도피적 공간으로 일상에서의 결핍과 불안한 현실에 대한 인식을 반영하기도 한다. 위의 인용문에서 화자는 딸의 손을 잡고 마당에 내려가 낯선 풍경들을 보고 있다. 꽃나무도 처음 보는 것이고 새들도, 개미집도 처음 보는 것이다. 모르는 사람들이 낯선 언어로 인사를 한다. 평화로운 풍경이다. 화자는 낯선 환경을 두려워하지 않는다. 오히려 그러한 "세상은 너무도 아름다"운 공간으로 그려지고 결과적으로 「새와 나무」는 이주민의 내면에 자리한 귀환의 환상과 정체성의 분열, 그리고 낯선 공간을 새로운 정서적·존재론적 장소로 전환하려는 의미화의 과정을 통해 디아스포라 주체의 복합적인 공간 경험을 섬세하게 드러낸다.

다음의 「아들의 섬」에서도 이러한 양상은 찾을 수 있다. 작품에서 묘사된 씨뇰리의 체험은 이주 혹은 여행자가 낯선 타지에서 겪는 정서적 전환과 공간 감각의 변화 과정을 섬세하게 보여준다. 서울이라는 익숙한 공간에서 살아온 씨뇰리가 아들 안또니오를 찾기 위해 떠난 아마존의 작은 마을은 처음에는 '낯선' 공간이자 상실의 감정이 응축된 공간으로 그려진다.

---

10 윤영옥, 「여성소설의 환상과 문학 교육적 적용」, 『한국문학이론과 비평』 10(2-1), 2006, 308쪽.

그러나 그 공간 안에서 들려오는 아들이 좋아했던 브라질 가수 가에따노 벨로조의 음악은, 씨뇰리에게 감각적·정서적으로 브라질을 '타자의 공간'이 아닌 '자신과 연결된 공간'으로 전환시킨다.

특히 "웅얼웅얼 조용조용 기타 반주 하나로" 이어지는 음악은 씨뇰리의 내면에 침잠된 감정을 어루만지며, 단순히 잠을 유도하는 기능을 넘어 심리적 위안을 제공하는 매개로 작동한다. 더 나아가 "달콤한 내음이 더운 바람결에 풍겨온다. 브라질 내음새이다"라는 문장은 타자였던 브라질이 이제는 감각적으로도 씨뇰리의 일부로 포섭되었음을 암시한다. 낯선 음악과 풍경이 익숙한 기억과 감정을 환기시키면서, 공간은 점차 '정착'의 가능성을 품은 장소로 전환된다.

이처럼 씨뇰리에게 브라질은 단지 물리적 공간이 아닌, 상실과 회복, 고통과 위로가 교차하는 감각적·정신적 공간으로서 형상화된다. 이는 브라질 한인문학에서 빈번히 발견되는 로컬 공간의 '환상화'와 '심리화' 양상과 맞물리며, 이주자 내면에서 이루어지는 공간의 전환과 주체 정체성의 변화를 문학적으로 섬세하게 포착한 예라 할 수 있다.

> 그는 아들이 누웠던 침대에 아들처럼 누워서 아들처럼 이어폰을 꽂고 아들이 좋아하는 가에따노 벨로조의 노래를 듣고자 했다. 그러나 까에따노 벨로조는 웅얼웅얼 조용조용 기타 반주 하나로 그를 잠의 세계로 데리고 가서는 주싸라가 문을 두드릴 때까지 슬쩍 붙잡아 두는 일만 했다.
> "씨뇰리? 낚시 안 하시겠어요?"
> 배는 어느새 떠나왔는지 사방이 밀림으로 에워싸여 있는 꼭 호수 같은 곳, 한 가운데로 미끄러져 들어가고 있었다. 어디선가 달콤한 내음이 더운 바람결에 풍겨온다. 브라질 내음새이다.
> ― 안경자, 「아들의 섬」 부분

로컬 공간의 환상성은 이정신의 소설 「내 주머니 안의 유성」에서도 찾아

볼 수 있다. 8살에 이민을 온 "나"는 "살갗에 덕지덕지 붙어있는 이방의 냄새들, 멋진 연극 속에서 항상 무대 한가운데로 갈수 없는 이방인"이라 생각하고 있다. 스스로를 "이방인"이라 생각하는 나는 무작정 낯선곳으로 여행을 떠나 에스껠이라는 도시에 도착한다.

> 이곳 에스껠은 안데스 산맥 중턱에 위치한 작은 스키 관광 도시이다. 이제 지도상의 남쪽으로는 더 이상 큰 도시들이 없고 작은 마을들만 듬성듬성 놓여있었다. 남극에 가까운 것이다. 남극! 항상 상상 속에서만 보이던 백색의 평원. 어떠한 인간적 관계도 어떠한 현실적 고통도 없이 그저 살결이 하이얗고 눈은 수정처럼 맑은 예쁜 얼음 공주가 살고 있을 것 같은 곳.
> ― 이정신, 「내 주머니 안의 유성」 부분

인간의 욕망은 현실의 차원에서는 종종 망각과 배제, 억압의 메커니즘 속에 은폐되지만, 문학의 영역에서는 환상의 형식을 통해 표면화되며 충족과 도피의 가능성을 모색한다. 이러한 환상의 작용은 억압된 욕망을 재현하는 데 그치지 않고, 그 자체로 현실 이데올로기에 대한 잠재적 전복의 가능성을 내포한다. 다시 말해, 환상은 단순한 현실 회피의 수단이 아니라, 리얼리티를 재구성하고 존재에 새로운 의미를 부여하려는 능동적 서사 전략으로 기능한다.

이와 같은 환상의 서사적 구조는 억압된 욕망에 대한 심리적 보상 기제로 작용함과 동시에, 현실 질서의 이면을 들추고 균열을 일으키며, 그 속에서 또 다른 세계의 가능성을 제시하는 비판적 상상력의 발현이라 할 수 있다. 따라서 문학 속 환상은 단지 허구의 산물이 아니라, 인간 존재의 내면적 욕망과 사회 구조적 긴장을 반영하고 해소하려는 상징적 장치로 이해될 수 있다.[11] 작품에 등장하는 '에스껠(Esquel)'은 지리적으로는 아르헨티나 안데스산맥 중턱에 위치한 실제 스키 관광 도시이지만, 서사 속에서는 현실의 고통과 인간적 관계로부터 유리된 '환상의 공간'으로 재현된다. 이 공간은 "남극에 가까운", "지도상의 남쪽으로는 더 이상 큰 도시들이 없는" 극지적 위치로 인해, 문명의 소음과 삶의 번잡함에서 벗어난 '경계의 공간', 나아가 현실을 초월한 상상의 장소로 형상화된다

작품 속 화자는 에스껠을 "항상 상상 속에서만 보이던 백색의 평원", "살결이 하아얗고 눈은 수정처럼 맑은 예쁜 얼음 공주가 살고 있을 것 같은 곳"으로 묘사하며, 이곳을 현실의 시간성과 감각에서 벗어난 이상향으로 바라본다. 이 환상적 공간은 현실 세계에서 느끼는 이질감, 소외, 불안정한 정체성으로부터 탈출하고자 하는 내면적 욕망이 투사된 결과라 할 수 있다.

특히 "-같은 곳"이라는 서술은 이 공간이 실제 존재하지 않는 완전한 이상향이 아니라, 현실적 근거 위에 구축된 상상의 공간임을 시사한다. 다시 말해, 이는 비현실적인 공상이 아니라 주체의 심리적 결핍과 갈망을 반영한 상징적 공간으로서 기능하며, 다문화적 타지 경험에서 비롯된 정체성의 균열을 보상하고 통합하는 내면적 장치로 작용한다.

결과적으로, 이와 같은 환상의 공간은 브라질 한인문학 혹은 남미 한인문학 전반에 나타나는 중요한 장소 인식 양상으로, 이주자의 조각난 정체성, 타 문화와의 마찰 속에서 형성되는 내적 균열을 상상적 통합을 통해 치유하고자 하는 문학적 전략이라 할 수 있다.

살펴본 바와 같이, 작품 속 디아스포라적 주체는 대체로 낯선 로컬 공간에 대해 일정한 환상을 품은 상태로 정착을 시도한다. 그러나 이주 이후 마주하는 내적·외적 갈등은 그 환상을 균열 내고, 결국 현실에 대한 실존적

---

11 위의 논문, 311쪽 참조.

불안과 정체성의 혼란을 초래한다. 이러한 균열의 경험은 곧 주체로 하여금 또 다른 환상의 공간을 상상하거나 구축하려는 방향으로 나아가게 한다. 이는 단순한 현실 도피가 아니라, 새로운 의미화의 전략으로서의 '공간 재구성'으로 이해할 수 있다.

특히 이러한 경향은 로컬 공간을 단순히 이질적인 공간으로 인식하는 것이 아니라, 상상적 개입을 통해 다시금 '환상의 공간'으로 전유하려는 방식으로 나타난다. 주체는 공간을 재해석하고 재정의함으로써, 고정된 장소 감각이 아니라 유동적인 '장소-되기(becoming-place)'의 과정을 경험한다. 이는 하이브리드 정체성(hybrid identity)의 형성과 밀접하게 연관되며, 단일한 민족적, 문화적 소속감을 넘어선 혼종적 주체성의 형성 과정으로 해석될 수 있다.

결국 이러한 공간적 상상력은 '이곳'과 '저곳'이라는 이분법적 구도를 해체하고, 장소 간의 경계가 유동화된 탈영토적 감각을 전제한다. 주체는 언제든 또 다른 곳으로 이동할 수 있다는 열린 세계관, 즉 트랜스로컬적(trans-local) 혹은 트랜스내셔널한 인식의 틀 속에서 자신의 존재를 새롭게 정립하고자 한다. 이는 이주문학의 한 특징으로서, 고정된 공간이나 정체성이 아닌, 경계 위를 오가며 끊임없이 자아를 재구성하는 서사의 경향을 잘 보여준다.

3. 공간의 혼재를 경험하는 주체의 트랜스내셔널

"나는 딱히 한국 사람이라거나 브라질 사람이라거나 하는 인식 없이, 그저 브라질에 사는 한 인간이라는 느낌으로 살았습니다." 이 문장은 브라질 한인 작가 닉 페어웰의 장편소설 『GO』[12]의 부분이다. 열네 살에 부모님을 따라 브라질로 이민을 간 작가는 한국과 브라질이라는 국가적 의미에 얽매이지 않고 스스로 어느 쪽에도 무게를 두지 않는 방식을 선택한다. 이규석이라는 본명이자 한국 이름을 가진 그가 소설가이면서 시인, 극작가, 만화작가 등 다양한 분야에서 활동하며 '닉 페어웰'이라는, 또다른 제3의 언어인 영어식 필명을 사용하고 있는 것은 이러한 의도로 해석할 수 있다. 앞서 언급했듯이 한인의 브라질로의 이민은 보다 더 나은 삶의 조건과 환경을 찾아 떠난 선택적인 이민이었다. 그들은 고유한 원문화를 가지고 이주사회에 들어가 토착민들과 관계를 맺으면서 문화충격을 겪게 된다. 그 과정에서 문화의 적응과 갈등, 수용과 배제 등의 과정을 거치면서 두 문화 사이에서 자신의 정체성을 재구성해간다. 그들은 문화적인 이중성에서 스스로에게 새로운 질문을 던진다. 정확히 나는 누구인가, 완전한 한국인이 아니고 브라질에서 살고 있지만 브라질 사람이 아닌 나는 그 중간지점 어디에 있는 것일까 없는 것일까? 이러한 혼종적 주체의 자아 찾기 과정은 다음과 같이 공간의 혼재를 경험하는 과정에서 엿볼 수 있다.

> 나는/꿈을 꾼다/이따바리까의/갈매의/바다에서//저/만큼/꼬께이로의 묘묘한 조망 속/비/조금씩 뿌리고 나며/순수한/바람 불고,/나귀 등 위/기우뚱/기우뚱/노자(老子)가 졸면서 온다.
> ― 황운헌, 「이따빠리까의 명상」 부분

> 낙엽이 노오랗게 차려입은/버드나무 사이로/무궁화 꽃이 피었습니다.//계절도 토질도 다른/이역 십자성 밑에서,/삼월의 꽃이 피었습니다.
> ― 황운헌, 「무궁화」 부분

---

12 닉 페어웰, 『GO』, 김용재 역, 비채, 2013.

브라질은 원주민 인디오와 사탕수수 농업의 활성화와 더불어 유입된 아프리카 흑인, 19세기와 20세기 초 활기를 띤 커피 산업으로 스페인, 이탈리아, 독일 등의 이민이 유입되어 인종의 다양성에 따른 문화적 양상-혼혈성과 잡종성을 지닌다. 브라질은 이처럼 인종의 다양성이 유지되면서 혼혈이 진행되는 '인종의 도가니', 즉 인종적 혼혈이 발생함과 동시에 인종적 정체성의 붕괴와 재창조가 함께 이루어지는 문화적 혼혈이 역동적으로 이루어지는 곳이다. 이는 문화적 이중성 또는 다원성을 지니게 되며 나아가 고유의 인종이 갖고 있던 문화적 정체성은 붕괴되고 새로운 정체성을 형성해 가고 있다.[13] 황운헌의 「이따빠리까의 명상」과 「무궁화」는 이민자의 내면 풍경을 공간적 상상과 시간적 초월을 통해 환상적으로 재현한 작품들이다. 이 시들에서 화자는 브라질이라는 낯선 로컬 공간 속에서 익숙한 동양의 사상가 '노자'나, 고국의 상징인 '무궁화'를 꿈처럼 만난다. 이때 이질적인 시공간이 충돌하는 동시에 교차하며, 단일한 공간 질서나 시간의 선형적 흐름은 무화된다.

「이따빠리까의 명상」에서 화자는 브라질의 이따빠리까(Itaparica)섬이라는 실재하는 지리적 장소에서, 동양의 철학자 노자(老子)를 환상적으로 호출한다. "기우뚱/기우뚱/노자(老子)가 졸면서 온다"는 구절은 현실과 비현실, 과거와 현재가 자연스럽게 중첩되는 환상적 이미지로 구성되어 있으며, 이는 타문화적 공간에서 자아 정체성을 정립하려는 이주자의 내면적 시도라고 볼 수 있다.

한편, 「무궁화」에서는 브라질의 가을, "낙엽이 노오랗게 차려입은/버드

---

[13] 이광윤, 「브라질 문학에 나타난 다인종적 특성(혼혈성)과 이를 통한 문화적 정체성에 관한 연구」, 『이베로아메리카』 8, 중남미지역원, 2006, 22~23쪽.

나무 사이"에서 한국의 국화인 "무궁화 꽃"이 피어난다. 이는 "계절도 토질도 다른/이역 십자성 밑"이라는 표현처럼 현실적으로는 불가능한 일이지만, 시 속에서는 시간과 자연의 경계를 넘어서 이루어지는 환상적 사건으로 나타난다. 이는 단지 고국에 대한 향수의 표현을 넘어, 이질적인 공간들이 시적 상상력을 통해 하나로 통합되는 과정을 보여준다. 이와 같은 환상의 구현은 단순한 회상의 차원을 넘어서 이주자의 정체성 형성과 깊이 연관된다. 다문화적 현실 속에서 균열된 자아는 환상이라는 장치를 통해 고향과 이주지, 과거와 현재를 연결하고, 이질적인 문화적 요소들을 내면화하며, 그 속에서 새로운 정체성의 가능성 탐색으로 확대된다.

다음 시 「마이스 오우 메노스(MAIS OU MENOS)」는 이주 문학에서 자주 다루어지는 '정체성의 혼종성'과 '문화적 수용'의 과정을 상징적으로 보여주는 작품이다. 시적 화자는 고국의 대표적인 음식인 "김치"를 브라질의 일상 식재료인 "라란자(Laranja, 오렌지)"에 빗대어 언급함으로써, 타 문화 속에서 형성되어가는 새로운 정체성의 양상을 형상화하고 있다. 여기서 "라란자"는 단순한 브라질 음식이 아니라, 이주자가 브라질이라는 새로운 공간에서 타문화를 내면화하고 그것을 자신의 일부로 수용한 결과로, 곧 정체성의 전이가 이루어졌음을 상징한다.

> 곡채식류가 식단을 메웠던 우리네 생활습성이 쉽게 바꿔질 수 없겠지만, 어쩌다 브라질식 식단이 놓여질 때면, 우리네 밥상에서 김치를 찾듯이 라란자를 찾게 된다. 이쯤 되면 라란자화된 듯한 기분이 든다. (중략) 아무튼 우리 것과 남의 것을 고루 섞어가면서 하모니를 이룰 수만 있다면, 금상첨화 격으로 흐트러진 감성도 되찾을 성싶다. 잃어버린 것과 되찾는 것의 차이는 엄청 다르다. 그러나 새로운 것을 값지게 얻는 것은 더욱 즐거운 일이다. 그마저 마이스 오우 메노스(그럭저럭, 대충)이라는 말처럼, 더도 말고 덜도 말고 보다는 확실성 있는 씽 오우 넝(분명하게 YES냐 NO냐)

를 가리며 새로운 것을 받아들여야겠다.

— 권오식, 「마이스 오우 메노스(MAIS OU MENOS)」 전문

주지하듯, 언어, 민속, 의복, 음식문화는 집단 혹은 개인의 정체성을 가늠할 수 있는 주요한 지표로 작용한다. 특히 이주(migration)로 인한 환경의 변화는 이러한 문화요소들에 다양한 변용을 초래하며, 이는 이주민 정체성 형성의 중요한 축을 구성하게 된다. 브라질 한인문학 속에서 나타나는 음식문화의 변화는 단순한 문화 수용의 문제가 아니라, 정체성의 가변성과 그 정도를 가늠하는 하나의 문화적 지표로 기능한다.[14] 브라질의 혼종적인 문화 환경 속에서 화자는 "라란자화된 듯한 기분이 든다"는 표현을 통해, 거주국 문화에 대한 자연스러운 수용과 긍정적 인식을 드러낸다. 이는 "새로운 것을 더 받아들여야겠다"는 다짐으로 연결되며, 정체성이 본질적이고 고정된 것이 아니라 유동적이고 형성 가능한 것임을 시사한다. 특히, "우리 것과 남의 것을 고루 섞어가면서 하모니를 이룰 수만 있다면, 금상첨화 격으로 흐트러진 감성도 되찾을 성싶다"는 서술에서는, 타자 문화에 대한 수용이 일방적 동화가 아닌 상호적이고 수평적인 혼종의 방향으로 이루어지고자 하는 태도를 확인할 수 있다.

이는 브라질 한인문학이 제시하는 트랜스내셔널한 정체성 형성의 과정이 단순한 동일성의 유지나 상실이 아니라, 문화 간 상호작용을 통한 새로운 자아 구성의 가능성을 내포하고 있음을 보여준다. 다시 말해, 화자는 브라질 문화의 요소들을 선택적으로 수용하며, 이를 통해 민족적 정체성과 새로운 문화적 정체성 사이의 창조적 긴장을 조율하고자 함을 알 수 있다.

---

14 이진영·김선아, 「고려인의 음식문화와 정체성 : 이주와 혼종 문화로의 변화」, 『문화와 정치』 4(1), 2017, 63~96쪽.

이한규의 말이 떨어지기가 무섭게 가족들은 두 손을 휘저으며 온통 반대 시위를 했다. 그 후부터 그는 국제결혼은 아예 생각하지 않기로 다짐했던 터였다.
언어, 풍습, 생각하는 방식, 그리고 전통과 가치관이 다르고 생소한 이민족간의 갑작스런 결합이 성공하기 어렵거니와, 굳이 선험자들의 전철이나 통계를 무시하고 스스로 위협을 택하는 그런 어리석음을 범할 이유가 없으며, 생김새가 좀 백인만 못하더라도 역경에 처해 있을 때 서로 이해하고 참을 수 있는, 같은 생각과 가치관을 가진 동족끼리 결합하는 것이 현명하고 안전한 선택이라는 그들의 지론이 그에게도 그럴 듯하게 생각되었다.

— 주오리, 「마지막 메뜨로 열차」 부분

위 작품에서 주인공 이한규(도마스)는 국제결혼에 대해 "언어, 풍습, 생각하는 방식, 그리고 전통과 가치관이 다르고 생소한 이민족간의 갑작스런 결합이 성공하기 어렵"다고 생각한다. 심지어 "같은 생각과 가치관을 가진 동족끼리 결합하는 것이 현명하고 안전한 선택이" 옳다고 판단한다. 그러나 그는 출장을 갔다 돌아오는 버스 옆자리에 탄 "아름다운 금발"의 브라질 여자 "헬가"를 만나 사랑에 빠진다. 이는 그동안 브라질 한인문학에서 주로 다루었던 주제와 다른 경향을 보인다. 초창기 대부분 브라질 한인문학의 주제는 낯선 땅에 살면서 고향에 대한 향수에 집중한다. 그들의 정체성 역시 한국인이라 믿어 의심치 않는 주제가 주를 이룬다. 그러나 이제는 그 정체성에 의문을 제기한다. 이민자로서의 문화적 정체성은 주체의 연속적 이동에 따른 변화인 셈이다. 국제결혼에 대한 인식의 전환은 타자와의 소통을 넘어 트랜스내셔널한 자연스러운 양상의 일환으로 볼 수 있다.

그녀는 나의 과거를 이해하지 못할 것이다. 테두리 안에서 사는 그녀로서는 당연한 요구였지만 이방인인 나로서는 그녀가 나에게 무엇을 원하는

지 정확히 이해할 수 없었다. 그녀는 땅 위에 둥지였고 나는 그저 풍선이었다. 갑자기 나도 땅을 밟고 싶다는 생각이 들었다.

— 이정신, 「내 주머니 안의 유성」 부분

스스로를 테두리 밖의 "이방인"이자 "그저 풍선" 같다고 생각하는 '나'는 브라질 현지인 "그녀"를 통해 "땅을 밟고 싶"은 즉, 안주하고자 하는 열망을 느낀다. 하지만 "그녀는 나의 과거를 이해하지 못할 것"이라는 두려움에 안주하는 삶을 살기보다는 "땅을 밟"는 과정을 통해 적극적인 '자기 찾기'를 시작한다. 일반적으로 디아스포라는 거주국에서 주변인으로 살아가며 언젠가는 조상 또는 자신의 고향으로 돌아가고자 하는 '귀환 신화'를 갖고 있다. 그러나 이 '귀한 신화'는 외부자의 시선 즉, 거주국 주민의 시선에 비쳐진 디아스포라에 대한 선입견이라 할 수 있다. 어떤 디아스포라들은 자신들이 떠나온 모국-고향보다 정착지-거주국을 고향으로 간주하며 살아가는 경우도 있다.[15] 이런 양상은 다음에서 극명히 드러난다.

하지만 말야. 나중엔 지금 내가 지금 밟고 있는 땅이 내 고향이라는 것을 깨달았지

— 이정신, 「내 주머니 안의 유성」 부분

화자는 "지금 내가 밟고 있는 땅이 내 고향이라는 것을 깨달았지"라고 고백함으로써, 더 이상 현재의 거주 공간이 이질적이고 불안한 장소가 아님을 인식하게 된다. 이 구절은 이주 주체가 과거의 고향에 대한 향수나 타향에서의 소외감을 극복하고, 현재의 공간을 자신의 실존적 기반으로 수용하게 되는 전환의 계기를 보여준다.

---

[15] 강희진, 앞의 논문, 195~196쪽.

화자는 "밖으로만 향하던 내 관찰자의 눈이 스스로를 들여다보기 시작하였다"고 서술함으로써, 외부 세계에 대한 관찰과 경계의 시선을 거두고 내면을 향해 반성적 시선을 돌리게 되었음을 드러낸다. 이는 자아 정체성의 재구성을 위한 내면화 과정으로 해석되며, 이어지는 "자유로움"의 체험과 "떠나올 때와는 다른 모습"이라는 변화의 인식은, 장소의 재영토화(reterritorialization)와 자기 정체성의 재구성을 통해 새로운 출발점을 획득한 결과로 이해될 수 있다.

결국 화자는 현재 '밟고 있는 땅'을 더 이상 임시적이고 타자의 공간으로 인식하지 않고, 자신의 삶의 터전으로 받아들이는 과정을 통해 이민자적 의식이나 소외감으로부터 탈피한다. 이는 '이곳'과 '저곳'의 경계가 명확히 구분되지 않는 트랜스내셔널한 공간에서 당당한 주체로 살아가기를 선택한 결과이며, 주체의 정체성이 단일하고 고정된 것이 아니라, 장소와 경험에 따라 재구성될 수 있는 유동적 속성을 지님을 보여준다.

이러한 주체의 인식 전환은 이어지는 시 텍스트에서도 연속적으로 드러나며, 브라질 한인문학의 중요한 미학적 특질 중 하나로 기능한다.

> 사탕 수수밭 위로 바람이 분다/푸른 물결이다/지평선도 푸른 색, 하늘도 푸른 색,/그 사이를 헤치며 나가는 차도 나도 그만/푸른 색깔이 된다/세상은 하나, 푸른 하나다./사탕 수수밭 위로 지나는 푸른 바람/욕심스레 나만 혼자 마신다./친구여, 상상할 수 있겠는가./사탕수수 바람이 입속에 남겨준 푸르른 맛을./하늘을 향해 꾸불꾸불, 자꾸만 하늘만 향해 올라오더니,/집들도 내려가고, 밭들도 내려가고/다시 계곡이 내려가고,/다시 계곡이 내려가고, 젖소들이 내려가고,/내려가서는 낯익은 풍경화가 되더니,/그것마저 사라져 버리는가 하더니,/이렇게 경이에 찬/신세계를 안겨줄 줄이야./일찍이 만난 적이 없는 녹색의 지평선은/저 아래 두고 온 세상을 순간으로 잊게 해준다./씻은 듯 잊게 해준다.(중략)넌출넌출 춤추는 사탕수

수는 브라질이다./풍요란 나의 어휘가 가난해지는 이 푸른 시야, 브라질이 숨 쉬고 있다./푸른 숨을 푸릇푸릇 숨 쉬고 있다./대서양도 내게 주지 못했던 놀라운 노래는/여기 이 들판에서 태고의 음질로 퍼져가고 있다.

— 안경자, 「사탕수수 밭으로」 부분

시 속에서 사탕수수 밭과 지평선, 하늘, 그리고 나는 모두 경계가 없는 "하나"이다. 뿐만 아니라 들도, 밭도, 계곡도, 젖소들도 하나가 된다. 공간의 혼재는 결국 "세상은 하나, 푸른 하나"의 공간으로 그려지고 있다. 이로 인해 브라질은 "경이에 찬 신세계"로 표현되고 있다. 지역이나 국가라는 경계를 넘나드는 개인의 자유로운 활동은 어느 한쪽의 문화에만 구속되지 않고 자신의 문화를 주체적으로 창조·융합하는 길을 만든다.[16] 트랜스내셔널 사회에서 문화는 더 이상 '개인'이나 '국가'의 고유한 소유물로 제한되지 않는다. 문화의 유통과 접촉이 전 지구적 차원에서 일어나는 오늘날, 문화적 정체성은 고정된 공동체나 국가 중심의 범주에서 벗어나 점차 유동적이고 혼성적인 성격을 띠게 된다. 과거에는 집단이 규정한 문화 정체성이 개인에게 수용을 강제하는 방식이었다면, 오늘날에는 개인이 주체적으로 문화적 자원을 선택하고, 이를 융합하거나 재구성하는 방식으로 문화적 정체성이 형성된다.

이러한 흐름 속에서 트랜스내셔널 문학에 등장하는 인물들 — 본 연구에서 분석한 작품 속 주체들 역시 — 국가와 문화, 로컬과 글로벌 사이의 경계 위에 존재하며, 그 경계를 능동적으로 전유하고자 하는 태도를 보인다. 이는 단순한 문화 간 혼종성을 넘어서, 정체성의 구성 주체가 외부 집단이 아닌 '개인'이라는 점에서 주목할 만하다.

이러한 주체는 전통적인 국가정체성이나 민족정체성에 고정되지 않으

---

[16] 이종일, 「트랜스내셔널 사회의 시민성 교육」, 『사회과교육연구』 21(4), 2014, 42쪽.

며, 오히려 '어디에도 속하지 않음'과 '어디든 갈 수 있음'이라는 양가적인 정체성을 내면화한다. 이는 트랜스내셔널 정체성의 핵심이라 할 수 있으며, 유목적이고 유동적인 삶의 방식과 정체성 인식을 반영한다. 결국 작품 속 주체는 경계 위에 존재하면서도 그 경계를 넘어서는 가능성을 상상하고 실천하는 존재로, 문화적 혼종성과 이동성 속에서 자율적이고 창조적인 정체성을 구성해간다.

4. 맺음말

초국가적 시대에 접어든 오늘날, 사람들은 자신이 태어난 지역이나 국가, 나아가 전통적인 국경의 경계를 넘어 낯선 공간으로 이주하며 삶의 터전을 새롭게 구축하고 있다. 이러한 이주는 단순한 물리적 공간의 이동을 넘어서, 개인의 의식 구조와 정체성의 변화를 야기하는 실존적 전환의 계기로 작용한다. 이주민들은 다양한 문화적 배경과 정서적 조건 속에서 살아가며, 거주국의 사회적·문화적 다원성 못지않게, 이들이 처한 개별적 삶의 조건과 경험 또한 복합적이고 다층적이다.

따라서 전 지구화 시대의 문학적 양상을 분석하기 위해서는 전통적인 민족 혹은 국가 중심의 해석틀을 넘어서야 한다. 이주민들의 삶을 구성하는 정체성의 다층성과 공간적 유동성, 그리고 이들이 창조하거나 소환하는 문화적 의미를 포착하기 위해서는 새로운 주체적 시선이 요구된다. 다시 말해, 문학 텍스트에 재현된 이주의 경험과 디아스포라적 정체성을 이해하기 위해서는 탈민족적, 트랜스내셔널한 관점에서 이들의 삶과 문학을 읽어내는 비판적 접근이 필요하다. 이에 본 논문에서는 브라질 한인문학을 읽는 하나의 시각으로 트랜스내셔널리즘 관점을 제안하고 그 특성과 의미를 살피고자 했다. 그동안 대부분의 한인 디아스포라 문학이 일제강점기를 전

후해 중국, 러시아, 일본으로 떠났던 한인의 위치성, 타자와의 타협과 비타협, 조화와 부조화의 관계, 이방인으로서의 삶, 타자와의 투쟁, 핍박의 역사로 상징되는 '한'의 정서와 자기 정체성 문제를 문학적인 주제로 삼았음에 비해, 브라질 한인문학은 그 태생부터 자유로운 이주의 선택에서 비롯되었으며, 이로 인해 그 문학적 세계관 또한 브라질의 다문화적, 혼종적 문화 토양과 깊이 호흡하고 있다. 이러한 특성은 일제강점기를 전후한 정치적·역사적 강제성에 의해 형성된 여타 한인 디아스포라 문학과는 뚜렷한 차이를 보인다. 전자의 경우 민족적 트라우마와 식민 체제에 대한 저항, 귀환 불가능성의 슬픔이 강하게 문학에 투영된 반면, 브라질 한인문학은 자발적 이주자들의 정착 과정에서 경험하는 문화적 혼성성, 주체적 정체성 형성과 같은 주제를 중심으로 보다 다층적이고 유연한 서사를 형성한다.

특히 브라질 한인 작가들은 단순히 고국에 대한 향수나 민족주의적 서사에 머무르지 않고, 브라질이라는 이질적 공간 속에서 발생하는 새로운 삶의 조건과 감각들을 적극적으로 수용하고 재현한다. 이러한 문학적 태도는 브라질의 다민족적 현실과 맞물리며, 경계와 정체성의 문제를 유연하게 사유하고 실험하는 문학적 실천으로 이어진다. 결과적으로 브라질 한인문학은 디아스포라 문학의 또 다른 스펙트럼을 구성하며, 탈민족적 시선과 혼종성의 미학을 바탕으로 하는 독자적인 문학적 지형을 구축하고 있다.

브라질 한인문학의 한 양상으로, 작품 속 주체는 현실에서 직면하는 다양한 갈등과 문제 상황을 단순한 도피의 방식이 아닌, 로컬 공간에 대한 환상적 상상력을 통해 극복하고자 한다. 이러한 서사 전략은 구체적인 거주 공간과 장소를 환상적으로 재현함으로써, 지리적 공간을 상징적이고 내면적인 의미를 지닌 장소로 재구성하려는 경향으로 이어진다. 이는 공간을 단순한 배경이 아닌, 정체성과 기억, 욕망이 투사된 상상적 장소로 재의미화하려는 시도로 볼 수 있다.

더 나아가, 이들 주체는 국가 간 경계, 문화 간 경계, 그리고 로컬과 글로벌 사이의 경계를 가로지르며, 문화적 혼종성을 능동적으로 수용하고 전유하려는 태도를 드러낸다. 이 과정에서 나타나는 공간적 혼종성과 경계 넘기의 감각은 고정된 동일성과 소속감을 지양하고, 이질성과 이동성을 바탕으로 한 새로운 정체성 형성의 가능성을 제시한다.

결국, 브라질 한인문학 속 주체는 '이곳'과 '저곳', 원류성과 타자성, 고향과 이주지라는 이분법적 구도를 해체하며, 트랜스내셔널한 정체성을 구축해 나가고자 하는 혼종적 주체로 나타난다. 이는 이주 문학이 보여주는 탈영토화와 재영토화의 문화적, 정체성적 역동성을 잘 보여주는 지점이라 할 수 있다.

재일조선인 시에 나타난
트랜스내셔널의 특징 및 의미

> 이제까지 우리들의 존재는 '분열'과 '분단'이라고 하는 말로 파악되는 경우가 많았고, 그 때문에 우리들의 삶의 가능성이 좁혀지고 괴로웠던 적도 있었습니다. 그러나 이 시련은 우리들에게 다각적으로 사물을 보는 시점을 갖게 했으며 그것은 오늘날에는 귀중한 자산이 되었다고 생각합니다. 이 색다른 위치를 의식하면서 여러 처지의 여성이 참가해서 '재일'의 다양성을 표현했으면 합니다. 재일 여성의 실존을 일본열도와 재일사회에만 가둬두고 싶지는 않습니다'
>
> — 고영리, 『땅에서 배를 저어라』 창간호 발간사[1]

1. 머리말

팔레스타인 이외의 지역에 흩어져 정착해 살던 유대인의 역사와 관련해 주로 사용되던 용어 디아스포라는 강제 추방, 이산, 이주, 분산을 의미하는 개념에서 현재 전 세계로 이동하는 다양한 사람들의 사회적 경험이나 의식 및 문화를 나타내는 것으로 확장되어 쓰이고 있다. 그간 디아스포라는 소련 및 동구권의 해체와 기술의 발달에 따른 시공간의 축소 그리고 글로벌화의 진전에 따른 국제적 이동 증가 등과 같은 새로운 현상이 발생하면서 이를 설명하기 위한 유용한 도구로 활용되었다.[2] 기존 코리안 디아스포라 개념의

---

1 『땅에서 배를 저어라』는 2006년 재일2세 시인인 고영리의 사재로 50대에서 80대까지 재일 2세 여성 6명이 모여서 국적에 관계없이, 어떠한 형태로든 한반도와 뿌리를 공유한 여성들이 만든 잡지이다.
2 이상봉, 「디아스포라와 로컬리티 연구」, 『한일민족문제연구』 18, 한일민족문제학회, 2010, 109쪽.

중심에는 '민족'과 '국가'가 자리하고 있었다. 그러나 국가의 경계를 넘어 출신지와 거주지 사이를 이동하는 사람들의 다양한 경험을 국민국가 중심의 연구 틀만으로는 효율적으로 분석하기는 힘들다. 디아스포라는 하나의 민족·국가의 경계를 넘어선 존재이기 때문에 그들의 문학 역시 한 민족·국가의 문학 경계 안에 머물 수 없다.[3] 따라서 탈경계 문화 속에서 살고 있는 디아스포라와 그들을 재현하는 문학에 대한 이해 역시 초국가적 문화현상의 재현 가능성과 문학 연구의 패러다임 변화가 요구된다.

본 연구에서 시문학 해석의 한 방법으로 주목한 것은 '트랜스내셔널리즘'이다. '트랜스내셔널'이라는 수식어는 특정한 지역의 범주화(국가 밖이라거나, 국가 위라거나 아니면 국가 간 경계라거나)라기보다는 '지역의 재개념화'를 의미한다. 명백히 분리되어 있다고 여겨지는 공간들이 얽혀 있는 양상, 다양한 문화들이 혼종되어 복잡하고도 불가분으로 얽힌 관계성을 명료하게 드러내기 위한 것이다.[4]

이에 본 연구에서는 재일조선인[5] 시문학의 여러 양상 중 하나를 트랜스내셔널리즘의 관점으로 살피고자 한다. 분석의 주 대상은 『재일디아스포라 문학선집1 : 시』[6]에 수록된 작품의 일부로 하였다.[7]

---

3 구재진, 「민족-국가의 사이 혹은 너머에 대한 상상」, 『도시인문학연구』 9, 서울시립대 도시인문학연구소, 2017, 46쪽.
4 오윤호, 「탈경계주체들과 문화 혼종전략 – 디아스포라 소설을 중심으로」, 『비교문학』, 한국비교문학회, 2011, 83쪽.
5 '재일조선인', '재일동포', '재일한국인', '재일한인', '재일코리언', '자이니치' 등의 명칭은 일본에 거주하고 있는 조선이라는 무국적 및 한국국적 그리고 이중국적의 한인을 일컫는 명칭이다. 본 논문에서는 통칭으로 '일본에 거주하는 코리안'을 '재일조선인'으로 칭한다.
6 재일디아스포라 문학의 글로컬리즘과 문화정치학 연구팀 편, 『재일디아스포라 문학선집1 : 시』, 소명출판, 2017.
7 그 외 작품은 김시종, 『일본풍토기』, 곽형덕 역, 소명출판, 2022 참조.

그간 진행된 재일조선인 시문학 연구는 주로 시대와 세대에 따라 나타나는 특징으로 민족이나 조국, 고향에 대한 그리움의 양상을 들고 있다. 연구의 예를 들면 다음과 같다. 김정훈, 정덕준은 재일조선인 시문학을 대상으로 동시대 재일조선인의 정착 과정과 어떤 연관을 보여주고 있는지를 살폈다. 이를 위해 시문학의 시기를 이주기, 투쟁기, 정주기, 공생기로 나누어 이전 시대의 작품과의 차별성은 무엇인지, 어떤 지향점을 가지는지를 살폈다.[8] 김응교는 '풍속의 아이덴티티', '귀향길의 감상성', '민족어의 회복', '주체적 사실주의' 등을 핵심 키워드로 꼽았다. 그는 정화수, 정화흠, 김윤호 등 주로 재일조선인 1세대의 텍스트를 중심에 두고 있기 때문에 "조선민주주의인민공화국의 영향권"을 중요하게 거론했다.[9] 이미나는 총련계 작가와 총련을 탈퇴한 작가, 민단계 작가와 어디에도 소속되지 않은 작가들의 시적 특성을 고찰하였다. 총련계 시문학의 주제의식은 민족교육의 중요성과 조국 예찬과 통일 지향의 측면으로, 민단계와 그 외 시인들의 시세계는 재일의 현실과 정체성의 혼란과 근원적 고향에 대한 그리움을 나타내는 양상으로 살피고 있다.[10] 임수경은 시문학의 이중언어, 시인의 이중국적, 시정신의 이중 정체성을 전제로, 탈언어적, 탈영토적, 탈이념적 관점을 포함한, 탈경계적 관점에서 재일한민족시문학으로 접근하여 문학 내부에 공통적으로 함유하고 있는 고유의 민족성을 확인하고자 하였다.[11] 하상일은 해방 이후 재일 디아스포라 시문학의 역사를 매체와 시인을 중심으로

---

8 김영미 외, 『재일한인문학의 어제와 오늘』, 한국문화사, 2021.
9 김응교, 「재일조선인 조선어 시동인지 『종소리』 연구」, 『현대문학의연구』 34, 한국문학연구학회, 2008.
10 이미나, 「재일디아스포라 한국어 시문학 연구」, 『국제한인문학』, 국제한인문학회, 2019.
11 임수경, 「탈경계 관점에서 본 재일 한민족시문학연구」, 『한민족문화연구』 제41집, 한민족문화연구학회, 2012.

살펴보면서 재일조선인 잡지 『조선문예』, 『한양』, 『종소리』 등을 통해 허남기, 강순, 남시우, 김윤 등 8명의 재일조선인 시문학에 대한 연구를 진행했다.[12] 조은주는 시 전문지 『종소리』 수록 시의 분석을 통해 재일조선인 시문학의 경향을 네 가지로 나누어 살폈다. 첫째, 정체성 탐색의 모티프가 두드러진다. 둘째 '고향' 의식이 현실과 기억, 상상의 층위로 다양하게 재현된다. 셋째 역사의식이 강하게 표출되어 있다. 넷째 모국어에 대한 인식과 문학(시)에 관한 은유가 두드러진다고 보았다.[13]

간략히 살펴보았듯이 선행연구에서 재일조선인 시문학을 다룬 것은 많지 않다. 일본의 권위 있는 문학상을 수상한 재일조선인 작가의 소설이나 식민과 분단을 서사화한 소설을 대상으로 한 논의가 대부분을 차지하고 있다. 이처럼 재일조선인 문학에서 시문학 연구가 미비한 것은 "식민과 분단 그리고 재일의 상처와 고통을 직접적으로 서사화한 소설문학에 압도되어"버렸기 때문으로 분석된다.[14] 재일조선인의 일본어 시집이 한국에서 번역·출판된 경우가 드문 점도 관련이 있을 것이다. 다음으로, 선행연구의 주제의 대부분은 언어, 민족, 국가 등을 향한 디아스포라의 문학적 지향성이 주를 이루고 있음을 알 수 있다. '한민족'이나 일본 속의 '로컬리티' 등 국가의 외곽을 지탱하는 '에스닉 마이너리티'의 범주로 재일조선인 시문학을 연구하는 풍토가 이어지고 있음을 알 수 있다. 이는 반대급부로 '재일조선인'의 독자성과 특수성을 주목하지 못하고 있다는 문제를 안고 있다. 일제강점기와 해방이후에 식민/피식민, 주류/비주류, 차별/피차별이라고 하는 정치이데올로기 속에서 소수민족의 소외의식, 이방인 의식, 민족의식,

---

12 하상일, 『재일 디아스포라 시문학의 역사적 이해』, 소명출판, 2011.
13 조은주, 「재일조선인 디아스포라 시의 경향과 그 의미-종소리 수록 시를 중심으로」, 『어문연구』 42, 한국어문교육연구회, 2014.
14 하상일, 앞의 책, 17쪽.

자기정체성을 문학적으로 형상화 한 재일조선인 문학[15]은 이제 역사성, 세대간 정체성의 변화 문제와 맞물려 과거 '저곳을 향한' 증언과 기록의 서사화에서 '지금 이곳'의 생활과 개인적 실존의 이야기를 해석하고 이를 대응하고자 하는 경향을 보인다.[16] 여러 선행연구를 바탕으로 재일 조선인문학의 담론은 민족의식과 민족정체성 → 민족차별 → 탈민족과 탈국가 → 개인의 삶과 경험으로 요약할 수 있다. 따라서 본 연구에서는 이런 시적 담론의 변화 과정에서 트랜스내셔널한 양상이 어떤 방식으로 구축되고 있는지 살피고자 한다.

디아스포라는 주로 분산, 공동체, 집단 등을 일컫는다면, 트랜스내셔널리즘은 1990년대 이후, 인류학자와 사회학자들이 국제 이주 현상에 주목하면서 주로 사용한 개념이다. 국가 또는 민족의 경계에 국한되지 않는 다양한 사회적 현상들을 해석하기 위해 고안된 개념에서 현재는 국제 이주에서 파생되는 사회·문화적 현상들을 해석하는 데까지 두루 쓰인다.[17] 디아스포라는 모국에 강하게 얽매여 있으며, 모국과의 단절이 발생하거나 접근이 불가능할 경우, 모국과의 연계를 유지하기 위해 영토적 표지나 기억의 장소 창출을 통해 이를 보상한다. 그러나 트랜스내셔널리즘 관점에서는 이러한 단절이 발생하지 않으며, 모국에 대한 집착이나 얽매임이 필수적이지 않다. 따라서 '트랜스내셔널'이라는 개념은 기존의 '디아스포라'나 '다문화주의'가 충분히 설명하지 못하는 측면에 대한 새로운 이해를 가능하게 하며, 근대 민족국가 중심의 인식 틀로는 해석하거나 예측하기 어려운 객

---

15 김환기, 「재일 코리언문학과 디아스포라-이회성의 『流域』을 중심으로」, 『일본학』, 동국대학교일본학연구소, 2011, 142쪽.
16 김영미 외, 앞의 책, 49쪽.
17 이종원·윤여탁, 「계승어 교육에서 윤동주 시의 활용 가능성-트랜스내셔널리즘의 관점에서」, 『문학교육학』, 한국문학교육학회, 2018, 272쪽.

관적 현실과 주관적 인식을 분석할 수 있는 중요한 이론적 단서를 제공한다.[18] 디아스포라에게 이주 공간과 정주 공간은 정체성의 형성과 밀접한 관련을 지닌다. 이러한 관점에서 재일조선인 작가들이 자신의 작품 속에서 어떠한 공간을 형상화하고 있는지를 고찰하는 것은 그들의 정체성 인식을 이해하는 데 있어 중요한 의미를 갖는다.[19] 장소는 인간의 삶뿐만 아니라 자아 정체성 형성에까지 영향을 미치는 중요한 요소로 간주된다.[20] 이에 본 연구에서는 재일조선인 시에 나타난 특징과 의미를, 경계가 해체된 공간에서 삶을 영위하는 주체와 환상의 장소를 구축하는 주체의 관점에서 트랜스내셔널리즘적 특성을 중심으로 분석하고자 한다.

2. 경계의 틈새에서 살아가는 주체

재일조선인 문학의 존재 방식은 그들이 현재 살아가고 있는 '여기(정착지)'에 실재하면서도, 동시에 떠나온 '저기(모국)'에 부재하지만 여전히 소속감을 지니는 이중적 공간 의식 속에서 형성된다. 이러한 의식은 사이성과 이중성으로 설명될 수 있으며, 이들의 정체성은 사회공간적 치환을 통해 새롭게 구성된다. 이 과정에서 공간은 기존의 의미를 상실하거나 그 경계가 해체되며, 기존의 장소도, 완전히 새로운 장소도 아닌 경계 없는 공간 속에서 주체는 단지 '나'로서 존재하게 된다.

한반도 사람들의 이름을 일본어로 읽을 때는 음독(音讀)/'데테나시코, 아

---

[18] 곽명숙, 「윤동주 문학 연구의 트랜스내셔널리즘적 가능성」, 『한중인문학연구』 37, 한중인문학회, 2012, 206~208쪽.
[19] 윤정화, 『재일한인 작가의 디아스포라 글쓰기』, 혜안, 2012, 80쪽.
[20] 장석주, 『장소의 탄생』, 작가정신, 2006, 299쪽.

이노코, 조센징'/어머니가 아이였을 때 귀아프게 들었던 말/여자 혼자 제 맘대로 낳아 놓은 아이처럼/전에는 '사생아'라고 불리었던 생명/낳아서 공중에 떨어뜨려 놓은 것처럼/단지 '여자'라고 호적에 등록된 생명/실은 태어난 순서로도 자유로운 존재이고/나중에는 '여자'에서도 자유로워져/바람도 빛도 될 수 있으리/호적 따위는 내버려두고/오늘부터는 절대 흔들리지 말아야지/(중략)/'아이노코'라 불린 어머니는/나에게 '준'이라는 이름을 붙여 주었다/나는 이 이름에 이르기까지/실로/삼십 년이 넘는 세월이 필요했다/나는 '조센징'도/'재일교포'도/'일본인'도/'혼혈'도 아니다/그렇게 부르지 말아주기를/내 이름은 '준' 하나뿐인 것을//일본이나 호적 따위로 정의할 수 없다/단지 자유로운 생명/생명에 등급을 두어 정의한다 해도/나는 그 정의에서/바람처럼 빠져나와 살아갈 것이다/나는 내 언어에서/내게 이어진 생명의 이야기를 엮고 있다

— 나카무라 준,[21] 「호적의 빈칸」 전문

위의 시는 민족, 국적, 혈통과 같은 제도적 정체성 범주에 저항하며, 오롯이 자신만의 이름과 언어, 삶의 서사를 통해 주체성을 확립하고자 하는 강한 의지를 표출한다. 시의 화자는 자신의 존재를 "조센징", "재일교포", "일본인", "혼혈"이라는 이름으로 환원하고자 하는 외부의 호명 행위에 대해 단호하게 거부한다. 이러한 거부는 단지 명칭에 대한 반발이 아니라, 식민주의적 역사와 민족주의적 경계, 정체성 정치에 내재된 폭력성에 대한 비판으로 읽힌다.

화자는 스스로를 "바람처럼 빠져나와 살아갈 것"이라며, 고정된 경계나 제도 속에 갇히기를 거부한다. 이는 정체성을 구성하는 단일하고 고정

---

[21] 나카무라 준(1970~) : 도쿄 출생. 게이오대학 문학부 졸업. 교사. 외할아버지가 재일한국인. 2004년 시집 『풀의 집』 출간, 2005년 제14회 시토시토 신인상과 요코하마시 인회상 수상, 2010년 『바다의 가족-나카무라 준 시집』 출간. 일본시인클럽, 요코하마시인회 회원.

된 기준, 예컨대 호적(국가에 의한 행정적 구분)이나 민족적 혈통에 기반한 인식이 더 이상 자신의 삶을 설명하지 못한다는 선언이자, 자신민의 언어와 경험으로 서사를 엮어가겠다는 자율적 존재 선언이다. 화자는 "내 이름은 '준' 하나뿐인 것을"이라고 말함으로써, 국가적·민족적·문화적 분류를 넘어선 단일하고 독자적인 정체성을 강조한다.

또한 시 속 어머니는 "아이노코(혼혈)/사생아/여자 혼자 제 맘대로 낳은 아이"라는 사회적 낙인 아래 놓여 있었으며, 그러한 존재에게 '준'이라는 이름을 지어줌으로써 또 하나의 자유로운 생명을 잉태한다. 따라서 '준'이라는 이름은 단순한 호칭이 아니라, 억압적 명명 체계와 단절하고, 주체가 스스로 자신의 존재를 재정의하며, 살아가는 방식을 선택하는 상징적 출발점이 된다. 이 이름은 시인이 경험한 오랜 시간의 자기 부정과 타자화의 고통을 통과해 도달한 자기 확립의 자리인 것이다.

결론적으로, 이 시는 민족이나 국적이라는 경계적 구분이 개인의 존재 전체를 설명하거나 대표할 수 없다는 인식을 바탕으로, 경계를 넘는 주체의 자기정의와 언어적 실천을 보여준다. 이는 단순한 정체성의 혼종성이나 양가성이 아니라, 아예 "경계 자체를 무력화하고 초월하는" 정체성 정치로 읽을 수 있으며, 디아스포라 문학에서 경계인의 서사에서 탈경계 주체로 나아가는 매우 중요한 전환점이라 할 수 있다.

> 힐끔힐끔 우릴 보던 맞은편 아이들이/-아줌마들은 재일 한국사람이예요?/갑작스레 묻는 말에 나는/-우리는 조선사람이예요/그랬더니 의아한 웃음으로 돌아오는 말/-그래요. 우리는 한국사람인데요/……//(…) 고향이 같으면서도/우리는 조선사람…/우리는 한국사람…
> ― 오홍심, 「그 한마디」 일부

위 시는 전철에서 우연히 마주친 한국 학생들과의 짧은 대화를 통해 재일조선인의 복합적이고 모호한 정체성을 드러낸다. 화자는 "우리는 조선사람이에요"라고 응답함으로써 자신에게 부여된 '재일조선인'이라는 정체성을 자각하고 발화한다. 그러나 상대방의 반응은 "그래요. 우리는 한국사람인데요"라는 말로 이어지며, 동일한 고향을 공유함에도 불구하고 상이한 국가적 소속감과 인식의 간극이 존재함을 보여준다. 이는 재일조선인이 국가의 경계 바깥에 존재하는 이들로서, 정체성의 혼란과 경계적 위치성 속에서 '중간자' 혹은 '경계인'으로 규정되는 상황을 상징적으로 형상화한 사례라 할 수 있다.

> 나는 자이니치(在日, 재일교포)거든요 라고 말할 때의/내 마음은 어디에 있는 걸까 (중략) 나도 한국인이야 라고 말하면/어! 다르잖아! 자이니치잖아/'넌 한국사람이 아니지'라는 표정을 느낀다/그때야 내가 자이니치임을 깨닫는다/조선사람이라고 말하면/'기쁨조'가 유명하지. 잘 알고 있어 라며 자랑하듯 말하고/당신도 탈북자야? 설마 그럴 리 없겠지?라며 웃는다/한국말도 못하고 김치도 먹을 줄 모르는/그런 인간을 자이니치라고 부를 수 있단 말인가?//구체적으로는 뭐가 어떻다는 것도 아니고/내 생활 전부가 자이니치일 리도 없고/나는 귀화해서 일본국적인데도 일본사람이 아니고/그렇다고 한국에 가면 한국사람도 아니고
> ― 전혜미,[22]「나는?이라고 시를 쓸 때의 나」부분

화자는 '자이니치'와 '한국인' 그리고 '조선사람' 사이에서 자신의 정체성에 대해 지속적으로 고민하고 질문한다. 현재 '나'는 "귀화해서 일본국적인데도 일본사람이 아니고/그렇다고 한국에 가면 한국사람도 아"닌 상태의 규정할 수 없는 상태이다. 한국인이나 일본인, 자이니치라 부를 수 있는 어떤 명확하고 구체적인 실체가 있는 것이 아니다. 상대가 "나"를 구분

---

[22] 전혜미(1955~) : 도쿄 출생. 시집『우리말』(1995) 등.

을 짓는 것은 정작 "나"의 특성과 무관한 지리적 범주일 뿐이다. 따라서 그 것은 "나"가 아닐 수도 있다. "구체적으로는 뭐가 이떻다는 깃도 아니고/ 내 생활 전부가 자이니치일 리도 없고/나는 귀화해서 일본국적인데도 일 본사람이 아니고/그렇다고 한국에 가면 한국사람도 아니"라는 것을 인식 하는 것은 결국 자신이 위치한 자리를 인정하고 받아들이는 행위와 같다. 타인과의 차이를 인식하고 이를 유지하겠다는 다짐은 자기 정체성을 분명 하게 확립해 주는 것이라 할 수 있다. 살펴보았듯이 작품 속 주체들은 경 계의 공간을 인식하는 과정을 통해 스스로의 위치를 인정하고 받아들이는 것으로 오히려 경계를 무화시키고자 하는 트랜스내셔널한 양상을 보인다.

3. 보이지 않는 장소를 넘어서는 주체

인간은 추상적인 개념인 '공간'보다는 구체적이고 경험 가능한 '장소'를 통해 자기 존재를 인식하고 확인한다.[23] 이는 인간의 의지와 행위가 공간에 개입함으로써, 장소가 실존적 의미를 담지하게 된다는 점을 시사한다. 다 시 말해, 인간 내면의 의지를 현실화하려는 동력은 특정 장소의 점유를 통 해 실현되며, 이를 통해 장소의 의미는 연속적으로 재구성된다. 재일조선 인 시문학에서는 이러한 장소 개념이 뚜렷하게 드러난다. 시 속의 자아는 경계가 해체된 공간 속에서 자신의 존재를 인식하고 정체성을 확립하는 동 시에, 환상의 장소를 창조하고자 하는 주체로 형상화된다. 이는 기존의 지 역 및 장소에 대한 인식을 넘어, 장소를 재구성하고 새로운 의미를 부여하 려는 트랜스내셔널한 장소 개념의 형성으로 이해될 수 있다.

---

23 이명수, 「존재의 공간과 인식의 경계 – 차이와 장소에 대한 시론」, 『동양철학연구』 74, 동양철학연구회, 2013, 203~226쪽 참조.

없어도 있는 동네./그대로 고스란히/사라져 버린 동네./전차는 애써 먼 발치서 달리고/화장터만은 잽싸게/눌러앉은 동네./누구나 다 알지만/지도엔 없고/지도에 없으니까/일본이 아니고/일본이 아니니까/사라져도 상관없고/아무래도 좋으니/마음 편하다네// (중략) //어때?/와보지 않을 텐가?/물론 표지판 같은 건 있을 리 없고/더듬어 찾아오는 게 조건./이름 따위/언제였던가./와르르 달려들어 지워 버렸지./그래서 '이카이노'는 마음속,/쫓겨난 자리 잡은 원망도 아니고/지워져 고집하는 호칭도 아니라네//바꿔 부르건 덧칠하건/猪飼野는/이카이노/예민한 코라야 찾아오기 수월해.//오사카의 어디냐고?/그럼 이쿠노라면 알아듣겠나?/ (중략) 으스대는 재일(在日)의 얼굴에/길들여지지 않는 야인의 들녘,/거기엔 늘 무언가 넘쳐 나/넘치지/(중략)활짝 열려 있고/대범한 만큼/슬픔 따윈 언제나 날려 버리는 동네./밤눈에도 또렷이 드러나/만나지 못한 이에겐 보일 리 없는/머나먼 일본의/조선 동네

― 김시종, 「보이지 않는 동네」 부분[24]

재일조선인들이 모여 살았던 오사카 동부의 이쿠노구는 1973년까지는 '돼지(猪)를 기르는 사람들이 사는 토지'라는 뜻을 지닌 이카이노로 불렸다. 이곳은 한때 일본사회 속에서 이질적이고 독창적인 공동체 집단의 삶의 기억을 담고 있는 곳이었다. 이후 나카가와(中川), 타지마(田島), 히가시나리(東成) 등의 이름으로 편입되면서 이카이노라는 지명은 사라졌다.[25] 지명이 사라지자 공간은 해체되고 공간의 역할 역시 상실된다. 젊은 조선인

---

[24] 김시종(1929~) : 함경남도 원산 출생. 어린 시절 어머니의 고향 제주에서 생활. 재일교포 동인지 『진달래』, 『가리온』 창간. 1973년 효고현 현립 미나토가와고등학교에서 일본 최초로 공립고교의 조선인 교사로서 정규과목으로 조선어를 가르침. 시집 『지평선』(1955), 『일본풍토기』(1957), 『이카이노시집』(1978), 『화석의 여름』(1988) 등. 2015년 산문집 『조선과 일본에서 살다』로 오사라기지로상 수상, 2011년 한국인 최초로 일본 대표 문학상 다카미준상 수상. 2022년 제4회 아시아문학상 수상.

[25] 허병식, 「보이지 않는 장소로서의 이카이노와 재일조선인 문화지리의 트랜스내셔널」, 『동악어문학』 67, 동악어문학회, 2016, 124~125 참조.

세대들은 취업이나 결혼 등으로 마을을 떠난다. 이제 그곳은 "없어도 있는 동네./그대로 고스란히/사라져 버린 동네"라는 모순을 지닌 장소"로 바뀐다. "누구나 다 알지만/지도엔 없"는 곳이 바로 "이카이노"인 것이다. 그런데 이 공간은 "일본이 아니고/일본이 아니니까/사라져도 상관없"는 특별한 공간이기도 하다. 일본의 행정구역에서는 이미 사라진 지 오래인 이 공간은 이제 일본 사회에서 존재하나 보이지 않는 "머나먼 일본의/조선 동네"로 "늘 무언가 넘쳐 나/넘치지/(중략)활짝 열려 있고/대범한 만큼/슬픔 따위 언제나 날려 버리는 동네"로 현실에서는 채워지지 않는 욕망 표현의 장소라 할 수 있다. 결국 이곳은 재일조선인의 흔적이 남아 있는 과거의 장소이자 환상의 장소이다. 새로운 장소정체성을 상정한 시 속 화자는 민족의식과 국가를 넘어 국가의 경계 바깥에 위치한 주체와 만난다.

내가 눌러 앉은 곳은/머언 이국도 가까운 본국도 아닌/목소리는 잦아들고 소망이 그 언저리 흩어져 버린 곳/애써 기어올라도 시야는 펼쳐지지 않고/깊이 파고들어도 도저히 지상으로는 내려설 수 없는 곳/그럼에도 그럭저럭 그날이 살아지고/살아지면 그게 생활이려니/해를 한데 엮어 일년이 찾아오는곳 //거기선 모든 게 너울거리고 떠들썩한데/소란 끊긴 여기는 바람 한 점 없다/그런데도 한결 흔들리고 있는 건 바로 나/바람은 어쩌면 깊은 사념 속에 살랑댔는지도 모른다/나 자신 끝없는 희구의 요람인 것을/내가 흔들리고 내가 흔들고 성장하는 나를 내가 기다린다/그렇듯 시절은 내게서 멀어/유독 내게 멀찍이 동떨어져 머언 현재도 아니다/애당초 눌러 앉은 곳이 틈새였다/깎아지른 벼랑과 나락을 가르는 금/똑같은 지층이 똑같이 움푹 패어 마주 치켜 서서/단층을 드러내고도 땅금이 깊어진다/그걸 국경이라고도 장벽이라고도 하고/보이지 않는 탓에 평온한 벽이라고도 한다/거기엔 우선 잘 아는 말(언어)이 통하지 않아/촉각 그 심상찮은 낌새만이 눈과 귀가 된다//내가 눌러앉아 버린 자리는/백년이 고스란히 생각을 멈춘 곳/백년을 살아도 생각에 잠기는 날은 아직/어제 그대로 저물어 가는

곳/고국에 머얼리 타향에 머얼리/그렇다고 그토록 동떨어지지도 않은/늘 상 되돌아오는 지금 있는 곳

— 김시종, 「여기보다 멀리」 전문

위의 시는 이방성과 귀속감 사이에서 정체성을 모색하는 화자의 내면을 그리고 있다. 주체가 위치하는 '틈새의 공간'에 대한 치밀한 성찰을 보여준다. 화자가 '지금 있는' 곳은 이국도 본국도 아닌, 모호하고 불확정적인 장소, 즉 경계 너머 혹은 경계 그 자체로 존재하는 사이의 공간이다. 이 공간은 물리적이기보다는 심리적이며, 실존적 '자리'로 이해될 수 있다.

화자는 자신이 위치한 이 공간을 "깊이 파고들어도 도저히 지상으로는 내려설 수 없는 곳"이라 말한다. 이는 현실에 온전히 속하지도, 과거로 완전히 회귀하지도 못하는 비결정적 존재 상태를 상징하며, 바로 그 지점에서 화자는 자신의 주체성을 응시하고 성장한다. "내가 흔들리고 내가 흔들고 성장하는 나를 내가 기다린다"는 구절은 그 정체성 형성이 외부의 규정이나 소속감이 아니라, 스스로의 내면 운동과 사유의 흐름 속에서 이루어진다는 것을 시사한다. 이 공간은 또한 "보이지 않는 탓에 평온한 벽", "깎아지른 벼랑과 나락을 가르는 금"이라는 시적 이미지로 묘사되며, 국경이나 장벽과 같은 가시적 경계뿐 아니라 무형의 심리적 장벽도 포함한다. 특히 "우선 잘 아는 말(언어)이 통하지 않아/촉각 그 심상찮은 낌새만이 눈과 귀가 된다"는 표현은 언어적 단절과 그로 인한 감각적 긴장을 보여준다. 이는 디아스포라 주체가 경험하는 문화적 소외와 언어적 고립을 상징한다. 그럼에도 불구하고, 이 '틈새'는 단순한 상실의 공간이 아니라, "그럭저럭 그날이 살아지고/살아지면 그게 생활이려니" 하는 일상의 누적과 함께 하나의 삶의 기반이 되는 장소로 전환된다. 즉, 이 '틈새'는 기존 질서에서 벗어난 경계 너머의 새로운 생존 양식, 나아가 정체성의 원천으로 기능하는

장소가 된다.

이 시에서 환상은 비현실적인 몽상의 형태가 아니라, 현실 속에서 만들어지는 존재의 가능성과 대안적 삶의 감각으로 제시된다. 즉, 현실 너머에 존재하는 완전한 이상향이 아니라, 현실로부터 단절되지 않으면서도 현실을 낯설게 바라보고 다시 구성하는 사유의 공간이다.

결론적으로 김시종의 시는, 고정된 국경이나 정체성 범주로는 포착할 수 없는 주체의 내면 풍경과 그들의 '살아가는 장소'를 언어화하며, 현실을 기반으로 하되 그것을 전복하고 초월하는 방식의 '현실 기반의 환상 공간'을 문학적으로 제시하고 있다. 이로써 그는 경계 너머의 주체, 경계 자체를 삶의 조건으로 삼는 존재의 가능성을 탐색한다. 이처럼 경계를 넘어서고자 하는 화자는 경계를 초월한 새로운 장소 탐색을 시도한다.

> 언제였던가/아주 오래 전/여름도 끝나갈 무렵/혼자 여행을 간 적이 있다/이곳저곳을 돌아다니는 후/마지막으로/해변에 도착했다/석양이 질 무렵/바다 저편으로/새빨간 석양빛이 아름답게 빛나고/그 뒤에는/산처럼 모래언덕이 우뚝 솟아있었다/바닷물에/가만히 손을 넣어보기도 하고/무릎을 꿇고/조용히 꿇어앉아 있기도 했다
>
> — 윤건차,[26] 「추억」 전문

위 시에서 화자는 혼자 "이곳저곳을 돌아다니다가" 도달한 해변에서 조용히 석양을 마주한다. 이는 물리적 여정의 끝이자 정신적 사유의 시작점으로 기능한다. "가만히 손을 넣어보"거나 "무릎을 꿇고/조용히 꿇어앉아 있"는 행위는 외부 세계의 자극에서 벗어난 내면 지향적 태도를 상징하며,

---

26 윤건차(1944~) : 교토 출생. 도쿄대학 및 동 대학원 졸업. 한일관계사, 사상사 전공. 가나가와대학 교수. 일본어 시집 『여로』(1966), 『고립된 역사의식』(1990), 『재일조선인을 생각하다』(2001), 『겨울숲』(2009), 한국어 시집 『겨울숲』(2009) 등.

화자가 새롭게 도달한 장소는 단순한 물리적 공간을 넘어 자기 성찰의 계기를 제공하는 존재론적 공간으로 전환된다. 이처럼 시적 화자가 경험하는 장소는 정주 이전의 이주적 경로를 거쳐 도달한 결과로, 타지의 낯선 풍경이 오히려 심리적 안정을 제공하며 주체의 정체성 성찰을 가능하게 하는 내적 공간으로 기능한다. 이는 트랜스내셔널한 장소 경험이 단지 이동의 기록에 그치지 않고, 자기 존재의 본질을 응시하고 재구성하는 과정임을 보여준다.

> 나는 항상 흔들리기를 소망한다/예를 들어 자연에서 빌린 돌을 다소 인간적인 측면으로, 인공적으로 만들어진 철판을 반대로 자연적 측면으로 유인하는 방법으로 나를 흔들어본다./그렇게 하면 나와 돌과 철판의 조합은 제각각의 왜곡과 엇갈림이 일어나고 그곳에는 형언할 수 없는 공진(共振)의 세계가 펼쳐진다./나는 거역할 수 없는 떨림 속에서 흔들리지 않는 커다란 공간을 본다.
>
> ― 이우환, 「조각」 전문[27]

위의 시에서 제시되는 공간은 단순한 물리적 장소가 아닌, 예술적·존재론적 탐구의 산물로 이해될 수 있다. 화자는 "자연에서 빌린 돌"과 "인공적으로 만들어진 철판"이라는 상반된 물질 사이의 긴장과 교차를 통해 자신의 존재를 "흔들어보"며, 이질성 간의 조우에서 발생하는 "왜곡과 엇갈림"을 수용한다. 이러한 상호작용은 "형언할 수 없는 공진(共振)의 세계"로 귀결되며, 이는 단순한 조화나 일치를 넘어서는 감응과 진동의 상태이다. 화자는 이 공진의 상태 속에서 역설적으로 "흔들리지 않는 커다란 공간"을

---

[27] 이우환(1936~) : 경상남도 출생. 1956년 일본으로 건너감. 1960년대 후반부터 화가로서 국내외에서 작품 활동 시작. 2001년 제13회 세계문화상 수상. 시집 『멈추어 서서』(2001), 산문집 『시의 떨림』 등.

인식하며, 그것은 현실에 존재하는 장소가 아니라, 내면의 예술적 직관과 정서적 수용력에서 발생하는 비가시적이고 주관적인 공간이다.

이처럼 시적 자아는 '흔들림'을 긍정함으로써 고정된 정체성을 탈피하고, 상반된 요소들 간의 상호작용을 통해 새로운 의미를 구성한다. 이는 디아스포라적 혹은 트랜스내셔널한 존재들이 겪는 정체성의 유동성과 마찰, 그리고 그 안에서 탄생하는 제3의 공간과도 통한다. 따라서 이 시에서 드러나는 공간은 이질적인 정체성과 문화 사이에서 생성되는 상호 진동의 장이며, 혼종성과 흔들림을 수용하는 자아의 태도를 통해 구성되는 트랜스내셔널 정체성의 예술적 은유라 할 수 있다.

> 부유물의 파도가 자석처럼/밀려와 쌓이고, 쌓였다가 밀려가는/넓은 바다에 꿈틀꿈틀 떠오르는 섬이 되어/물고기도 조개도 전복도 눈물도 웃음도 하나의 동포로서 함께 하며/아아, 우리의 섬은 우리들 생의 공동체//섬은 어느덧 파도에 휩쓸리고/파도에 삼켜지고 파도에 침식되어/넓은 바다에서 출렁출렁 고독한 표류에/파도에 먹힌 꽃잎처럼/차례차례 몸을 던져온 우리들/야자열매에 익숙해지지 않는다는 것을 알면서/함께 바다에서 사라져갔다/어이! 우리들/파도를 타고 가까이에서 멀리에서/보이지 않는 곳에서, 바다 밑에서/우리들의 섬을 만드는 것이다 다시 한 번/맹그로브 뿌리로 단단하게 만드는 것이다/넓은 바다에 고독한 표류를 이어가는/어이! 우리들/어이! 우리들
>
> ─ 조남철, 「섬」 부분[28]

위의 시에서 화자가 그리는 공간은 고정된 지리적 장소가 아니라, 현실의 파도에 침식되고 해체된 뒤에도 "우리들"이 다시 만들어야 할 환상의 공동체적 공간이다. 시적 화자는 넓은 바다에서 "고독한 표류"를 이어가는

---

[28] 조남철(1955~) : 히로시마현 출생. 1975년 일본의 조선대학교 졸업. 시집 『연작시 바람의 조선』(1986), 『나무의 부락』(1989), 『따뜻한 물』(1996) 등이 있다.

디아스포라적 존재로서, 실체적 고향이 아닌 관계와 기억, 정서의 응집체로서의 섬을 재구성한다. 이 섬은 "물고기도 조개도 전복도/눈물도 웃음도 하나의 동포로서 함께 하"는 공간으로, 민족, 생물, 감정이 뒤섞인 혼종적 장소이다. 이로 인해 섬은 생물학적, 사회적 경계를 넘어선 트랜스내셔널 공동체의 은유가 된다.

그러나 이 공간은 파도에 "침식"되고 "사라져갔"으며, 그럼에도 불구하고 화자는 "보이지 않는 곳"에서 다시 "맹그로브 뿌리로 단단하게" 만들 것을 다짐한다. 이는 현실의 상실과 이산의 경험을 인정하면서도, 정체성의 주체로서 자신이 능동적으로 새로운 장소를 상상하고 구축하려는 의지로 해석할 수 있다. 결국 이 시는 물리적 귀환이 아닌 상상적 회복, 고정된 국가 정체성이 아닌 유동적·창조적인 공동체 정체성을 향한 갈망을 보여준다.

따라서 시 속 주체가 꿈꾸는 섬은 단순한 회귀의 장소가 아니라, 이질성과 상실을 내면화하고 극복하는 과정을 통해 형성되는 트랜스내셔널 정체성의 상징적 공간이라 할 수 있다. 이는 디아스포라 문학이 지향하는 공간의 재구성과 자아의 재서사화의 전형적인 예로 볼 수 있다.

4. 맺음말

재일조선인에게 있어 조국, 역사, 민족의 문제는 정체성 형성에 가장 핵심적인 정신사적 기반이었다. 이러한 문제의식을 문학적으로 형상화하는 작업은 곧 재일조선인 문학의 특수성을 구현하는 가장 효과적인 방법론으로 기능해 왔다. 지금까지 이루어진 재외 한인문학 연구는 대체로 '민족'이라는 담론에 종속시켜 이를 이해하고자 하는 경향을 보여왔다. 물론 이러한 관점은 재일조선인 문학의 총체적 이해를 위한 필수적 요소라 할 수 있으나, 한편으로는 해당 문학의 범주와 주제를 일정한 틀 안에 고정시키는 이데올로기적 장치로 작동하기도 하였다. 그 결과 재일조선인 문학에 대한 논의는 '재일'이라는 존재론적 특수성과 독자성에 대한 고찰보다는 조선어와 일본어, 남과 북, 민단과 총련 등 이념적 갈등의 구도에 초점을 맞추는 한계를 드러내었다.

이러한 한계를 극복하기 위해서는 언어, 민족, 국가라는 기존의 경계와 구획을 초월한 새로운 시각에서, '재일'이라는 구체적 삶과 실존의 조건에 기반한 주체의 시선을 통해 문학을 재해석할 필요가 있다. 전 지구화 시대의 문학을 이해하기 위해서는 더 이상 국민국가적 사유에 머물러서는 안 되며, 국가와 민족을 넘어선 탈영토적 사유와 해석이 요구된다.

이와 같은 문제의식 속에서 등장한 트랜스내셔널 인문학은 철학, 역사, 문학, 사회, 정치 등의 인문학적 탐구 대상을 더 이상 특정 국가나 민족의 경계 안에서만 고찰하지 않으려는 새로운 지적 흐름이다. 이는 국민국가 중심의 해석 체계를 넘어서, 오늘날 정치, 사회, 문화, 문학 전반에 걸쳐 나타나는 혼종성과 경계 횡단의 현상을 이해하는 데 유효한 방법론으로 작용한다. 특히 트랜스내셔널리즘은 재일조선인 문학과 같이 기존 민족국가 틀로는 온전히 포착할 수 없는 문학적 실천과 정체성의 서사를 해독하는 데 있어 중요한 이론적 단초를 제공한다.

시대적 변화에 따라 재일조선인 작가들의 문학적 주제 또한 변화해왔다. 초기에는 민족, 국가, 이념, 세대 간 차별과 소외와 같은 집합적이고 구조적인 문제들이 주를 이루었으나, 점차 언어, 가족, 고독, 개인의 정체성 등 보다 보편적이고 실존적인 주제로 이행하는 양상을 보이고 있다. 이는 재일조선인의 현실적 조건 속에서 비롯되는 개인의 내면적 고뇌를 문학적으로 형상화하고자 하는 경향이 강화되고 있음을 의미한다.

초국가적 트랜스내셔널리즘이 유의미한 가능성을 지닌다면, 그것은 단순히 국가 간의 공간적 이동이나 경계 횡단에 머무르는 것이 아니라, 보다 현실적이고 내면화된 가치와 경험에 대한 성찰적 접근을 지향하게 된다는 점에서 그 의의를 찾을 수 있다.

본 연구는 재일조선인 시에 나타나는 트랜스내셔널리즘의 특성과 그 의미를 고찰하는 데 목적을 두었다. 분석 결과, 경계의 공간에 위치한 시적 주체들은 자신이 처한 경계적 위치를 인식하고 수용함으로써 오히려 그 경계를 해체하거나 무화하려는 경향을 보였다. 이는 물리적 공간이나 장소의 경계를 초월하거나, 경계 자체를 소거함으로써 트랜스내셔널한 정체성을 구축하려는 양상으로 나타난다. 나아가, 특정 공간이나 장소를 실재의 공간을 넘어선 환상의 장소이자 충만한 상상적 공간으로 재구성하고자 하는 시적 사유 또한 확인되었다. 이러한 경향은 재일조선인 시문학에서 나타나는 트랜스내셔널한 주체 형성과 사유 양식의 한 단면이라 할 수 있다.

호주 한인 시문학의 트랜스내셔널리즘 양상

> 지명에 얽히지 않는 삶을 살고 싶었습니다. 소속에 대한 그리움이 어디에도 뿌리를 내리지 못하고 부유할 때, 어느 하나의 국가, 민족, 세대, 진영, 젠더에 속하지 않고 그저 내가 가는 행보와 자세로 남겠다고 마음먹었습니다. …뚜렷한 고향, 도착지가 없는 나는, 어디를 가나 고행이고, 어디를 가나 고향이 없는 유목민입니다. 굳이 따지자면 디아스포라와 코스모폴리탄 사이에 놓인 행인 1이 되리라.스스로 그렇게 칭하며 숨고 싶었습니다.
> — 수진, 2023년 제1회 시드니문학상 수상소감 중

1. 머리말

외교부의 통계에 따르면(2021년 기준) 세계 193여 개국에 약 732만 명의 재외한인이 거주하고 있다. 국내 거주중인 외국인은 불법 체류까지 포함하여 대략 224만 명(2022년 기준)을 넘어서는 것으로 추정된다. 국경을 허물고 경계를 넘나드는 현상은 전 지구적 자본화와 더불어 더욱 가속화될 수밖에 없는 현 상황에서 발생하는 이주자의 문제는 특정 소수민족 집단만의 문제가 아니라 근대 '이후'의 보편적인 삶의 문제다. 이처럼 국가나 민족이라는 개념과 영토를 횡단하는 주체들 역시 다양한 방식으로 확산되고 있다. 따라서 이들의 정체성의 형성 과정을 담은 문학 역시 다양한 방식으로 접근할 수 있다.

본 연구는 호주 한인 시문학을 해석하는 하나의 방법론으로서 트랜스내셔널리즘을 제시하고, 그 의미와 특성을 규명함으로써 경계인으로서의 정체성 의식이 나타나는 다양한 양상을 탐구하고자 한다. 트랜스내셔널리즘은 횡단국가적(cross-national), 초국가적(transnational), 통국가적(inter-national),

탈국가적(post-national) 의미를 포함하는 개념이다. 따라서 공간과 공간의 경계가 서로 얽혀 있거나 다양한 문화가 복잡하게 얽힌 양상을 명료하게 해주는 일종의 지역의 재개념화라 할 수 있다. 그러므로 트랜스내셔널 인문학이란 철학, 역사, 문학, 사회, 정치 등을 특정 나라의 경계 안에서만 바라보는 국민국가 패러다임을 극복하고자 고안된 개념을 넘어 국제 이주에서 파생되는 여러 사회 문화적 현상을 해석하는 한 방법으로도 쓰인다.[1] 이는 어느 특정한 국민국가의 관점이 아니라 국가의 경계를 넘어 좀 더 객관적인 시각에서 다양한 현상을 바라보자라는 학문적 제의라 할 수 있다.[2]

그간 진행된 해외 한인문학 연구는 디아스포라 패러다임이 중심이 되었다. 그러나 이 접근법은 '국가'나 '민족'이라는 정체성 틀에 지나치게 의존함으로써 한계가 드러난다. 디아스포라는 본래 분산과 공동체를 강조하며, '모국'으로의 귀환이라는 개념과 긴밀히 연결되어 있다. 즉, 디아스포라 연구는 '고향'이라는 원점 회귀의 정서를 전제로 하며, 이로 인해 현재 거주하는 장소와 그곳에서의 삶을 온전히 이해하거나 포용하는 데 제약이 따른다.

따라서 디아스포라 개념은 현재 생활하는 공간에서의 정체성 형성이나 사회적 경험을 충분히 반영하지 못하고, 오히려 그들을 타자로 바라보는 시각을 강화할 위험이 있다. 이는 해외 한인들이 실제로 겪는 다층적이고 복합적인 정체성, 즉 '고향'과 '현실적 거주지' 사이에서의 정체성 혼종성, 그리고 경계적인 삶의 양상을 간과하게 만든다.

결과적으로, 해외 한인문학 연구는 디아스포라 중심의 관점에서 벗어나, 장소성과 개별적 삶의 구체성을 중시하는 보다 포괄적이고 다원적인

---

1 이종원, 윤여탁, 「계승어 교육에서 윤동주 시의 활용 가능성-트랜스내셔널리즘의 관점에서」, 『문학교육학』, 한국문학교육학회, 2018, 272쪽.
2 강희진, 「아르헨티나 한인 시문학에 나타난 트랜스내셔널의 특징 및 의미」, 『어문연구』 111, 어문연구학회, 2022, 200쪽.

분석 틀을 모색할 필요가 있다. 이를 통해 해외 한인 개인의 복합적인 정체성과 경험을 보다 풍부하고 세밀하게 탐구할 수 있을 것이다. 한국어의 개념으로는 교포(僑胞)라는 말이 있는데, 이 역시 더부살이, 임시살이, 타관살이를 의미하는 교(僑) 자를 사용하여 언젠가는 고국으로 돌아와야만 하는 사람을 의미한다. 그러므로 자발적 이주를 하였던 사람들의 주체성을 몰각하고, 해외문학을 철저히 한국-서울 중심의 주변문학으로 전락시키는 오류를 범할 수 있다. 이에 반해 트랜스내셔널리즘에서는 모국과의 단절은 일어나지 않으며, 모국이라는 곳에 얽매이지 않는다. 다시 말해 두 개 이상의 국가에서 평행적 삶을 유지한다. 즉, 거주지와 모국 이 두 곳의 영향을 함께 받는다. 그러므로 '트랜스내셔널'은 "기존의 '디아스포라', '다문화주의' 등에서 충족되지 못한 어떤 부분에 대한 기대를 나타낼 수 있"으며 "근대의 민족국가적인 인식 틀로는 해석이나 예측이 불가능한 객관적 상황이나 주관적 인식"[3]을 읽어낼 수 있는 단서를 제공한다. 일테면 일국 중심의 국수적 정체성을 해체할 수 있다는 점, 자발적 이주민들의 삶이나 의지를 긍정하거나 있는 그대로 바라볼 수 있다는 점에서 트랜스내셔널 관점은 의의를 지닌다. 한편, 기존 탈민족주의는 국민국가가 존재한다는 점을 완전히 부정하지만 트랜스내셔널리즘은 국민국가의 존재를 인정하되 고정불변한 체제가 아님을 강조한다.

민족국가의 완강한 경계선이 무너지고, 초국가적 이동과 이주가 일상화되어가고 있는 현 시대에 해외 한인문학을 접근하는 방식 역시 좀 더 확장되어야 한다. 문학이 인간 삶의 구체적인 현실을 바탕으로 형성된다는 점에서, 작품의 내용과 형식, 그리고 경향이 시대적 변화에 따라 다채롭게 변

---

3 곽명숙, 「윤동주 문학 연구의 트랜스내셔널리즘적 가능성」, 『한중인문학연구』 37, 한중인문학회, 2012, 206~208쪽.

모하는 것은 필연적이다. 새로운 정착지에서 자신의 타자성을 인식할 수밖에 없는 상황에서는 그러한 정체성의 표출 양상 또한 다양한 방식으로 나타날 수밖에 없다. 이에 따라, 서로 상이한 조건과 맥락, 형태와 기원을 지닌 해외 한인문학 전체를 단일한 '디아스포라 문학'이라는 범주로 일괄적으로 규정하는 것은 적절하지 않다.

따라서 본 연구는 기존의 국가 중심적, 민족 중심적 접근에서 벗어나, 호주 한인 시문학을 분석하는 새로운 시각으로서 '트랜스내셔널' 관점을 제시하고자 한다. 이를 통해 시 속에 드러난 주체의 트랜스내셔널한 특성과 그 함의를 심층적으로 고찰하고자 한다. 이를 위해 먼저 호주 한인문학의 형성 및 기존 연구사 검토를 개괄한 후 호주에서 발간된 문학잡지 『호주한인문학』 창간호(2002), 『호주한인문학』 제2집(2003), 『호주한인문학』 제3집(2006), 『문학과 시드니』 창간호(2021), 『문학과 시드니』 제2호(2022), 『문학과 시드니』 제3호(2023)[4]에 수록된 작품의 일부를 분석의 대상으로 살폈다.

2. 호주 한인 시문학의 형성

외교부 재외동포 현황(www.mofat.go.kr)에 의하면 재호주 한인은 2022년 12월 158,103명으로 집계되고 있다. 호주는 미국, 중국, 일본, 캐나다, 러시아, 우즈베키스탄에 이어 한국인 이주 및 이민자가 많은 지역이다. 한인의 호주 이민은 1956년 11월 호주인 가렛(Richard Garrett)과 결혼한 곽묘임이 이듬해 호주에 정착한 것이 그 시작이다. 1961년 양국 수교 이후 영연방 국가들의 아시아 원조계획인 '콜롬보 계획(Colombo Plan)'에 의해 국비 유

---

[4] 2023년 7월 13~14일 한국문학번역원에서 개최한 '미주 권역 디아스포라 한글 문학 교류 행사'(미국 LA 한국문화원)의 '디아스포라 문예지 워크숍'에서 '새빛상'을 수상하였다.

학생 신분이었던 김동호(Don'o Kim), 우제린은 학업을 마친 후 정착한다. 공식적인 첫 이민자는 1968년에 이주 정착한 최영길 가족으로 알려져 있다. 1968년 이들을 포함하여 호주 경찰관 무술 교육을 위해 정식 초청을 받아온 태권도 사범들을 중심으로 '호주한인회'(현 시드니한인회)가 결성되면서 호주 지역에 한인사회가 형성되었다.[5]

현재 호주 내 한인들은 시드니를 비롯한 주요 도시들에 거주하며 다양한 분야에서 활발히 활동하고 있다. 특히 한국어로 문학 활동을 하는 인구도 점차 증가하는 추세이다. 각 문학 동인 모임도 활발하게 이루어지고 있다.[6] 호주 한인문학은 1989년 5월 시인 윤필립과 아동문학가 이무에 의해 시드니에 '재호문인회'가 결성된 것을 시작으로 삼는다.[7] 이후 2002년 '호주한인문학회'가 결성되었고 2021년 10월 시드니를 중심으로 한인 문인들이 '시드니한국문학작가회'를 결성하고 종합 문예지 『문학과 시드니』를 창간하였다. 이 책은 연 1회 발간하는 비정기간행물로 2024년 10월 4호가 발간되었다. 그동안 각 문학 단체별로 동인지 발간은 지속적으로 있어왔지만 종합 문예지로는 처음이라는 의의를 갖는다.

더불어 한인 신문의 탄생도 주목할 만하다. 1990년 창간한 『호주동아일보』는 1993년 '재호문인회'(1989년 결성)와 함께 '동포문예 공모'를 실시했다. 이 신문을 계승한 『한호일보』도 2017년 '신년문예'를 만들어 문예 공모전을 이어가고 있다.

---

[5] 본고의 한인 호주 이민에 관한 내용은 『호주한인50년사』(도서출판 진흥, 2008.1)을 토대로 한다.
[6] 현재 호주 내에는 호주한인문인협회, 글무늬문학사랑회, 동그라미문학회, 시동인 캥거루, 퀸즐랜드문학회 등 한글 문학 단체가 있으며 이 중 가장 많은 작가군 양상을 보이는 것은 수필장르다.
[7] 이승하, 「30년 호주 한인문학사(3) 1. 호주 교민 문학 단체의 첫 출범」, 『한호일보』, 2020.5.21.

그간 국내에서 이루어진 호주 한인 시문학의 선행연구는 다음과 같다. 김정훈, 송명희는 호주 한인들은 자신이 지니고 있던 한국인으로서의 경험과 정체성을 포기하려고 하지 않는 특이한 성향을 보인다고 보았다. 이들에게서는 고국과의 단절 및 포기, 정체성의 재정립 현상이 약화되어 이민자로서의 일정한 의식의 분리와 단절이 일어나지 않고 있다는 점에서 매우 특이한 현상이라 보았다. 이로 인해 이들은 거주국과의 심정적 동화에 어려움을 느끼게 되고 개인적 소외감과 부적응, 이민자간의 갈등 등을 그리고 있다고 보았다.[8] 이명재는 2013년 여름까지 시드니에서 계속 간행되고 있는 한글문예지를 비롯한 전 작품과 문인들의 한국 내 출판물 모두를 포함하여 시와 소설, 수필을 살폈다. 그 특징으로는 디아스포라적 삶의 서사로 작품 소재나 제재상의 특색으로 현지에서 디아스포라 같은 타자로서 느껴온 소외의식과 좌절감 및 짙은 비애감이 두드러져 있다고 보았다. 또한 많은 시들이 모국의 과거와 호주의 현재, 즉 두 개의 시공간을 회상으로 연결해서 원초적인 삶의 뿌리와 선을 대고 있으며, 그것이 짙은 향수의 치유로 닿고 있다고 보았다. 마지막으로 경계인으로 사는 이민자의 인물성격이 현지 사회에 적응하기에 숱한 갈등과 시행착오 속에서 이루어지는 점을 들었다.[9] 윤정헌의 「호주 한인문학 연구」[10]는 호주의 한인문학을 운문과 산문으로 나누어 고찰하고 있다. 이 논문은 오늘날에는 구하기 어려운 초창기 한인 문인들의 소식지 『재호(在豪) 한인문인협회』를 비롯하여, 당시의 팸플릿, 윤필립, 돈오 김 같은 문인들과의 인터뷰 등을 자료로 호주 한인문

---

[8] 김정훈·송명희, 「호주 한인 시문학 연구」, 『한국문학이론과비평』 Vol.50, 한국문학이론과비평학회, 2011.

[9] 이명재, 「오세아니아주 지역의 한글문단 : 호주 시드니를 중심으로」, 『한국문학과예술』 제12집, 한국문학과예술연구소, 2013.

[10] 윤정헌, 「호주 한인문학 연구」, 『한민족어문학』 37, 한민족어문학회, 2000.

학 전반을 개괄하고 있다. 그러나 호주 한인문학 전반을 개괄적으로 설명하면서 시문학을 간략히 소개하는 데 그치고 있어 시문학에 대한 본격적인 논의라 하기에는 아쉬움이 남는다. 같은 저자의 「중앙아시아 한인문학 연구 : 호주 한인문학과의 대비를 중심으로」[11]에서는 중앙아시아 한인문학의 전개과정을 살핀 후 호주 한인문학과의 대비를 통해 지역적 특성에 따라 제재의 차별성을 가질 뿐 민족 정체성의 탐구라는 공통의 명제를 지향하고 있음을 밝혔다. 그러나 이 글의 대부분은 중앙아시아 한인문학에 대한 논의가 주를 이루고 있다는 아쉬움을 준다.

이외로 꾸준히 해외 한인문학 연구를 이어가고 있는 이승하의 「호주에서 사는 이들의 애환을 노래하다 – 윤필립론」과 「디아스포라 한글 문학장과 문예지의 역할」[12] 등의 글은 호주 한인문학을 이해하는 데 큰 도움을 준다.

살펴보았듯이 그간의 호주 한인 시문학 연구는 2000년 초반에 머물러 있다. 그러나 현재 호주 한인문학은 다양한 문학잡지의 발간과 여러 시인들의 시집 발간이 국내에서 지속적으로 이루어지는 등 질적, 양적으로 성장하고 있다.[13] 이에 본 논문은 선행연구의 성과를 계승하면서, 호주 한인 시문학에 나타나는 다양한 양상 중 하나를 트랜스내셔널의 특징과 의미로 접근을 시도하여 살펴보고자 한다.

트랜스로컬리티는 주체가 단순히 경계를 넘나드는 문제만을 의미하지 않는다. 이것은 인적, 물적, 세계관, 정서, 이데올로기, 정체성 등이 상호

---

11 윤정헌, 「중앙아시아 한인문학 연구 : 호주 한인문학과의 대비를 중심으로」, 『비교한국학』 Vol.10, 국제비교한국학회, 2002.
12 [이승하 : 화가 뭉크와 함께 이후] 네이버 블로그 https://blog.naver.com/PostList.naver?blogId=shpoem
13 일례로 국내에서 최근 발간된 시집으로는 김오, 『캥거루의 집』, 시평사, 2005; 김오, 『플래밍턴 고등어』, 천년의 시작, 2018; 윤희경, 『대티를 솔티라고 불렀다』, 천년의시작, 2021; 김인옥, 『햇간장을 달이는 시간』, 실천문학사, 2021 등이 있다.

연결되고 접합되고 접촉 관계성과 장소성, 정체성을 아우르는 개념이라 할 수 있다.[14] 따라서 트랜스로컬리티는 어떤 고정된 장소에 거주했던 구성원들이 지리적 이주를 통해 기존에 품고 있던 소속감이나 특성을 매몰시키지 않고, 자신의 기원과 관계의 맥락을 가로지르면서도 새로운 장을 재구성하는 과정에 주목한다. 이때 트랜스내셔널 주체의 이주는 단순히 장소 이동이라는 의미를 넘어 의식과 정체성에 변화를 가져온다. 경계를 넘으며 사는 트랜스내셔널 이주민들은 새로운 거주국에서 새로운 관계를 형성하고자 하면서도 여전히 자신이 태어난 혹은 모국이라 일컫는 국가와의 연결성을 지속하고자 노력한다. 그러므로 두 국가 모두를 포함하는 초국가적 사회 영역 속에서 살게 된다. 이러한 경험은 서서히 이주자의 정체성을 트랜스내셔널한 정체성으로 변화시킨다.

　주지하듯이, 호주로 이주한 한인들은 대체로 자발적인 이주자로서 더 나은 삶을 위해 국경을 넘어 자유롭게 이동할 수 있는 주체로 이해될 수 있다. 물론 이들 역시 이주민으로서 고국과 고향에 대한 향수를 지니고 있으나, 이주 상황을 고려할 때 그들이 그리워하는 공간과 장소는 대한민국이라는 국가 체계보다는 개인적 기억에 기반한 장소가 중심을 이룬다. 또한, 이러한 향수의 대상이 반드시 고국에서의 경험이나 유년기에만 국한되지 않는다는 점 역시 주목할 필요가 있다. 따라서 호주 한인 작가들이 작품 내에서 로컬 공간과 장소를 어떻게 형상화하는지 고찰하는 것은 중요한 연구과제로 여겨진다. 장소 및 공간은 인간의 삶, 나아가 자아정체성까지도 형성할 수 있는 요소라 보았을 때 작가의 정체성은 장소 및 공간 경험과 연결될 수밖에 없다.

14　강희진, 「브라질한인문학에 나타난 트랜스내셔널의 특징 및 의의」, 『한국문학과 예술』 제44집, 한국문학과예술연구소, 2022, 193쪽.

3. 공간의 전유와 트랜스내셔널

디아스포라 해외 한인문학 논의는 기원지에 입각해 민족성이라는 추상적 담론을 중심과제로 삼는 데 비해 거주지에 입각한 공간의 논의는 생활지의 구체적인 로컬리티를 그대로 반영한다. 인간은 공간과 장소라는 구체적 개념을 바탕으로 존재를 자각한다. 즉, 공간과 장소에 대한 새로운 의미망을 재형성하는 과정에서 의식과 정체성의 변화가 드러난다. 이주는 보다 나은 생활 환경을 찾아 거주지를 이전하는 행위로 정의될 때, 이주자에게 자신이 위치한 공간과 장소의 문제는 필연적으로 중대한 의미를 내포한다. 일반적으로 우리는 공간과 장소에 대해 크게 구분 짓지 않으나 공간과 장소는 다르다. 이푸 투안(Yi-Fu Tuan)에 의하면 장소에는 경험과 추억이 있다. 따라서 사람에게 애착과 기억이 남아 있는 곳은 '장소(Place)'이다. 장소에는 추억이 배어 있다. 반면 그렇지 않고 유동적이고 상대적으로 무의미하한 곳을 '공간(Space)'로 정의하였다. 공간적 사고에는 시간이 배제되어 있다.[15]

호주 한인 시문학에서 구체적인 트랜스내셔널한 상황은 거주 공간을 '장소'로 형상화하는 데 있어서 환상성을 지닌 곳으로 그려내는 데 그 함의를 찾아볼 수 있다. 다음 시에서는 화자의 낯선 공간에 대한 장소로의 전유 과정에서 드러나는 '낭만적 이상향' 의식을 엿볼 수 있다.

혼자 유학 온 아이들/부모 손잡고 온 아이들/넘어지며 일어서며 간다//먼저 온 사람들 벤치에 앉아/나중 오는 사람에게/잘 구워진 햇살을 나누어준다/몸에 바르며 머리에 꽂으며/가방에 집어넣고 조금씩 떼어먹으며/

---

15 김덕삼, 「이푸 투안과 제프 말파스의 '장소'에 관한 연구」, 『인문과학연구』 제39집, 인문과학연구소, 2020, 177~178쪽.

서로 어깨를 기대고/지금 여기를 향해 오고 있는 사람,/그 사람을 기다린다//비둘기와 갈매기가/똥을 갈겨 놓은 곳 비켜 앉아/Min과 Jhon은 카프치노 커피를 마시고/노인들 싱글거린다/기차소리를 좇으며 아가들 야물어간다/아장아장 걷는다 담박질한다//천 개의 눈을 뜬 플라타너스 나무 아래에서/단내 나는 가슴 말아 접고/유월 월드컵 함성을 거머쥐기도 하며 집으로 간다.

— 김소은, 「스트라스필드 광장」 전문[16]

해외 한인문학에서 흔히 관찰되는 특징 중 하나는 삶의 현실을 긍정적으로 재구성하고자 하는 욕망이다. 김소은의 「스트라스필드 광장」은 이를 잘 보여주는 사례로, 시는 다양한 세대와 배경의 인물들을 호명하며 시드니 한인타운이라는 공간을 낭만적이고 평화로운 '장소'로 형상화한다. '혼자 유학 온 아이들', '부모 손을 잡고 온 아이들', '먼저 온 사람'과 '나중에 오는 사람'이 어우러져 서로를 기다리고 지지하는 모습은 단순한 물리적 공간을 넘어, 공동체적 연대와 정체성의 형성을 드러낸다.

이와 같은 '우리'의 서사는 단절된 국경을 넘나드는 이주민들의 삶에서 나타나는 트랜스내셔널한 정체성의 특성을 반영한다. 즉, 시드니 스트라스필드 광장은 단순한 이방인의 거처가 아니라, 다층적인 '우리'의 기억과 경험이 집적된 장소로 자리매김하며, 이곳에서 개인들은 고유한 정체성을 유지함과 동시에 새로운 공동체적 연대를 구축한다.

이는 트랜스내셔널리즘 이론에서 강조하는 국적과 민족을 초월하는 정체성 형성과 공간의 재구성이라는 개념과 맞닿아 있다. 따라서 위의 시는 한인 이주민들의 '영토화' 과정이자, 공간을 '장소'로 전유하여 자신의 정체성과 공동체를 실현하는 트랜스내셔널한 문화적 실천으로 해석할 수 있다.

---

[16] 호주한인문인협회, 『호주한인문학』 3집, 2006, 61쪽.

> 달이 뜨면/어김없이 비상하는/칼 팔일이편이/느린 달빛 꽁무니를 잡으려고/안간힘을 쓴다/마침내 내 손안에 잡힌 검푸른 하늘 바다//멀어져 가는 불빛 속에/떠도는 섬이 닻을 올리고/어디선가 부-우 하는/부시맨의 퉁가 소리가 들린다/다섯 살 연수가 태어난 맨리를 향해서/오페라 하우스 인근 선착장/서큘라 키를 출발하던 그 뱃고동 소리/게테스 슐레져의 다섯 번의 종소리가 울리고/시드니 하버를 넘어가는/딸아이의 웃음소리가 들린다//어디선가/구름 조각들이 내 손바닥에 고인다/사랑스럽고도 낭랑한 노랫소리가 들린다
>
> — 하란사, 「시드니 연가」 전문[17]

위 시에서 '시드니'라는 공간이 불러일으키는 정서는 "부시맨의 퉁가 소리"와 조화를 이루며, 호주에서 태어난 "딸아이의 웃음소리"가 들리는 삶의 현장으로 그려지고 있다. 또한, "구름 조각들이 내 손바닥에 고인다"는 표현은 사랑스럽고 청명한 음율과 함께 공간의 조화로움을 강조한다. 시인은 이국적 풍경과 호주 특유의 지명을 활용하여, 공간을 지나치게 환상적이거나 낭만적으로 묘사하는 경향을 보이고 있음을 확인할 수 있다.

> 한 발 내고 걸어 온 길/거칠다 돌아 가고파/마음을 돌려보지만/걸어온 내 길/알 수가 없다//휘청이는 몸을/다시 세운 채/함박꽃을 내고/이슬꽃도 피우면서/하늘로 오른다//돌부리,/들가시,/폭포에 젖어/자아를 벗는다/하나/둘/바쁜 심장소리/어지러운 현기증은/생명의 노래/꿈을 품은 몸짓으로/새하늘에 이른다
>
> — 정민선, 「블루마운틴에 오르던 날」 전문[18]

시드니 서부에 위치한 블루마운틴산맥은 화자에게 "휘청이는 몸"을 다

---

17 호주한인문인협회, 『호주한인문학』 2집, 2003, 56~57쪽.
18 위의 책, 69~70쪽.

시 세우게 하는 지지점이자, "자아를 벗"는 탈출구로 기능한다. 이 공간은 단순한 물리적 장소를 넘어 "생명의 노래"와 "꿈을 품은 몸짓"을 가능케 하는 새로운 장소로 전유되고 있음을 알 수 있다. 화자는 공간을 단순한 배경으로서가 아니라, 자아정체성 형성과 치유의 장소로 적극적으로 전유하는 의지를 드러내며, 이러한 경향은 다음 시에서도 확인된다.

> 길 없는/숲으로 가면 맑은 빛/너울너울 날아다니는/유혹을 볼 수 있으리라//꽃씨 하나/뿌리지 않는 사람들/캥거루, 구아나, 이무를 쫓다가/순 녹빛 바람이 일어나는/빌라봉 물길에 기대면/어머니의 세월 오만년/솟는 생명이 거기에 있어//회색의 길 옆에서/잠들던 아이들/코로볼리 춤을 보다가//칠색 비단뱀/얼굴에 그리고/기나긴 축제를 시작한다//길 하나/만들지 않는 사람들/길을 두고도/노턴 테리토리 향해/부메랑 날리며 돌아가다가//불씨 하나/숲에서 끄집어내/축제를 준비하는/유혹을 만날 수 있으리라
> ― 김오, 「아보리진의 마을」 전문[19]

시 속에서 그려지고 있는 공간은 "아보리진의 마을"이라 일컫는 "노턴 테리토리"라는 곳이다. 이곳은 호주 북부에 위치한, 호주 원주민인 아보리진들이 문명과 단절된 채 거주하는 지역으로 알려져 있다. 아보리진은 동남아시아에서 약 5~6만 년 전 육로를 통해 호주에 이주한 것으로 전해진다. 시 속 화자는 호주 원주민 언어로 '물웅덩이', '연못', '호수'를 뜻하는 '빌라봉(billabong)'이라는 공간에서 "유혹"과 같은 "어머니의 세월 오만 년 솟는 생명"이 충만한 원시 자연의 신성함을 체험한다. 이 과정에서 해당 공간은 단순한 물리적 장소를 넘어 특별한 의미를 지닌 '장소(place)'로서 전유된다.

---

[19] 호주한인문인협회, 『호주한인문학』 창간호, 2001.11, 40~41쪽.

특히 시에서는 환상적이고 낭만적인 서사성이 두드러지는데, 이는 공간의 영토화와 장소화 과정에서 '서사성', 즉 '시간성'이 강조되는 결과이다. 일반적으로 시는 현재형을 주로 활용하지만, 이주민 문학에서는 자신의 이야기를 드러내고 정체성 및 거주지의 정당성을 주장하기 위해 과거와 현재를 아우르는 시간적 서사를 내포하는 경우가 많다. 따라서 본 작품은 전형적인 서정시와 달리 특정 목적을 지닌 서사적 특성을 지닌 작품이라 할 수 있다.

이상 살펴보았듯이 작품 속 호주의 자연 풍경이나 인물들은 낭만적 이상향으로서의 모습으로 그려지고 있다. 호주 한인 대부분이 자발적인 이주 주체였음에도 불구하고 이주 후 문화적 혼종지에서 주변과 현실, 이상 사이에서 갈등을 겪기 마련이다. 그런 이유로 그들은 로컬에서 또 다른 로컬의 장소를 찾고자 하는데 이는 무의미한 공간을 특별한 장소로 만들고자 하는 일종의 '영토화' 혹은 '공간의 전유'가 이루어진다. 따라서 낯선 공간을 낭만적이거나 평화로운, 때로는 과도하게 신비로운 장소로 묘사하고 있다. 인간의 욕망은 현실적으로는 망각과 배제의 형식으로 은폐되고 억압되지만 문학의 영역에서는 종종 환상의 형식을 통해 충족과 도피를 추구함으로써 그 실체를 긍정하고 대립적 해소를 지향한다. 즉 그 환상은 존재에 새롭게 의미를 부여하고자 하는 능동적인 활동으로 심리적으로 억압되었던 욕망을 충족시키고자 하는 표현 방법 중 하나라 할 수 있다. 즉, 작품 속 공간은 현실에 바탕을 둔 곳이긴 하지만 주체의 조각난 정체성이나 거주하는 곳의 낯선 문화 등을 하나로 통합하는 기능을 하는 일종의 환상의 장소라 할 수 있다.

한편, 인간의 욕망은 현실적으로는 종종 망각과 배제의 형태로 은폐 및 억압되지만, 문학 영역에서는 환상적 형식을 통해 이를 충족하고 도피함으로써 욕망의 실체를 인정하고 대립적 긴장을 해소하고자 한다. 즉, 이러한 환상은 존재에 새로운 의미를 부여하려는 능동적인 시도로서, 심리적 억압에 묶여 있던 욕망을 표현하는 하나의 방법론으로 볼 수 있다. 따라서 작품 내 공간은 현실을 바탕으로 하면서도, 주체의 분열된 정체성과 낯선 문화적 환경을 통합하는 기능을 수행하는 일종의 환상적 장소로 해석될 수 있다. 이처럼 호주 한인문학에서 나타나는 환상적 장소는 단순한 낭만화된 공간을 넘어, 트랜스내셔널리즘의 핵심인 '다중적 소속감'과 '문화적 혼종성'을 구현하는 문학적 장치로 이해할 수 있다. 이는 이주민이 경계를 넘어 다중의 장소와 정체성을 유연하게 오가며 새로운 존재 양식을 모색하는 과정을 반영한다고 볼 수 있다.

4. 공간의 환상성과 트랜스내셔널

시간을 머금고, 애착과 기억이 남아 있는 곳을 '장소', 유동적이고 상대적으로 무의미한 곳을 '공간'이라 했을 때 낯선 로컬 공간에 대한 환상은 거주지의 가치와 정서, 문화적 상황과 갈등과 좌절을 겪는 과정에서 방해를 받고 결핍을 느끼게 되는 '장소'로 변한다. 그 과정을 통해 화자는 공간과 장소를 재인식하고 그 과정에서 자신이 처한 현실을 직시하게 된다.

> 상처받지 않은 사람은/먼길 떠나기지 않으리니//시드니는…슬픈/질문을 하지 않는 도시/가진 건 꿈밖에 없어/잃을 것도 없었던…슬픈/짐승들이 아니었더냐//시드니 김씨, 멜번 박씨의/시조(始祖)들이 되어, 통째로/뿌리 뽑힌 핏줄이 아니었더냐//남국 땅 만리허(萬里虛)에/혼자 술 마시다가 잠든/지친 길손들이 아니겠느냐//먼 後日을 두런거리며/떨어져, 푹 썩어져야 할/모진 알몸들이 아니겠느냐//무지갯빛 환상, 그/뒤에 숨어있는 시드니
> ─ 윤필립, 「시드니의 한국인들」 전문[20]

---

20 위의 책, 25쪽.

어떤 연유든 간에 자발적 이주 주체였던 호주 한인에게 시드니라는 공간은 "슬픈 질문을 하지 않는 도시"이다. 그러나 "가진 건 꿈밖에 없어/잃을 것도 없었던" 그들이 환상의 낯선 곳에서 마주한 일상은 "혼자 술 마시다가 잠"이 드는 "슬픈 짐승" 같은 김씨나 멜번 박씨의 현실이다. "무지갯빛 환상, 그/뒤에 숨어있는 시드니"를 인식하게 된다. 이곳도 저곳도 아닌 공간, 즉 경계선에 서 있는 것이란 제대로 된 장소를 갖지 못했다는 것, 또는 그 장소까지 갈 길을 아직 찾지 못했다는 문제로 이어진다. 이들이 택한 것은 모국으로의 귀환도 아니고 정주국으로의 동화도 아닌 주변인, 혹은 경계인의 자세를 유지하는 것으로 드러난다. 이는 스스로를 "우아한 날개짓을 하지 못하는 박쥐", "위태롭게 매달려 있는 거미", "먹어도 먹어도 한숨에 체해/보름달 환한 하늘 밭에 나가지 못하"는 "바퀴벌레", "딱따구리에게/가슴을 찍히면서도 얼굴을 찌푸리지 말아"야 하는 "유칼립투스", "뼈만 남은 물고기", "굳은살 박힌 가느다란 실뿌리"인 "마삭줄" 등으로 변주되어 나타난다. 이들은 주로 고통스러운 감각을 표현하는 이미지로 결국 자신의 욕망을 실현하는 것이 현실적으로 불가능에 가깝다는 것을 전제한다. 즉 호주 사회에서 살아가는 많은 한인 이주민이 겪는 사회적 좌절로 읽을 수 있다.

> 어지러워/세상이 너무 빨리 변하고 있어/어두컴컴한 동굴은/더 이상 싫어/날카로운 햇살/바늘처럼 온몸에 꽃혀도/시신경이 마비되어 다시는 볼 수 없다 하여도/밝은 햇볕 아래/당당하게 날개를 펴고 싶은,/비록 우아한 날개 짓은 하지 못하지만/거꾸로 매달려 세상을 보면/바로 돌아가는 듯,/고정관념을 버려야 해-(중략)
>
> ― 한혜진, 「박쥐」 부분[21]

---

[21] 호주한인문인협회, 『호주한인문학』 제3집, 2006, 49쪽.

화자는 급격한 세상의 변화에 의해 혼란과 불안을 경험하며, "어두컴컴한 동굴"과 같은 현실에 적응하지 못하는 모습을 드러낸다. 그럼에도 불구하고, "밝은 햇볕 아래 당당하게 날개를 펴고 싶"다는 욕망을 인식하며, 이는 고통 속에서도 현실을 직시하고자 하는 분명한 자아의식을 반영한다. 화자가 자신의 위치와 정체성을 자각한 후 선택한 전략은 "고정관념을 버리는 것"으로, 이는 주체가 기존의 한계를 극복하고 새로운 가능성으로 나아가려는 태도를 의미한다.

> 혹스턴 파크 공장에는 식성 좋은 바퀴벌레가 산다//저벅거리는 발자국 안주 삼아/똥 딱지 떼어내며 흘린/꽃씨 같은 클리너의 눈물 홀짝거리며/지프에 취해 비틀거리다가/먹을 것 하나 없는 사무실에서 죽음 같은 잠을 잔다//얼마나 가진 줄 모르는 펜대 쥔 손/거만하게 흘린 오줌 줄기로 목을 적시면/어느새 가을 님 가시는 소리/까무룩 그렁거리는 유령의 수군거림/연주처럼 달콤하다//혹스턴 파크 공장의 바퀴벌레는/먹어도 먹어도 넘치는 한숨에 체해/보름달 환한 하늘 밭에 나가지 못한다/여기가 천국이었던가 아니었던가//곰팡내 터지는 혹스턴 파크의 가을/오늘도 배가 부풀어 오른다.
>
> ─ 김운희, 「혹스턴 파크의 바퀴벌레」 전문[22]

"곰팡내 터지는" 곳이자 "혹스턴 파크 공장"에 서식하는 "식성 좋은 바퀴벌레는" 다름 아닌 화자를 의미한다. 화자는 "얼마나 가진 줄 모르는 펜대 쥔 손/거만하게 흘린 오줌 줄기로 목을 적시"며 "사무실에서 죽음 같은 잠을 잔다". 화자는 먹어도먹어도 넘치는 한숨에 체해 있기 일수다. 게다가 달 뜬 밤까지 야근을 해야만 하는 화자에게 "혹스턴 파크 공장"은 더 이상 환상의 공간이 아니다. "여기가 천국이었던가 아니었던가" 스스로에게

---

22 시드니한국문학작가회, 『문학과 시드니』 창간호, 2021, 60쪽.

묻게 만든다. 이는 고통스럽고 혼란스러운 현재의 공간에서 삶을 모색하며 자신의 서사를 구축하는 것으로 나아간다.

> 먼 거리를 날아서 다녀온 듯/뼈만 남은 물고기 한 마리 침실 허공에 걸려 있어요//마지막까지 가쁜 숨을 퍼 올렸을 붉은 아가미/턱뼈 비스듬히 꽂힌 낚시 바늘의 비명은/탁본 되지 않았어요//결 고운 항구에 닿기를 고대했을 그믐의 열정//돌아누운 당신의 마른 등에서/별자리를 따라 지중해식 사랑을 찾아가는 물고기의 전생이 보여요/내 몸 깊은 곳을 유영하듯/하짓날 북회귀선을 통과하던 지느러미는 그림자도 뜨거웠지요//정오의 꿈은 새기고 싶은 문신을 낳고/오후 4시의 진실은 지우고 싶은 문신이 되기도 해요//앙상하게 남은 당신의 바람벽/계절을 비껴 적도를 넘어온 무채색 몸통 아래로/가득 고이는 이생의 비린내//부르르 어깨를 어루만지는 몽정 끝에/바다를 태운 당신이 파닥파닥 붉은 날개를 펴요
> ― 유금란, 「물고기 탁본」 전문[23]

「물고기 탁본」은 호주라는 특정 공간적 배경을 바탕으로 하면서도, 다양한 상징과 비유를 통해 개인의 정체성과 트랜스내셔널한 경험을 서사화하는 작품이다. 시 속에서 '붉은 날개의 물고기', "지중해식 사랑", "북회귀선" 등은 단순한 지리적 표상을 넘어 이주민의 다층적 정체성과 복합적인 정서 상태를 반영한다.

물고기는 본래 별자리를 따라 지중해 지역에서 자유롭게 헤엄치던 존재로 묘사되며, 이는 이주의 근원적 기억과 이상향을 상징한다. 그러나 결국 "뼈만 남은 물고기"로 변해 "침실 허공"이라는 제한적이고 현실적인 공간에 걸리게 되는 모습은, 트랜스내셔널 주체가 경험하는 현실적 제약과 고립을 은유한다. 이로써 이상과 현실 사이의 간극, 즉 이주 과정에서 겪

---

[23] 시드니한국문학작가회, 『문학과 시드니』 제2호, 2022, 56~57쪽.

는 정체성의 분열과 갈등이 시적으로 드러난다. 시의 마지막 구절인 "바다를 태운 당신이 파닥파닥 붉은 날개를 펴요"는 현실적 고통과 한계를 인정하면서도, 여전히 내재된 생명력과 희망을 표현한다. 이는 트랜스내셔널리즘에서 강조하는 '다중적 소속감'과 '재구성되는 정체성'의 가능성을 시사한다. 즉, 이주는 단순한 공간 이동을 넘어 기존 정체성과 경험을 포괄하며 새로운 삶의 의미를 창출하는 과정임을 보여준다.

따라서 「물고기 탁본」은 트랜스내셔널 주체가 경계와 공간을 넘나들며 겪는 정체성의 복합성과 그에 따른 내면적 갈등, 그리고 그럼에도 불구하고 끊임없이 미래를 향해 나아가려는 의지를 문학적으로 구현한 작품이라 할 수 있다.

낭만주의적 경향을 지닌 작품들은 종종 노동 현실이나 고통스러운 현재 상황을 은폐하는 경향을 보인다. 이러한 점은 해외 한인문학이 내포하는 한계이자 잠재적 위험 요소로 작용한다 할 수 있다. 그러나 앞서 살펴본 시편들은 공간을 이국적이고 이채로운 이미지로 묘사하면서도, 동시에 그 공간 속에 내재한 고통스러운 감각을 주된 표현 양상으로 드러내고 있다. 이러한 고통의 이미지는 단순한 부정적 서술을 넘어서, 공간의 환상성을 함의하며 주체가 정체성을 재구성하고자 하는 내면적 각성을 반영한다. 즉, 고통과 환상이 교차하는 공간은 개인의 정체성 형성 과정에서 중요한 심리적·문화적 자원이자 표현의 장으로 기능하고 있음을 알 수 있다.

5. 자의식의 발현 장소와 트랜스내셔널

국가나 민족, 고국에 대한 그리움의 양상은 기존 해외 한인문학을 해석하는 데 기본 틀이 된 것은 사실이다. 그러나 세대와 시대가 지남에 따라 문학의 정서의 범위와 내용은 확장되고 있다. 따라서 해외 한인문학 담론은 국가중심성에서부터 벗어나야 한다. 상상의 공동체인 국가를 기본 단위로 해외 한인문학을 바라보는 한 문학이 지닌 다양성, 실천성은 묻혀버리기 쉽다. 또한 기존의 해외 한인문학의 논의에 있어 기원지 중심의 사고에서 벗어나 현재 이주자의 거주지(정주국) 중심의 관점에서 바라보는 시선이 필요하다.

다음 시에서는 앞서 논의된 '장소' 개념과는 차별화된 '장소'의 이미지가 드러난다. 이전에 다룬 '장소'가 과도한 환상이나 낭만적 이미지로 공간의 전유가 이루어지거나, 이채롭고 이국적인 공간이 고통과 환상의 상징으로 표현된 데 반해, 다음 시에서는 '장소'가 자신을 수호하고자 하는 주체의 자의식이 발현되는 장으로 나타난다. 이는 장소가 단순한 배경이나 이상화된 공간이 아니라, 정체성과 자아를 견고히 세우는 의식적 실천의 현장임을 시사한다.

> 두께 없이 벤치에 누워/바깥이 바깥을 덮는다 덮는 것과 눕는 것의 입장은 사실 그리 다를 바 없고//벤치 위에는 아무도 없다/외투 안에도 아무도 없고/이곳에는 아무도 없는데//누군가 계속 말을 하고 있어/어제가 자꾸 뒤에서 사라지고 있어/날개도 뒤에서 돋아나지//바깥에서 타인의 바깥을 여미고/뒤에서 뒤를 돌아보면//바깥의 안과 안의 바깥이 서로를 들여다보다가 뒤, 엉키고/어딘가 소리 없이 찢어지는 날개가 있다//축축한 아픔만으로만 자신을 증명하는/흉터가 되지 못하는 무른 통증
>
> — 수진, 「Phantom Pain」 부분[24]

위 시는 트랜스내셔널리즘의 핵심 개념인 경계의 초월과 정체성의 유동성을 효과적으로 드러낸다. 시의 화자는 고정된 지리적 위치나 소속감에

---

[24] 시드니한국문학작가회, 『문학과 시드니』 제3호, 2023.10, 20~22쪽.(2023년 제1회 시드니문학상 수상작)

근거한 정체성을 거부하고, '바깥의 안과 안의 바깥'이라는 표현처럼 안팎의 구분이 해체된 공간 속에서 존재의 의미를 모색한다. 이러한 공간은 기존의 물리적 장소를 무화하거나 무력화시키며, 민족적, 국가적, 젠더적 구획 너머의 열린 장(場)을 지향하는 것으로 해석된다. 화자는 "아무도 없는" 공간에서조차 "누군가 계속 말을 하고 있다"고 인식하며, 지워진 존재감을 회복하려는 시도를 보인다. 이는 전통적인 소속의 프레임을 넘어, 자신의 서사와 정체성을 스스로 새겨 넣으려는 트랜스내셔널 주체의 내면적 갈망이기도 하다. "축축한 아픔만으로 자신을 증명하는" 존재는 실체적 정체성보다는 지속적으로 형성되고, 움직이며, 발화하는 '과정'으로서의 정체성을 상징한다. 나아가 이 시는 트랜스내셔널리즘 문학이 단순히 이주 혹은 디아스포라적 회귀의 서사가 아닌, 장소와 정체성을 끊임없이 재구성하려는 실천의 장으로 확장될 수 있음을 보여준다. 이러한 양상은 국경을 넘어선 연결성, 상호작용, 자율성을 기반으로 하는 현대적 이주 주체의 존재 방식을 고찰하는 데 유의미한 사례가 될 것이다.

> 나는 항상 금고 열쇠를 들고 다녔다/엄마 아버지는 나를 불러 황금을 보자고 했다//식구들은 아무 일도 하지 않고/그날그날의 쇼핑 계획을 짰다/아버지는 영국제 벤틀리 차를 끌어안고 사셨다/어머니는 보석을 사러 다니기 바빴다/여동생은 구찌 백을 샀고/남동생은 빨리 구두와 스포츠카를 샀다//난 피로에 지쳐 밤마다/목에 흰 무늬가 섞인 까만 머플러를 두르고 잤다//멀리 사막의 모래 속으로 들어가서 살고 싶었다/그런 생각을 해서인지 어느 날부터/등에 독거미 한 마리가 문신처럼 새겨지기 시작했다//침대에서 레드백 독거미로 기어 다니고 있는 나를/여동생은 징그럽다고 에프킬라로 잡아 죽이려고 했다/매일 찾으시던 부모님도 나를 외면하기 시작했다//창가의 빛이 독거미의 등을 간지럽혔다/그늘이 그리웠다/고요하고 포근하게 가려질 나무 그늘 사이에/금고만큼 안전하게 숨길 내 집을 짓고 싶었다//아침이면 내 레드백 독거미 문신을/허공에도 걸 수 있는 그

런 거미의 집/보석처럼 빛나는 이슬에 내 발을 건너며/지난날 고통스럽던 만큼 소중한 오늘이 되고 싶다

— 강애나, 「변신」 전문[25]

위의 시는 외면적 풍요와 내부적 고통이 교차하는 이질적 공간 속에서, 주체가 스스로의 존재를 재구성하고자 하는 트랜스내셔널한 정체성 형성의 과정을 상징적으로 형상화한다. 시 속 화자는 가족 구성원들이 소비와 사치에 몰두하는 삶의 양상을 묘사함으로써 외부 현실에 대한 비판적 거리 두기를 시도하며, 자신의 피로와 소외를 "목에 흰 무늬가 섞인 까만 머플러를 두르고 잤다"는 이미지로 표현한다. 이는 물질적 가치가 지배하는 세계에서 주체가 경험하는 심리적 탈주와 고립을 드러내는 서술로 이해된다.

화자는 이러한 현실로부터의 도피와 내면의 재건을 위해 "사막의 모래 속으로 들어가서 살고 싶었다"는 열망을 드러낸다. 사막은 비정주적이고 비제도화된 공간으로서, 기존의 장소성을 부정하면서도 새로운 장소를 향한 가능성을 함축하고 있다. 이러한 공간은 트랜스내셔널리즘의 관점에서 볼 때, 고정된 민족적 정체성이나 영토적 소속으로부터 벗어나 유동적인 자기 정체성을 구성하고자 하는 탈영토화된 공간으로 해석될 수 있다.

특히 시의 중심 이미지인 '레드백 독거미'는 호주의 토착 생물이라는 맥락에서 화자의 이주 정체성을 암시함과 동시에, 자신을 보호하기 위한 공격성과 내면의 긴장을 상징한다. 등에 새겨진 독거미 문신은 타자로서의 주체가 내면화한 생존 전략의 표상이며, 이는 가족 공동체로부터의 배척과 소외를 더욱 극적으로 부각시킨다. "에프킬라로 잡아 죽이려고 했다"는 묘사는 변화된 주체가 가족 내에서조차 타자화되는 현실을 반영하는 것으로, 이주자의 문화적·정체성적 고립을 상징한다.

---

[25] 시드니한국문학작가회, 『문학과 시드니』 제2호, 2022.9, 75~76쪽.

종국적으로 화자는 "금고만큼 안전하게 숨길 내 집"과 같은 장소를 꿈꾸며, 기존의 제도적 공간이 아닌 자의적이고 내면화된 장소를 통해 자신만의 안식처를 구축하고자 한다. 이곳은 경계적 정체성을 유지하는 트랜스내셔널 주체가 경험하는 상징적 장소로, "허공에도 걸 수 있는⋯ 거미의 집"이라는 표현은 탈지리화된 장소의 이상적 구현을 시사한다. 이처럼 시「변신」은 주체가 고통스러운 현실을 이탈하면서도 그것을 내면화하여 스스로를 지키고자 하는 자의식을 드러내며, 트랜스내셔널리즘이 제기하는 장소, 정체성, 소속감의 문제를 시적 형상으로 응축하고 있다.

> 친구 알란이 이상해요/비 내리는 날 우산도 안 쓰고 돌아다니며/Beautiful, Beautiful Day 외치니까요//2019년 9월 블루마운틴 불길이 솟을 때/알란은 말했죠/해마다 지나가는 일인 걸/유칼립투스 절로 튀워 좋지,/함께 끄덕였어요//웬걸요 한 달 두 달/선 채로 불 타작 당하는 나무들/타 들어가는 코알라, 캥거루 보면서/밥맛을 잃었어요//오랜만에 만난 알란의 회색 눈이 한결 깊어 보였죠/하루에 두 끼를 금식하고 있어/나도 한 끼를 시작했어요//제물을 바꿔주세요/죄 없는 그들 말고 내 죄를 받아 주세요//사촌들과 소꿉놀이 하면서 음탕함을 품었습니다/아이들과 자치기할 때 한 뼘씩 더 사기를 쳤습니다/짝의 이쁜 지우개를 훔쳤습니다//해는 석 달째 맹렬히 부풀어 오르고/비 들었을까 반겼던 잿빛 구름이 불길을 퍼 나르며/백 개의 제단을 쌓는 동안//피가 하늘을 적셔/밤마다 핏빛 달이 뜨고//집집마다 배달되는 검은 재/찍힌 순한 발자국/그 아우성 골수를 뒤흔들어/울음보가 터지고야 말았습니다//내 죄는 끝날 줄 모릅니다/용서해 주세요/용서해 주세요//넉 달 만에 검붉은 하늘을 찢고/빗줄기가 꽂힐 때/밖으로 뛰쳐나갔죠 우산도 없이/비의 옆구리를 껴안고 외쳐댔어요//What a Beautiful, Beautiful Day!
>
> ─ 조소영,「What a Beautiful, Beautiful Day」전문[26]

---

[26] 시드니한국문학작가회,『문학과 시드니』창간호, 2021.10, 84쪽.

위의 시는 2019년 호주 블루마운틴에서 발생한 대규모 산불을 배경으로, 자연재해 속에서 주체가 타자의 고통을 인식하고 그것을 내면화함으로써 새로운 장소성을 획득하는 과정을 보여준다. 시는 특정 국가나 민족의 고정된 범주에 머무르지 않고, 글로벌 재난을 계기로 주체가 스스로의 윤리적, 정서적 정체성을 재구성하는 트랜스내셔널한 감수성을 드러낸다.

초기 시적 화자는 "유칼립투스 절로 틔워 좋지"라는 말에 동의하며 산불을 일상적인 자연현상으로 받아들이는 타자화된 시선을 보인다. 이는 외부의 고통을 한 발 떨어진 위치에서 관망하는 이방인의 시각이며, 글로벌 이주문학에서 종종 나타나는 초기 적응 단계의 태도라고 할 수 있다. 그러나 시간이 흐름에 따라 화자는 "불 타작 당하는 나무들"과 "타 들어가는 코알라, 캥거루"를 직접 목도하며 점차 그 고통을 자신의 감각과 윤리 속으로 수용하게 된다. 이 과정은 단순한 공간이 의미 있는 '장소'로 전환되는 계기로 작용한다.

특히 시 속 인물 '알란'은 금식이라는 실천적 윤리 행위를 통해 타자의 고통에 공감하고 연대하려는 인물로 등장하며, 화자는 그와의 관계 속에서 자신의 태도를 전환하게 된다. "하루에 두 끼를 금식하고 있어/나도 한 끼를 시작했어요"라는 구절은 주체가 외부의 고통을 체화하고, 윤리적 책임을 수행하려는 움직임으로 해석할 수 있다. 이러한 윤리적 실천은 시의 후반부에서 자아의 고백과 속죄로 이어지며, "제물을 바꿔주세요" "내 죄를 받아 주세요"라는 간절한 청원은 종교적·도덕적 심판의 장을 개인의 내면으로 확장하는 서사적 장치로 작용한다.

이와 같은 과정은 장소에 대한 기존의 경계와 소속 개념을 해체하고, 그 공간을 초국적(transnational) 주체가 자발적으로 수용한 새로운 정체성의 장소로 전환시킨다. "내 죄는 끝날 줄 모릅니다/용서해 주세요"라는 반복적 호소와 "우산도 없이/비의 옆구리를 껴안고 외쳐댔어요//What a Beautiful,

Beautiful Day!"라는 절정의 장면은, 비극적 현실을 기꺼이 자신의 윤리적 책임으로 수용하려는 트랜스내셔널 주체의 도달점이라 할 수 있다.

결과적으로, 이 시는 호주라는 특정 국가에서 일어난 자연재해를 개인 윤리와 감각의 층위로 끌어들이며, '장소'란 단순히 지리적 좌표가 아닌 타자의 고통을 공감하고 기억하는 실존적 지대로 전환될 수 있음을 보여준다. 이러한 장소 인식은 국적, 민족, 인종 등의 고정된 정체성을 초월하는 트랜스내셔널리즘의 핵심이라 할 수 있다.

> 뱅스타운의 오래된 식당가 뒷골목/낡은 그네 두 개가 전부인 조그만 놀이터/음식 냄새와 오물 냄새가 뒤섞여 시크럼히 떠돌고/누군가 던져준 빵 조각을 향해 아이비스가 긴 다리로 걸어간다 사뿐히//더러운 몰골의 우아한 움직임/누더기를 걸친 모델의 런웨이를 마주한 듯 도도하고 지저분했던 너와의 첫 만남은/나의 옆구리를 찌르는 가시로 남았다//자동차 여행 중 우연히 들른 우롱가라는 조용한 바닷가/물 위를 걷는 듯 바다 위로 펼쳐진 낡은 보드 윅/한편엔 맹그로브가 빼곡히 춤추고/다른 편엔 파도에 쓸려 몽글해진 돌무더기가 앉아 있고/젖은 날개를 다듬으며 눈부시게 흰 빛으로 발광하고 긴 목을 엇갈려 사랑을 노래하는 한 무리의 새 떼들/누더기가 벗겨지고 쓰레기가 씻겨진/찬란한 이름으로 돌아온 아이비스/푸른 런웨이 위에 활짝 펼친 커다란 날개//하얗게 날아오른다/줄지어 날아오른다 선두를 따라서//가시가 뽑혀 나간 빈자리에 깃털 하나가 돋아나고 있다
>
> — 김문, 「아이비스」전문 김문[27]

호주에서 아이비스는 흔히 "쓰레기통이 놓인 도시의 후미에서 어김없이 마주치는 쓰레기 새"로 인식된다. 시적 화자는 이러한 아이비스를 처음 보

---

[27] , 시드니한국문학작가회, 『문학과 시드니』 제4호, 2024.9, 78쪽.

앉을 당시, "나의 옆구리를 찌르는 가시로 남았"다고 표현한다. 이는 아이비스의 삶과 자신의 처지를 동일시한 결과라 할 수 있다. 따라서 화자는 아이비스의 더럽고 초라한 외양을 통해 자신의 내면에 존재하는 상처와 결핍을 직시하게 된다. 그러나 이후 우연히 방문한 우롱가 해변에서 화자는 아이비스에 대한 새로운 인식을 형성하게 된다. 맹그로브가 빼곡히 자라고, 물결에 씻긴 돌무더기가 자리한 평화로운 그 공간은 아이비스의 전혀 다른 모습을 드러내는 장소로 기능한다. 그곳에서 아이비스는 "누더기가 벗겨지고 쓰레기가 씻겨진 찬란한 이름"을 지닌 존재로 거듭난다. 이 장면은 단지 풍경의 묘사에 그치지 않고, 화자에게 정체성의 변화를 이끄는 계기로 작용한다. 아이비스의 새하얀 날개가 날아오르는 장면은 상징적으로 '가시가 뽑혀 나간 빈자리에 깃털 하나가 돋아나는' 화자의 치유와 재탄생을 내포한다.

이러한 서사는 자아 회복의 과정에서 공간의 의미가 결정적임을 드러낸다. 즉, 특정한 지역적·국가적 배경보다 중요한 것은 현재의 공간에서 정서적 유대를 쌓아가며, 고통과 상처를 자기 삶의 일부로 수용하려는 태도이다. 이는 체념이나 단순한 포기의 정서가 아니라, 현실을 수용함으로써 공간을 경계 없는 장소로 재구성하고 삶의 주체로 다시 서려는 화자의 의지를 표명하는 것으로 읽을 수 있다.

6. 맺음말

초국가 시대에 많은 사람들이 자신이 출생한 지역이나 국가, 국경을 넘어 낯선 지역으로 이주하여 생활하고 있다. 이러한 이주는 단순한 지리적 이동을 넘어 개인의 의식과 정체성에 변화를 초래한다. 이때, 거주국의 다양성뿐만 아니라 이민자들이 처한 상황 역시 매우 다양하며, 각기 복잡한 삶을 영위하고 있다. 따라서 전 지구화 시대의 문학적 현상을 다각도로 해석하기 위해서는 국가와 민족의 경계를 넘어서는 새로운 사유 양식이 필요하며, 이를 통해 이민자의 삶과 문학 작품을 분석할 필요가 있다. 트랜스내셔널 인문학은 역사, 철학, 문학, 사회, 정치 등을 특정 국가의 경계 내에서만 해석하는 국민국가 중심의 패러다임을 극복하고자 하는 새로운 연구 경향으로, 기존의 민족 및 국가 중심 틀로는 설명하기 어려운 정치·사회·문화·문학의 혼종적 현상을 분석하는 데 있어 효과적인 방법론을 제공한다.

이민자가 새로운 환경에 적응하는 과정에서 겪는 온갖 불합리와 불편, 불쾌감, 그리고 부당함은 오히려 그들에게 문학적 자산이 될 수 있다. 이러한 과정을 거쳐 이를 극복하고 적응해나가는 모습은 이민자 문학의 중요한 특성이 되어야 한다.[28] 그동안 해외 한인문학에 대한 주요 연구는 디아스포라를 과거 지향적인 향수를 넘어, 새로운 삶에 대한 의지, 이국 문화에의 동화, 토포필리아(topophilia) 등으로 나타나는 특성을 지닌 것으로 보아왔다. 그러나 시대의 흐름에 따라, 해외 한인문학은 이제 더 이상 스스로를 타자화하는 데 머무르지 않고, 변화에 능동적으로 적응하며 주체로 자리매김해가는 모습을 그리고 있다.

호주 한인문학 역시 이러한 양상을 공유한다. 이는 한인이 내국인보다 더 탈영토화된 삶을 살아가는 주체적인 존재임을 보여준다. 이러한 현상은 바디우(A. Badiou)가 말한 망명(exile) 주체와 닮았는데, 그는 기존의 관습을 넘어서 새로운 세계를 찾아가는 존재[29]라 할 수 있다.

---

[28] 이승하, 「저 바다 건너에서 당신은 잘살고 계십니까?」, 시드니한국문학작가회, 『문학과 시드니』 제2호, 2022, 256쪽 참조.

[29] 권택영, 「소수자 문학이론 : 라캉, 들뢰즈, 바디우」, 『한국문학이론과 비평』 20~3호, 2016, 20쪽 참조. "가령 19세기 미국의 작가 헨리 제임스는 유럽에 살면서 끊임없이

본 연구는 호주 한인 시문학을 해석하는 하나의 관점으로서 트랜스내셔널리즘을 제안하고, 그 특성과 의미를 살펴보았다. 첫째, 공간의 전유와 트랜스내셔널리즘이다. 분석 대상 작품 속 호주의 자연풍경과 인물들은 낭만적 이상향으로 그려지고 있음을 확인할 수 있다. 비록 호주 한인 대다수가 자발적 이주자임에도 불구하고, 이들은 이주 이후 문화적 혼종의 현장에서 주변 환경과 현실, 이상 사이에서 갈등을 경험한다. 이러한 맥락에서 무의미한 '공간'을 특별한 '장소'로 전환하려는 일종의 '영토화' 또는 '공간의 전유'가 나타난다. 이 과정에서 낯선 공간은 낭만적이거나 평화로운, 때로는 신비로운 장소로 묘사된다.

둘째, 공간의 환상성과 트랜스내셔널리즘이다. 낭만적 서사는 종종 노동 현실이나 고통스러운 현재의 상황을 은폐하는 경향이 있지만, 분석한 시들은 이를 극복하고자 하는 양상을 보인다. 즉, 이국적이고 이채로운 공간 속에 숨겨진 현실의 고통을 직설적인 이미지로 드러내고 있다. 그럼에도 불구하고, 해당 공간들은 환상적 성격을 지니고 있으며, 이는 개인 의식 차원에서 정체성 형성의 현실로 해석할 수 있다.

마지막으로, 자의식 발현의 장소와 트랜스내셔널리즘이다. 시적 화자는 고통의 공간을 벗어나 새로운 세계로 나아가기를 꿈꾼다. 이러한 의식은 현실의 '장소'에 대한 외부로의 확장보다는, 오히려 '금고'나 '독거미'와 같은 내부 응집적 이미지로 표현됨을 확인할 수 있었다.

미국 이야기를 하고, 20세기 모더니즘의 거장 제임스 조이스 역시 조국 아일랜드를 떠나 유럽을 방황하면서 아일랜드 이야기를 했다. 포스트모던 시대의 러시아 작가 나보코프도 볼셰비키 혁명으로 생명의 위협을 느끼고 조국을 떠나 유럽과 미국을 전전하였다. 방랑 중에 그가 쓴 것은 자신의 어린 시절 고향과 러시아인에 관한 것이었다."

제2부

『레닌기치』와 중앙아시아 고려인 문학

고려인 시문학 속 여성상의 변화 양상

1. 머리말

소비에트 중앙아시아 고려인[1] 최대 민족 신문 『레닌기치』[2]는 카자흐스탄에서 1938년 5월 15일 창간되어 1990년 12월 31일로 폐간되었다. 우리말로 발행된 이 신문은 1937년 강제이주를 당한 고려인들의 유일한 언론매체였다. 『레닌기치』의 출판 주체는 고려인들이었으나, 출판의 경제적 물적 토대는 소련에 귀속되어 있었다. 이에 기자나 통신원 등 인적 자원의 확보, 건물의 이주, 기자재 확충, 신문의 발행과 배포 등 신문사의 운영 제반 사항은 소련 공산당의 직간접적인 영향을 받을 수밖에 없었다. 1958년 카자

---

1 1937년 스탈린의 강제이주 정책에 의해 연해주에서 소비에트의 중앙아시아 5개국인 우즈베키스탄, 카자흐스탄, 키르키즈스탄, 타지키스탄, 투르크메니스탄 등으로 이주된 약 20만 명의 한인과 그 후손들을 의미한다.
2 1937년 스탈린에 의한 고려인 강제이주 정책이 시행되면서 당시 간행되었던 한글신문은 모두 폐간되고 『선봉』만이 그 명맥을 유지했다. 이 신문은 제호를 『레닌기치』로 변경하여 1938년 5월 15일 카자흐스탄에서 첫 호가 간행되었다. 처음에는 구역신문으로 출발하였으나, 1955년에 공화국 신문으로 영역을 확장했고, 1961년부터는 공화국간 공동 신문으로 격상되었다.

흐스탄 공산당 중앙위원회 사무국이 작성한 문서의 내용은 민족문학의 출판이 어떻게 이루어졌는지 여실히 보여준다.

> 『레닌기치』 편집부에 4명으로 구성된 도서부가 신설, 편집장 남하령은 1959년 1월부터 연간 100쪽 분량으로 대중 선동 및 기타 작품을 출판할 것, 까자흐스탄 문화부는 1959년 민족어 서적 출판에 필요한 재원을 검토할 것.[3]

위의 당 문서가 보여주듯이 신문 제반 사항은 신문사의 자발적인 결정이 아니라 당의 주문 형태를 따랐음을 알 수 있다. 즉, 소비에트 권력에 의해 인위적으로 만들어진 매체였던 것이다. 이렇듯 고려인 문학은 권력의 지향성을 추구함으로써 '타자'를 위한 문학으로 출발하는 태생적 한계를 노정하게 된다. 소비에트 사회에서 개인의 생활은 완전한 권력의 통제 대상이었고, 문화의 생산과 소비는 권력에 종속적일 수밖에 없었다. 문화의 권력 종속이라는 현실은 고려인들이 정체성을 가지고 문화를 생산하기보다는 소비에트 사회를 지향하는 근본적인 원인으로 작용하였다.[4]

이와 같은 관점에서 볼 때, 고려인 문학은 소수민족 문화로서의 특수성을 지니는 동시에 소비에트 문화권의 일부분으로 기능한다고 할 수 있다. 잘 알려져 있듯이, 소비에트 시대의 문학은 개인이나 집단의 자발적 창작 활동이라기보다 정치·사회적 조건에 따라 면밀히 계획되고 통제된 영역이었다. 이로 인해 시문학의 내용은 특정 이데올로기적 지향성을 강하게

---

[3] 카자흐스탄공화국 국립중앙최근역사문서보관소 장서 708, 목록 31, 공문서 75, 11~13쪽; 김게르만·명드미트리, 『카자흐스탄 고려인의 역사와 문화』, 알마틔, 1995, 242쪽에서 재인용.
[4] 이혜승, 「1930년대 중반~1980년대 중반 중앙아시아 고려인의 언론, 공연, 문학작품에 나타난 문화적 지향성 연구」, 『역사문화연구』 제26집, 2007.2, 119~120쪽.

내포하게 되었다. 이러한 맥락에서 고려인 문학을 해석할 때에는 기관지로서 정책을 반영하는 측면과 고려인 작가들이 직면한 정체성 문제라는 이중적인 독해가 요구된다.

고려인 시문학의 특징에 대해서는 많은 연구가 있다. 그중 김낙현은 "1990년대까지 간행된 고려인의 시작품에서는 자의든 타의든 소련을 자신들의 조국으로 형상화하여 소련공민으로서의 삶에 충실할 것을 역설하고 있으며, '레닌'으로 대표되는 이념적인 찬송성향이 모든 시집에서 표출되고 있다. 이러한 현상은 시뿐만 아니라 고려인 문학 전반에 걸쳐 공통적으로 나타나고 있는 경향"이라고 밝혔다.[5] 또한 최강민은 "고려인들이 사회주의적 정체성을 확보했음을 대내외적으로 과시하기 위해 애용했던 것은 10월 혁명, 레닌과 스탈린, 사회주의에 대한 찬양이다. 이중에서 압도적으로 많은 것은 소련 사회주의의 아버지인 레닌에 대한 칭송이다"[6]라고 보았다. 강회진은 고려인 시문학의 세계를 탈식민주의적 방법론에 의거하여 살펴보았다. 강제이주라는 집단적 트라우마를 지닌 고려인들은 간접적이든 집적적이든 탈식민성을 구현할 수밖에 없다고 보고 시 문학에서 다양한 탈식민주의적 양상을 살펴보았다.[7]

『레닌기치』에 수록된 시편은 총 1,459편에 이르며, 이들 시편에서 가장 두드러지는 주제는 레닌에 대한 예찬과 10월 혁명에 대한 찬양으로 요약할 수 있다. 다수의 시는 레닌의 이름을 직접적으로 언급하며, 소련을 마치 조국처럼 이상화하는 태도를 보여준다. 한편, 고려인들이 사회주의 건설에 동참하고 있다는 연대감과 정치적 공감대를 표현한 작품들도 확인할 수 있

---

5 김낙현, 「고려인 시문학의 현황과 특성」, 이명재 외, 『억압과 망각, 그리고 디아스포라-구소련 고려인 문학』, 한국문사, 2004, 294쪽.
6 최강민, 「중앙아시아 고려인 시에 나타난 조국과 고향 이미지」, 위의 책, 223쪽.
7 강회진, 『아무다리야의 아리랑』, 문학들, 2010.

다. 이와 더불어, 가난에 대한 한탄과 이를 극복하려는 의지, 그리고 고향에 대한 그리움을 담은 시편들 또한 일정한 비중을 차지하고 있다.[8]

이 가운데 여성을 주제로 삼은 시는 90여 편으로 가장 큰 특징은 대부분 소비에트 공동체 형성에 전력을 다하는 여성의 삶을 그리고 있다는 것이다. 이때, 여성상은 소비에트 사회가 지향하는 여성의 모델을 형상화하는 것으로 드러남을 알 수 있다. 그러나 어느 시점을 지나면 소비에트의 전형적인 여성의 이미지 양상이 그리움이나 서정적인 이미지로 달라진다. 따라서 작품이 보여주는 여성상은 작품에 드러나는 공식적 여성상의 표층적 의미와 함께 숨은 이면의 의미를 찾는 작업이 요구된다. 즉, 조선적인 것과 소련적인 것이 함께 어우러져 있기 때문에, 보다 정치하고 세밀한 해명 작업이 필요하다.

본 연구는 『레닌기치』 문예페지[9]에 게재된 고려인 시에 나타난 여성상의 변화를 살펴보고자 한다. 이를 통해 당시 고려인 작가들이 사회주의적 정체성을 어떤 식으로 확보했는지, 소련 사회주의 지배에 놓인 고려인들의 문학이 어떤 방식으로 변화하였는지 살펴보고자 한다. 이러한 과정에 대한 분석 작업은 종래의 고려인 문학을 해석해나가던 방법론에서 '여성'이라는 새로운 범주를 제시하여 고려인 문학 해석에 다양한 가능성을 열어놓기 위함이다.

---

8 김종회, 「중앙아시아 고려인 문학의 형성과 작품의 성격」, 『동북아시아문화학회 국제학술대회 발표자료집』, 동북아시아문화학회, 2005.11.
9 '문예페지'와 '문예란'은 차이가 있었다. 『레닌기치』 신문 지면 한 면 전체에 문학에 대한 기사나 작품을 실을 때는 '문예페지'라 하였고 문학작품이 어느 한 면의 일부만을 차지할 때는 '문예란'이라 하였다. 『레닌기치』 폐간 이후 『고려일보』는 '문예페이지'로 지칭하였다. 본고에서는 편의상 '문예페지'로 표기한다.

2. 소비에트 문학을 위해 호명된 여성상

1934년 8월 14일 모스크바에서 열린 제1차 소비에트 작가동맹 대회에서 채택된 소비에트 문학의 공식적인 지침은 "소비에트 문학과 문학비평의 기본 방침인 사회주의 리얼리즘은 현실의 혁명적 발전도상에서 진실하고, 역사적 관점에서 구체적으로 현실을 표현할 것을 예술가들에게 요구한다. 더 나아가 예술적 표현의 진실성과 역사적 완결성은 사회주의 정신 속에서 노동자 대중을 사상적으로 개조하고 교육하는 임무와 결합되어야만 한다"[10]는 것이었다. 이러한 지침 아래 문학은 국가 이념 속으로 흡수되었고, 모든 예술에 대해 철저한 통제가 이루어졌다. 문학은 주로 선동과 선전 활동의 수단이 되었고 그에 따라 애국심을 고취시키는 작품들이 주류를 이루었다. 노동의 신성성에 대한 찬양이나 조국애호전 사업에 대한 헌신, 개인의 희생을 강조하는 것은 소비에트 사회가 지향한 사회주의의 이상 실현 및 이데올로기의 실천과 밀접한 연관성을 갖는다.

고려인 작가 강태수의 글은 당과 인민이 강조되지 않은 문학작품은 인간을 위한 문학이 될 수 없었던 당시 사회적 상황을 잘 반영하고 있다.

> 오늘 당이 또 다시 당성과 인민성을 강조하고 있는 이때에 문학에서의 내용, 사상 문제와 함께 기교 문제, 형식 문제가 또한 중요하게 나서는 것은 우연한 사실이 아니다.
> 당성과 인민성이 없는 문학은 인간을 위한 문학이 아니다. 인민성 자체가 문학예술을 인민에게 복무케 하는 위대한 힘으로 되는 것이다. 또한 당성과 인민성은 분리된 문학의 각이한 측면인 것이 아니라 작가와 시인에게 있어서 유기적 본성이며, 진보적 문학의 공기이며 생명이다.
> 이런 문학의 창조자로 되려면 기교를 배워야 하며 선배들의 걸작들을

---

[10] 진계법, 『사회주의 예술론』, 총성의 역, 일월서각, 1979, 132쪽.

연구하여야 하며 인민적 언어를 깊이 알아야 할 것이다.
— 강태수, 「시창작에서 제기되는 몇 가지 문제」
(『레닌기치』 1963.4.7)

강제이주 후 고려인들은 중앙아시아 지역의 벼농사, 목화농사, 채소류 및 과일 재배 등 농업 분야에서 고도의 역량을 나타냈다. 남성들이 노동군으로 자리를 비운 전시에도 그 역량은 줄어들지 않았다. 이 시기 남자들을 대신해 여성들은 콜호스(колхóв)에서 다량의 곡물을 생산했으며 소비에트 내 각 민족 중에서 고려인들은 인구수에 비해 노동영웅들을 가장 많이 배출하였다. 당시 소련의 지배계급은 사회주의 체제의 포용성과 우월성을 타민족에게 선전하기 위한 전략의 일환으로, 누구보다도 충성적인 태도를 보였던 소수민족인 고려인들을 일정 부분 배려하였다. 이러한 배려의 일환으로 일부 고려인들은 노력훈장을 수여받기도 하였다. 노력훈장의 수여는 단순한 개인의 공로에 대한 보상을 넘어서, 해당 인물이 지배질서의 구성원으로 공식적으로 인정받았음을 의미한다. 이러한 현상은 고려인의 애국주의적 태도로 해석될 여지가 있지만, 이를 단순한 애국주의로만 환원할 수는 없다. 고려인 노력영웅의 등장은 사회주의 이념의 내면화를 반영하는 동시에, 전체주의적 지배체제 하에서 살아남기 위한 공포와 불안이 빚어낸 결과이기도 하기 때문이다.

우리 언니, 순옥 언니
얼굴에 웃음꽃 피우고
뜨락또르를 몰고 오네
봄 밭갈이 끝을 내고
우당탕 굴러 오네.

우리 언니, 순옥 언니,
맡은 과제 척척
두 몫 세 몫 당당하는
이 마을의 첫째 가는 기계공
누구나 존경하는 녀성 기계공.

동무가 앓아서 못 나올 때도
그를 대신하여
선뜻 나서는 언니

동무의 기계가 고장 나도
팔 걷고 고치려 나서는 언니.

마을 처녀들도,
중학교 녀학생들도
기계공 되려는 희망
불붙듯 하다오
모두다 언니를 부러워 한다오.

순옥 언니 마을 복판에
뜨락또르를 세울 때면
떼를 지어 모여드는
이 마을 처녀들이
소곤소곤 이야기도 끝이 없다오.
— 김종세, 「순옥언니」 전문(『레닌기치』 1964.6.14)

위 시는 트랙터를 운전하는 처녀 순옥을 훌륭하고 모범적인 인물로 미화하고 찬양하고 있다. 순옥은 밭을 잘 가는 데 그치지 않고 기계 수리도 척척 해내는 능력을 갖추었으며, 마을 사람들로부터 존경을 받고 있다. 심지어 어린 여학생들까지 순옥을 부러워하며 기계공이 되기를 희망한다. 이러한 순옥의 모습은 앞서 살펴본 바와 같이 소비에트가 요구하는 이상적 인물상에 부합한다. 즉, 여성임에도 불구하고 "뜨락또르"를 운전하는 강인한 남성상을 구현한 인물로, 이는 소비에트 체제의 판타지적 징후로 읽힌다. 고려인이면서도 소련 이데올로기를 내면화한 잡종적 존재인 순옥은, 동시에 여성이자 강한 남성적 자아로 분열된 인물로, 지배체제의 헤게모니적 시선 안에 놓여 있다. 이러한 모순적 공존은 시의 완결성에 균열을 일으키는 요소로 작용함을 알 수 있다.

순옥은 모범적이고 표준화된 행위의 모델로 전형적인 소비에트 여성상이라 할 수 있다. "전형적이란 말은 작가가 작품을 통해 사회적 진보를 확신할 수 있는 낙관적 분위기와 건설적 비판을 토대로 혁명적 발전의 맥락에서 그리고 중단 없는 개선의 과정에서 현실을 묘사해야 되고, 소비에트 인민은 당의 주도하에 미래 공산주의의 건설자로서 비추어지게끔 그려져야 하는 규범을 가리킨다. 이들을 생산품으로 치면 개성(個性)이 고려되지 않고 대량 생산된 인물이다. 따라서 이처럼 규범을 좇는 문학 속의 인물들은 제3자의 관점에서 전형적 유형으로 분류되어질 수 있으며, 이들의 전반적 특징은 경직되고, 이차원적이고, 말과 행동에 있어서 예측 가능하다고 할 수 있다."[11] 다음의 시에서도 이러한 상황을 엿볼 수 있다.

> 작업복 차림한 날씬한 모습
> 강철마에 올라앉은 처녀운전수
> 살뜰한 손으로 조종간 틀어쥐며
> 저도 몰래 미소지은것 한두번이랴

---

11 김근직, 「소비에트 문학 속의 여성상과 초기 아이드마또프의 개성적 여인상」, 『중앙대학교인문과학논문집』 35, 1992. 12, 497쪽.

꼭 다문 입술에
밤빛눈동자 굴리며
육중한 뜨락또르 전야로 내몰거니
무연한 밭 갈아제끼며
농부들의 새힘을 북돋아주네

달리는 뜨락또르 운전하는 처녀를
신기하게 바라보던
산천초목도 즐거운듯 설레이고
파헤친 검은 흙도 환히 웃는듯…

복리와 행복이 차고 넘친 조국에
처녀의 빛나는 로력이 스며있어라

연약한 처녀라고 농사일 못하랴
모든 일을 기계로 하는데?
끝없는 전야를 가로세로 달리는
뜨락또르 운전수야
수많은 별속에 금성이 반짝이듯
네가 하는 그 일은
언제나 아름답구나.

— 윤알렉세이, 「처녀지 뜨락또르 운전수」 전문
(『레닌기치』 1980.9.17)

위 시 역시 조국의 발전과 행복을 위해 트랙터를 모는 여성의 노동을 아름답다고 노래하고 있다. 일하는 여성은 "복리와 행복이 차고 넘친 조국"을 만드는 데 일조한다. "모든 일을 기계로 하는" 농사일은 어렵지 않으므로 다른 여성들도 노동에 참여하기를 권하고 있다. 아이러니하게도 처녀 운전수는 "작업복 차림한 날씬한 모습"이며, "살뜰한 손"을 가진 천상 여자의 모습이다. 가녀린 여성이면서 동시에 트랙터를 운전하는 모습은 남성의 헤게모니적 시선이자 지배체제의 시선에 종속된 모습이다. 이것은 알게 모르게 작가와 지배체제의 본원적 분열의 징후를 드러내는 대목이다. 날씬한 처녀와 강한 노동자 사이를 진동하는 잡종적 자아가 시 속에서 구현되고 있는데, 이는 남성과 여성, 지배자와 피지배자를 이분법적 위계로 재현하고자 하는 주류 헤게모니에 시적 분열을 통해 파열구를 내고 있다.

스탈린 시대 상황을 참고하자면 남성들은 일자리를 찾아 도시로, 산업지대로 떠났지만 여성은 전적으로 전통적인 삶에서 벗어날 수 없었고 가사와 농촌노동을 전담하게 된다. 대량의 인구는 도시 산업지대로 몰려갔다. 여성의 지위와 역할에서 이러한 변화는 성적 해방이라는 혁명적 계획에 의한 것이 아니었다. 여성 노동 동원은 결코 여성의 지위를 상승시켜 독립성을 주거나 혹은 가사에서 해방시키기 위한 의도에서 시작된 것이 아니었다. 오히려 산업화에 따른 여성 노동력의 강제적 동원이라 함이 적합할 것이다.

소비에트 정부는 일하는 여성이나 일하는 어머니 혹은 위대한 모성이라는 독특한 슬로건을 내세운다. 이를 위해 정부는 각종 정치적, 사회적 그리고 문화적 행사를 계획하면서 메달과 훈장을 수여하는 등의 캠페인을 끊임없이 시행하였다. 그중 유명한 이미지는 여성이 농촌 트랙터를 운전하는 모습 즉 트랙토리스트카(Traktoristka)였다. 모든 여성 트랙토리스트카는 여성 돌격노동대원으로 선발되었고 보다 높은 보수를 받았으며 성적 평등과 여성해방에 대한 소비에트 정부의 약속을 공공연하게 밝히고 선전하는 기제로 활용되었다. 이 외에도 후진적인 의식을 가진 여성이 사회주의 건설에 앞장서서 혁혁한 성과를 거두고 생활수준이 향상되어 즐거워하는 모습을 그린 포스터를 제작하였다. 사실 이 모든 이미지들은 경제력의 성장과 여성 노동 동원에 대한 광고에 불과했다. 트랙터 운전 시에 발생하는 심한 진동과 거친 소음이 여성의 신체적 기능에 해로운 영향을 줄 수 있는 것이기도 했기 때문에 여러 콜호스에서는 여성을 트랙터 운전에 동원하라는 상부 제안에 즉각적으로 대답하지 않았다. 그러나 집단농장의 생산성을 강화시키기 위해서 소비에트 정부는 여성을 기계화된 농업과 트랙터 운전에 참여시킬 필요성을 더욱 강조하였다.

하지만 실제 농장에서 일반인들의 시각에서는 대체로 여성은 기계 위에서 일해서는 안 된다는 분위기는 변하지 않았다. 여성 트랙터 운전자들은 남성 노동자들에 의해 심한 저항을 받았고 주변으로 밀려나기 일쑤였다. 그러나 콜호스 농장 경영가들은 상부의 엄한 지시에 따라 여성 트랙터 운전자들을 계속 지원하였다.[12]

미셸 퍼쉐는 제국주의에 의해 훼손된 주체의 구성에 대해 이데올로기적 실천을 통해 발현되는 주체의 재정립 과정은 각각 세 가지의 다른 형태로 나타난다고 보았다. 첫째, 동일화를 통해서 나타나는 '선(善)'한 주체이다. 이때의 선한 주체는 자신을 규정하는 담론구성체에 '자유롭게 동의'한다. 둘째, '반동일화'를 통해서 나타나는 '악(惡)'한 주체이다. 악한 주체는 강제된 이미지를 거부하고 그것을 원인 제공자에게 되돌려준다. 셋째, '비동일화(非同一化)' 주체이다. 비동일화 주체는 이데올로기 종속의 지배적 실천에 편승하는 동시에 저항한다. 미셸 퍼쉐의 논리에 따르면, 당시 고려인 여성 노동자들의 현장 노동 노력이나 지위상의 변화는 국가정책에 적극적으로 참여했다기보다는 살아남기 위해 기회에 적응하려 애쓴 결과라 할 수 있다. 고려인 여성 노동자들은 '비동일화' 주체의 전형성을 고스란히 보여

---

12 이정희, 「스탈린시대 여성 산업노동 동원에 관한 연구」, 『대구사학』 제96집, 2009.8, 313~315쪽 참조.

준다.

당시 소비에트 노동 윤리관에서 보자면, 노동자는 자기 생활과 행위를 국민과 조국과 모든 근로 인류의 행복을 위한 사업과 결부시켜 이에 종속되고 있는 인간 속에서만 실현될 수 있는 것이다. 노동은 고역이 아니라 명예로운 임무이며, 소비에트인은 각자 그날의 노동을 사회와 국민의 행복을 증진시키는 데 일조하는 것으로 생각하게 되어 그들로 하여금 사회, 국민, 국가에 대한 책임감을 갖도록 하였다.[13]

대중 속의 평범한 인물들을 설정한 뒤 긍정적 인물로 부각시켜 이들을 혁명 수행의 선봉자로 삼는 것이다. 이런 유형의 시에서는 내용이나 형식이 비슷한 경향을 보인다. 하지만 이런 유형의 시를 통해 고려인들은 자신의 정체성을 확립하려는 의지를 반영하는데, 이는 무엇보다 생존을 위한 위장의 측면이 강하다. 나아가 시에서의 이러한 인물들은 고려인들에게는 일종의 보호막 역할을 한다.

스탈린 사망 이후 제2차 작가대회(1954)가 열리기까지 소비에트 작가들은 테마의 제한을 받았으며, 테마의 처리에 있어서 일관성을 강요받았다. 따라서 이 기간 동안 소비에트 작가들에게 인간의 이성을 초월하고 무의식의 흐름을 가능케 하는 상상력을 비상(飛翔)시킬 수 있는 개인적 스타일은 부재할 수밖에 없었다.[14] 당연히 고려인 작가들 역시 당이 허용하는 범위 내에서만 창작을 해야만 했다.[15] 그러나 스탈린 사후 고려인들은 거주 이전

---

13 마로스 슬로먼 외, 『러시아 문학과 사상』, 박성규 역, 대명사, 1983, 198쪽.
14 김근직, 앞의 논문, 496쪽.
15 고려인 작가 정상진은 "작가들이 자기가 할 수 있는 말을 할 수 없고 자기가 써야 할 작품들을 쓰지 못했습니다. 왜냐하면 검열이 아주 심했고 또 통제가 아주 심했습니다. 그래서 일체 작품들이 쓰여지면 반드시 그 작품을 노어로 번역해서 당 기관이나 검열기관들에 바쳐야 합니다."라고 말한다. 정상진, 「재소련 고려인 문학의 정체성」, 『민족발전연구』 제6호, 2002, 297쪽.

의 자유와 군 입대, 선거권과 피선거권을 다시 획득하게 되고, 고려인의 언어로 자유롭게 창작 활동을 할 수 있는 여건이 만들어진다. 그럼에도 불구하고 1954년 이후 발표된 고려인들의 시는 앞서 살펴본 바와 같이 사회주의 리얼리즘의 원칙을 철저하게 신봉하며 그 원칙을 계속 수호하고 있다. 특히 시 속에 나타난 여성들은 사회주의 리얼리즘의 원칙에 충실하고, 국가 대의에 자신의 개성을 헌신하는 긍정적인 사회적 여성상으로 그려지고 있다.

당시 소비에트 문학작품 속 주인공들은 전국에 산재해 있었고, 모든 어려움과 투쟁하면서 사회주의 건설 사업에 몸을 바쳤다. 그들은 개척자이자 행동인이다. 그들은 현실과 이상의 모순에 대해 고민하지 않는다. 작가는 그들의 순수한 행동을 묘사하고 찬양할 뿐 그들의 내면에 대해서는 묘사하지 않는다. 작품 속 주인공들은 사회주의 건설에 몰두한 나머지 일 이외에, 즉 자기 직업 이외에는 아무 일에도 흥미가 없고 아무것도 생각하지 않는다. 그들이 꿈꾸는 것도 건설과 일뿐이다. 가정이나 연애도 그들의 생활 속에서는 큰 의미가 부여되지 않는다.[16] 그렇기 때문에 작품 속 등장인물들은 개성이 없고 상호 분간하기 어려운 특성을 지닌다. 이는 지배적 질서 안에서 인정받지 못한 자아가 지배적 질서에 적극적으로 동의함으로써 자신의 주체를 보호하고자 하는 것과 다르지 않다.

> 존경하는 아주머니
> 너그러운 아주머니
> 당신 이름 높더이다
> 옥수수의 장수라고.

---

[16] 마로스 슬로먼 외, 앞의 책, 199쪽.

리 류보위 손수 가꾼
옥수수가 높이 자라
나ㄷ알, 고기 산이 되고
우유 홍수 내린대요

허리 굽은 할아범도
나이 어린 애기들도
식료 풍족 이룩하는
아주머께 경례해요

흐루쇼브 할아버지
뽈리트옷겔 찾아가서
류바! 류바! 이름 불러
온 나라에 알렸다오.

빛나고도 빛나더라
복스러운 아주머니
나라 뜻을 높이 받든
당신 이름 빛나더라.

— 리춘, 「류바 아주머니」 전문(『레닌기치』 1962.2.18)

    시의 주인공 리 류보비는 옥수수 재배로 노력영웅 칭호를 받은 우즈베키스탄 고려인 여성이다. 그녀는 1950년대 말 1960년대 초 콜호스 뽈리뜨 오젤에서 농업 작업조를 이끌고 옥수수를 재배하여 고수확을 달성했다. 그 성과는 당시 우즈베키스탄을 방문한 소련 공산당 서기장 흐루시초프를 놀라게 했다. 그녀가 재배한 옥수수장 크기만 해도 4미터가 훨씬 넘었고 옥수수 송이 한 개의 무게는 1킬로그램이 넘었으며 알곡의 굵기는 소련에서 유례가 없이 굵고 튼실한 것이었다. 리 류보비는 그 공로를 인정받아 1962년 11월 5일 소련 노력영웅 칭호를 받았다. 이후 1962년부터 1970년도까지 소련 인민위원회 대의원을 역임하였다.[17]

고려인들이 이주된 중앙아시아 지역은 연해주와는 기후가 전혀 달라 여름에는 덥고 겨울에는 추운 곳이다. 사막성 기후의 이곳은 물에는 염분이 많은 등 모든 것이 연해주와는 달랐다. 고려인들이 주로 정착한 곳은 우즈베키스탄의 아랄해로 흘러들어오는 아무다리야강 근처와 카자흐스탄의 발하쉬 호수로 들어오는 까라딸강 부근 지역이었다. 이들 지역에 이주한 고려인들은 집단농장을 형성하고, 물을 끌어와 벼농사와 목화 재배에 성공하였다. 소련 내 각 민족 중에서 고려인들은 인구수에 비해 노력영웅들을 가장 많이 배출했다.

당시 소비에트는 누구보다도 충성하는 소수민족인 고려인들을 다소 배려하는 제스처를 취함으로써 사회주의 체제의 포용성과 우월성을 다른 민족에게 선전했고, 이런 충성의 대가로 몇몇 고려인들은 노력훈장을 받았다. 지배질서에서 주는 노력훈장을 받는다는 것은 지배질서의 구성원으로 인정받는 것과도 같다.[18] 이는 일종의 신분 상승이라고도 볼 수 있다. 이것은 고려인들의 애국주의로 볼 수도 있지만 단순히 애국주의로만 해석할 수

---

17 김병학, 『재소고려인의 노래를 찾아서』, 화남출판사, 2007, 68~69쪽 참조.
18 "구소련에서의 민족정책의 기조는 국제주의의 이름 아래 각 공화국의 민족주의에 대하여는 억압을 가하고 은밀하게 러시아의 헤게모니를 확립하는 데 있었다. 러시아의 헤게모니는 그러나 노골적으로 러시아 민족주의를 부추기는 방식에 의해서가 아니라 인구에 있어서나 경제력에 있어서 소련에서 최대의 구성을 차지하고 있는 러시아 각 민족들간의 교통이 가능한 국제어일 수밖에 없음을 강조하여 이를 통하여 러시아화 하려 하였다. 이런 정책은 흔히 인민의 친화정책을 통하여 구현되었다. 그리고 최종 목적은 인민의 동화에 있다고 선포되었다." 권희영, 『러시아 민족주의의 특징』, 정신문화연구원, 55, 105쪽.

는 없다. 고려인 노력영웅의 배출은 사회주의 이념의 내면화이기도 하지만 동시에 공포와 불안의 산물이라고도 할 수 있기 때문이다.

이데올로기의 맹목적인 추종이라는 의미에서 사회주의 리얼리즘 계열의 문학은 리얼리티를 결여한다. 그러나 다른 한편으로 볼 때 문화가 비추는 현실은 있는 그대로의 삶뿐 아니라 그 현실 속에서 살아가는 사람들의 소망일 수도 있다. 소비에트라는 지배계급 사회에 뿌리를 내리고 주류 사회로 편입되고자 하는 바람, 즉 타자의 가치가 아닌 고려인들 자신의 지향성을 반영하는 것으로 볼 수 있다.

3. 페레스트로이카(개혁 혹은 개편)와 여성상

스탈린이 사망한 1953년까지 고려인 작가들은 당이 허용하는 범위 내에서만 창작을 해야만 하는 일종의 암흑기를 보낸다.[19] 작품은 반드시 러시아로 번역되어서 당 기관이나 검열기관에 보내져야만 하는 상황에서 자유로운 창작은 불가능했다.

그러나 1980년대 후반, 페레스트로이카(개혁)와 글라스노스트(개방) 정책의 시행과 함께 소련 문학은 중대한 변화를 맞이하게 된다. 고려인 작가들 역시 창작의 자유를 누릴 수 있게 되었다. 당시 문단 상황은 다음의 글에서 짐작할 수 있다. 김광현은 "신문에 이미 투고하기 시작한 지 오랜 시인들의 시 작품들을 읽으면서 나는 우리 조선인 시인들도 문학 부면에서 당이 작가동맹 앞에 제기한 그 과업의 방향에 자기 낯을 완전히 돌리고 있다는 것을 감촉하였다"라며 새로운 창작 조건을 반기면서도 당의 과업에 동참하기를 갈망하는 식민성을 보이는 고려인 작가들에 대한 안타까움을 보이고

---

[19] 정상진, 앞의 논문, 297쪽.

있다.[20] 급변하는 상황에 혼란스러움을 보이고 있음을 알 수 있다. 모멘트가 될 변화 속에서 강렬한 의지와 위상 정립에 대한 불안이 엿보이는 대목이다.

한편 작가 리진은 뻬레스뜨로이까 정책과 관련하여 다음과 같이 시 주제의 다양화를 주장하였다.

> 근년에 와서 우리는 "문예페지"에 발표되는 시작품의 주제의 범위가 계속 넓어지는 것을 기쁘게 생각한다. 그런데 예술의 내용으로서의 사람의 생활의 다양화와 이 경우 우리가 주제의 다양화라고 하는 것 사이에서 직접적인 인간관계를 찾는 것은 우리의 경우 사실과 어긋나는 일일 것이다. 주제의 범위의 협소성은 주로 그리고 흔히 인공적인 것이었다. 우리는 거의 모든 비습관적인 작품이 요란하고도 맹렬한 반작용을 불러일으키군 하였다는 것을 안다.(……)이것은 많은 점으로 보아 "주제"라는 것이 내용보다 형식에 더 가까운 개념이라는 사실로도 설명될 수 있는 현상이다.[21]

주제의 협소성에 대한 질타, 생활 소재의 다양화에 대한 부응, 새로운 형식에 대한 성찰을 촉구하는 리진의 글은 여전히 소비에트 치하에 살고 있는 고려인 작가의 경계성을 노정하고 있다. 근로대중의 일부였던 여성의 사회주의적 의식을 함양하고 고취하는 예전의 글에서 새로운 성격을 부여할 글이 필요한 시점이 도래한 것이다.

그동안 고려인 작가들이 그려낸 여성상은 사회주의 리얼리즘에 의해 주조된 인위적인 모습이었다. 그러나 고르바초프가 소련의 총서기가 되면서 뻬레스뜨로이까 정책이 시작된 1980년 이후 발표된 시 속 여성을 살펴

---

20 김광현, 「우리의 현실을 격조 높이 노래하자」, 『레닌기치』 1985.2.12.
21 리진, 「시대의 요구에 맞는 훌륭한 시를」, 『레닌기치』 1987.12.16.

보면 이전의 여성상과 다른 양상을 지님을 알 수 있다. 물론 1970년대에도 신문에, 어머니를 소재로 한 시들이 발표되었다.[22] 그러나 이때 발표된 여성은 주로 '어머니'이다. 작가들은 어머니에 대한 사랑과 그리움을 노래했다. 남성 작가들은 어머니를 호명함으로써 지난한 타국 식민지 현실에서 벗어나고자 한다. 어머니에 대한 그리움은 고향에 대한 형상화로 그 의미망이 넓어진다. 고향을 찾아간다는 것은 자신의 존재의 원형을 찾아 자아를 찾아가는 것과 동일한 의미를 지닌다. 그러나 고려인들의 귀향은 단순히 자아를 찾아가는 것보다 조금 더 특별한 의미를 지닌다. 그것은 현실에서 오는 불안감이나 상실감을 치유하기 위한 하나의 방법이라 할 수 있다.[23]

> 걸음발 타기전에 신발을 마련한답니다
> 아기가 제발로 걸어다니며
> 제 손으로 일할 때까지
> 어머니의 속은 얼마나 타실가
> 속타는 불에선 재가 안떨어져 다행입니다.
>
> 바쁠때 '어이구머니' 하지만
> 좋을때 잊어먹는 아들딸도
> 어머니는 눈을 감으실 때까지
> 근심에 싸여 마음에 안고 다니신답니다
>
> 어머니의 무릎앞에서는
> 어른도 어리광 부리려하며

---

22 이에 대한 시로는 정민, 「어머니」, 1974년 8월 8일; 김경자, 「어머니의 모습」, 1977년 2월 12일; 한 아뽈론, 「어머니에 대한 생각」, 1977년 4월 14일; 김두칠, 「어머니」, 1977년 9월 30일; 김승익, 「어머니 마음」, 1977년 12월 31일 등이 있다.
23 강회진, 앞의 책, 175쪽.

아들손자 거느려도
어머니의 손길은 늘 그립답니다
— 강태수, 「어머니」 전문(『레닌기치』 1981.4.17)

강태수의 「어머니」는 이전에 소비에트 공동체 형성에 매진하는 노동자나 인물로서의 여성을 전면에 세웠던 것과 확연히 다른 인물을 호명한다. 소재뿐만 아니라 주제적 차원의 형상화에서도 다른 차이점을 보인다. "작품 주제에 있어 공산주의의 이상사회 건설을 위한 신념의 표출과 실천이 지치지도 않고 – 등장인물과 달리하여 – 재생 반복되며, 주인공들은 하나같이 사회주의적 도덕성을 뿌리 깊게 내면화한 삶의 열정으로 불타오르고"[24] 있었던 1940~60년대의 고려인 문학의 양상과는 전혀 다르다. 강태수의 어머니는 '어리광' 부리고 싶은 대상이며, 늘 그리운 대상이다. 신념의 담지자도 아니고, 사회주의적 도덕성을 체현한 인물도 아니다. 자식을 위해 제 속을 다 태우는 헌신의 모성성이다. 구체적인 면모를 보이는 어머니를 형상화함으로써 시는 구체성을 담보한다. 관념적 추상성과 도식성을 어느 정도 극복하고는 있지만 여전히 남성 시인의 낭만적인 이상 속에 존재하는 이념을 보여주는 한계를 보이고 있음을 알 수 있다.

멀리 떨어져 있어도
어머니 내곁에 안계셔도
잊지 않고있습니다
자래로운 그이의 손길을

---

[24] 우정권·임형모, 「고려인 문학의 성격과 전개 양상 – 1940~60년대 『레닌기치』 문예면에 나타난 고려인 문학의 특징 고찰」, 『현대소설연구』 제44권, 한국현대소설학회, 2010, 231쪽.

비오는 날엔 우산이 되고
눈오는 밤엔 이불이 되며
앓지 말라, 부디 무사하라
축원하시던 어머니 손길
남에게 행복을 주며
사회에 유익한 일 많이 하는
그런 사람이 되라고
타일러주시던 어머니 말씀

눈을 감으면 지금도 떠오릅니다
인자하게 웃으시는 어머니얼굴
장알박혀 거칠지만
나에겐 부드러운 그 손길을
— 주영윤, 「어머니」 전문(『레닌기치』 1983.3.8)

 위 시에서의 어머니는 인자한 미소를 짓는 부드러운 손길의 대상이다. 화자에게 어머니는 고려인의 민족성을 추구하는 동시에 언제나 돌아가고 픈 유토피아라는 하나의 지향성이다. 소비에트 치하에서 억눌렸던 억압과 핍박에서 벗어나 삶의 애환과 실존의 고통을 위무해줄 수 있는 대상으로서의 어머니를 애타게 호명한다. "비오는 날엔 우산이 되고/눈오는 밤엔 이불이 되며/앓지 말라, 부디 무사하라/축원하시던 어머니 손길"은 시적 화자의 강렬하고 격정적인 그리움이다. 시적 화자의 '어머니'에게는 당도 없고 계급도 없다. 이전에 시에서 호명했던 대중적 혁명투쟁과 연계된 사회주의 투사로서의 강경한 이미지도 소거되어 있다.

처마에 다좇치 듯 떨어 들지는
눈석인물 소리에 잠을 깨고는

왠일인지 한여름 툇마루에서
다듬이질 하시던 어머님 생각

이른 봄 고드름에 대한 생각도
다른 어떤 생각도 아니라 바로
무더운 한여름 툇마루에서
다듬이질 하시던 어머님 생각.
— 리진, 「어머님 생각」 전문(『레닌기치』 1987년 4월 4일

리진의 「어머님 생각」에서 모티프는 어머니다. 시 속의 어머니는 과거 속 회상의 어머니다. 시에서 '어머님 생각'을 결구로 반복적으로 사용함으로써 회상의 밀도를 더한다. 담담하게 그리움을 그리지만 민요적 율격을 취한 형식성 때문에 조선의 전형적인 어머니에 대한 그리움을 잘 전달하고 있다. 그럼에도 불구하고 여전히 여성은 어머니로만 회귀하고, 소재의 단일성이란 한계를 노정한다. 소재적 한계를 돌파하지 못하는 남성 고려인 작가들은 모성이라는 개념으로 퇴행하고 있음을 이 시에서도 살펴볼 수 있다.

4. 맺음말

본 연구는 『레닌기치』 문예페지에 게재된 시를 중심으로 시 속에 나타난 여성상의 변화 양상을 살펴보았다. 또한 『레닌기치』에 실린 사회, 정치 면 기사들을 참조하여 좀 더 정치하고 섬세한 고찰을 시도하고자 하였다.

이를 바탕으로 본 글에서는 여성상의 변화 양상을 두 가지로 나누어 보았다. 첫째는 소비에트 문학을 위해 호명된 여상상, 둘째는 페레스트로이카가 요구한 여성상이 그것이다.

1937년부터 1970년대 초반까지의 고려인 문학은 주로 선동과 선전 활

동의 수단이 되었고 그에 따라 애국심을 고취시키는 작품들이 주류를 이루었다. 사회주의 리얼리즘의 원칙을 철저하게 신봉하며 그 원칙을 계속 수호하고 있다. 특히 시 속에 나타난 여성들은 사회주의 리얼리즘의 원칙에 충실하고, 국가 대의에 자신의 개성을 헌신하는 전형적인 사회적 여성상으로 그려져 노동의 신성성에 대한 찬양이나 조국애호전 사업에 대한 헌신, 개인의 희생을 강조하는 작품들이 주를 이루었다. 1980년 이전의 고려인 시작품들은 대중적 혁명투쟁의 앙양, 근로대중의 사회주의적 의식에로의 자각, 대중적 혁명 투쟁과 연계된 사회주의 투사의 성격 묘사에 치중했던 시적 경향을 주를 이루고 있었다. 1980년 이전의 소비에트 문학작품 속 주인공들은 모든 어려움과 투쟁을 겪으면서도 오로지 사회주의 건설 사업에 몸을 바쳤다. 그들은 현실과 이상의 모순에 대해 고민하지 않았다. 작가는 그들의 순수한 행동을 묘사하고 찬양할 뿐 그들의 내면에 대해서는 묘사하지 않았다. 이데올로기의 맹목적인 추종이라는 의미에서 사회주의 리얼리즘 계열의 문학은 리얼리티를 결여한다. 그러나 다른 한편으로 볼 때 문화가 비추는 현실은 있는 그대로의 삶뿐 아니라 그 현실 속에서 살아가는 사람들의 소망일 수도 있다. 소비에트라는 지배계급 사회에 뿌리를 내리고 주류 사회로 편입되고자 하는 바람, 즉 타자의 가치가 아닌 고려인들 자신의 지향성을 반영하는 것으로 볼 수 있다.

김종세의 「순옥언니」에서 순옥은 모범적이고 표준화된 행위의 모델로 전형적인 소비에트 여성상이라 할 수 있다. 순옥은 작품을 통해 작가의 사회적 진보에 대한 확신과 공산주의의 건설자의 규범을 보여준다. 리춘, 「류바 아주머니」는 고려인 류바 아주머니라는 노력영웅을 묘사한다. 긍정적인 자아의 성취나 민족적인 자아 이상에 의한 것이 아니라 지배사회가 강요하던 이데올로기에 과잉 적응하는 가운데서 나타난 고려인 영웅 아주머니에 대한 시적 묘사는 이면에 절실한 생존욕망을 포함시키고 있는 위장의 노래임을 역설적으로 보여주고 있다.

이에 반해, 1980년대의 페레스트로이카와 글라스노스트에 의한 급격한 방향 전환의 양상을 보인 시 작품들이 창작되었다. 고려인 시에 나타나는 여성상 역시 변화를 보인다. 그들이 호명하는 '어머니'는 이전에 소비에트 공동체 형성에 매진하는 노동자나 인물로서의 여성을 전면에 세웠던 것과 확연히 다른 인물을 호명한다. 소재뿐만 아니라 주제적 차원의 형상화에서도 다른 차이점을 보임을 알 수 있다. 이것은 1937년 고려인의 강제이주와 무관하지 않다.

1980년 이후에 발표된 여성은 주로 '어머니'이다. 작가들은 어머니에 대한 사랑과 그리움을 노래했다. 남성 작가들은 어머니를 호명함으로써 지난한 타국 식민지 현실에서 벗어나고자 한다. 어머니에 대한 그리움은 고향에 대한 형상화로 그 의미망이 넓어진다. 고향을 찾아간다는 것은 자신의 존재의 원형을 찾아 자아를 찾아가는 것과 동일한 의미를 지닌다. 그러나 고려인들의 귀향은 단순히 자아를 찾아가는 것보다 조금 더 특별한 의미를 지닌다. 그것은 현실에서 오는 불안감이나 상실감을 치유하기 위한 하나의 방법이라 할 수 있다.

강태수의 「어머니」는 이전에 소비에트 공동체 형성에 매진하는 노동자나 인물로서의 여성을 전면에 세웠던 것과 확연히 다른 인물을 호명한다. 강태수의 어머니는 '어리광' 부리고 싶은 대상이며, 늘 그리운 대상이다. 신념의 담지자도 아니고, 사회주의적 도덕성을 체현한 인물도 아니다. 자식을 위해 제 속을 다 태우는 헌신의 모성성이다. 구체적인 면모를 보이는 어머니를 형상화함으로써 시는 구체성을 담보한다. 관념적 추상성과 도식성을 어느 정도 극복하고는 있지만 여전히 남성 시인의 낭만적인 이상 속에 존재하는 이념을 보여주는 한계를 보이고 있음을 알 수 있다. 주영윤의 「어머니」에서 '어머니'는 고려인의 민족성을 추구하는 동시에 언제나 돌아가고픈 유토피아라는 하나의 지향성이다. 소비에트 치하에서 억눌렸던 억압과 핍박에서 벗어나 삶의 애환과 실존의 고통을 위무해줄 수 있는 대상으로서의 어머니를 애타게 호명한다. 리진의 시 「어머님 생각」 속의 어머니는 과거 속 회상의 어머니다. 시에서 '어머님 생각'을 결구로 반복적으로 사용함으로써 회상의 밀도를 더한다. 담담하게 그리움을 그리지만 민요적 율격을 취한 형식성 때문에 조선의 전형적인 어머니에 대한 그리움을 잘 전달하고 있다. 그럼에도 불구하고 여전히 여성은 어머니로만 회귀하고, 소재의 단일성이란 한계를 노정한다.

신문 『레닌기치』가 소비에트 공화국의 기관지의 성격을 갖고 있다는 점을 물론 중요하게 여겨야 할 것임은 틀림없다. 오히려 그렇기에 기관지의 성격과 고려인의 정체성과 소재와 주제의 문제가 긴밀하고도 교묘하게 혼종되어 있는 텍스트를 꼼꼼하게 분석하고 심층 구조를 파헤치는 것은 더욱 중요한 학술 과제라고 할 수 있을 것이다. 이를 통해 고려인들이 어떻게 그들만의 고유한 정체성을 확보하고, 아울러 고려인 문학을 재창조하는 데 어떤 역사성을 갖게 되었는가를 고찰하는 데 여성성이라는 개념으로 접근하는 것은 유의미하다 할 것이다.

고려인 여성 작가 리정희 소설 연구

1. 머리말

이 연구는 소비에트 중앙아시아 고려인 최대 민족 신문 『레닌기치』에 수록된 여성 작가 리정희의 작품 양상을 고찰하는 것이 목적이다. 리정희는 『레닌기치』에 작품을 발표한 최초의 여성 작가이면서 다수의 작품을 발표한 여성 작가[1]이다. 사할린에서 러시아 중부지역을 거쳐 카자흐스탄으로의 이주 체험과 역사적 기억, 남성 작가가 다수를 점하는 『레닌기치』에서 소수자였던 여성 작가로서의 이력과 젠더적 시각, 소련 해체로 인한 한국 정착의 재이주 경험, 민족과 젠더의 교차점에 위치한 특수성 등은 작가 리정희 작품을 연구하는 데 시사하는 바가 크다.

여성 작가의 작품에 존재하는 계급, 문화, 상황적 특수성을 집중적으로 논의하는 것은 고려인 문학의 복합적이고 다면적인 정체성에 대한 이해를

---

[1] 리정희는 『레닌기치』에 1966년에 첫 작품을 발표하였으며 이후 10편이 넘는 소설을 발표하였다. 소설 외에도 극평, 희곡, 아동문학, 러시아 소설 번역 등을 발표하였다. 리정희 외에 『레닌기치』에 작품을 발표한 당시 여성 작가로는 주동일(소설 1편)과 남경자(소설 3편)가 있다.

높인다는 점에서 의미를 지닌다. 이는 나아가 고려인 문학의 보다 다양하고 심층적인 양상을 고찰하는데 도움이 될 것이다.

이 논문에서 집중적으로 다룰 리정희(1946~) 작가는 사할린주 우글레고르스크에서 태어났다. 리정희의 아버지는 사할린으로 강제징용을 당했다. 우글레고르스크 구역 우다르늬 중학교를 졸업하였다. 당시 사할린에는 소련 국적이 없는 사람이 많았다. 사할린에서 태어난 리정희 역시 그중 한 사람이었다. 소련 국적이 없는 사람은 대학을 갈 수가 없었다. 그래서 다른 사람의 여권을 빌려서 간 곳이 사할린에서 되도록 먼 곳인 러시아 중부 사라토브시였다. 리정희는 그곳에서 거의 일 년 동안 생활하면서 모국어를 잊지 않기 위해 글을 썼다. 그러던 중 중앙아시아 고려인 친구를 통해 카자흐스탄에 고려말 신문 『레닌기치』가 있다는 소식을 들었다. 그때 쓴 짧은 글 한 편을 『레닌기치』에 투고를 하였다. 이후 신문사에서 같이 일을 해보자는 제안과 함께 초청장이 왔다. 카자흐스탄으로 온 그는 카자흐스탄 크즐오르다 사범대학교 문헌학과를 졸업하였다. 1967년 『레닌기치』(현 『고려일보』) 신문사에 하급기자로 입사했다. 1979년부터 알마티 예술연극대 한국어회화과 학생들을 가르쳤다. 또한 1979년에 문학 및 예술부장으로 승진하였으며 1984년부터 1990년까지 카자흐스탄 고려인 극장 문학부장 직위를 겸하였다.

리정희는 1992년에 한국 단국대학교 대학원에서 현대문학(극문학)을 전공하였다. 석사 논문으로는 「재소한인 희곡연구-소련국립조선극장 레파토리를 중심으로」(단국대학교, 1992)가 있다. 2000년부터 현재 카자흐스탄 사할린향우회 회장으로 활동하고 있으며, 소설 『그날』로 2003년에 미국 로스앤젤레스 한국문학대상을 수상하였다. 2005년에 한민족문화·언어·문학 발전에 기여한 공로로 독일 드레스덴 국제예술아카데미(지부 모스크바)의 '황금왕관' 훈장을 수훈하였다. 그 외에 카자흐스탄 기자상과 기자동맹 표창장 등을 수상하였다. 1990년 한국으로 영구 귀국한 이후 현재 남양주시에 거주하며 번역 등 집필 활동을 하고 있다.[2]

『레닌기치』에 수록된 리정희 작가의 작품은 다음과 같다.

발표일	작품 목록
1966년 4월 20일	소설 「아름다운 심정」(『시월의 해 빛』(1971)에 재수록)
1966년 8월 12일	소설 「차간에서」
1967년 5월 12일~17일	소설 「상봉과 리별」
1969년 2월 22일	소설 「청춘의 랑만」
1970년 11월 21일	아동문학 「이라와 제비」
1971년 12월 4일	소설 「푸대접」
1975년 6월 19일~7월 9일	소설 「살구꽃 필 때」
1977년 4월 30일~5월 4일	소설 「선물」
1977년 9월 30일	산문시 「아버지의 사진 앞에서」
1979년 9월 21일~9월 23일	소설 「검은룡」
1981년 1월 1일	소품 「샛별」
1980년 2월 8일	수필 「한 교원에 대한 생각」
1989년 4월 11일~4월 14일	소설 「소나무」(『행복의 고향』(1988)에 수록)

리정희는 위의 작품 목록 외에도 다수의 극평과 번역한 러시아 소설을 게재하였다. 본 연구에서는 위에 언급한 작품 중 소설 작품 9편만을 다루기로 한다.

그동안 『레닌기치』에 실린 수많은 작품들의 다양한 편차들에 주목하고, 고려인 문학의 문학사적 의미와 담론들을 반영한 연구들은 많았다. 그러나

---

[2] 리정희 작가와 면담, 이메일과 SNS 등을 통한 심층 인터뷰를 재구성함.

소설 장르에 있어 남성 개별 작가론과 작품[3]에 대한 의미 있는 연구는 많이

---

3   소설 장르에 대한 개별 작가 연구의 예로는 다음을 들 수 있다.
고인환·이정선, 「탈북 디아스포라 고려인 소설 연구」, 『국제어문』 70권 0호, 국제어문학회, 2016.
강진구, 「구소련권 고려인 문학에 나타난 역사 복원 욕망 연구 : 김세일의 장편소설 『홍범도』를 중심으로」, 『민족문학사연구』 25, 2004.
──, 「구소련 고려인 문인의 존재 방식 – 김기철을 중심으로」, 『어문논집』 32, 2004.
──, 「원동 이만강변 조선사람 김」, 『오늘의 문예비평』, 2007.
김종회, 『중앙아시아 고려인 디아스포라 문학』, 국학자료원, 2011.
김필영, 「고려인 작가 김준의 『십오만 원 사건』에 나타난 항일투쟁 시기의 민족주의와 사회주의」, 『한민족문화연구』 29, 2009.
──, 「중앙아시아 고려인의 삶과 문화; 소비에트 중앙아시아 고려인 소설 연구」, 『민족문화논총』 32권 0호, 영남대학교 민족문화연구소, 2005.
──, 「김세일과 소비에트 중앙아시아 고려인 문학」, 한복문화학회 학술대회, 2004.
신정은, 「고려인 문학 「홍범도」에 나타난 역사의식과 서사 양상 연구」, 『국제한인문학연구』 11, 2013.
송명희·이상갑, 「CIS 지역 고려인 소설의 정체성과 언어」, 『현대문학이론연구』 50, 2012.
──, 「고려인 소설에 재현된 '러시아 이미지' 연구 – 김준의 소설을 중심으로」, 『한어문교육』 31, 2014.
오창은, 「고려인 문학에 나타난 정체성의 정치 : 양원식 소설을 중심으로」, 『한국문학회』 57, 2011.
우정권·임형모, 「고려인 문학의 성격과 전개 양상」, 『현대소설연구』 44, 한국현대소설학회, 2010.
임환모, 「중앙아시아 고려인 단편소설의 지형도」, 『한국문학이론과 비평』 57, 2012.
장사선·김현주, 「CIS 고려인 디아스포라 소설 연구」, 『현대소설연구』 21, 2004.
정덕준, 「탈북 고려인 작가 리진 소설 연구」, 『한국문학이론과 비평』 66, 2015.
최병우, 「이념과 현실 그리고 사실의 변용 : 김준의 『십오만원 사건』의 경우」, 『한중인문학연구』 40, 2013.
홍태식, 「중앙아시아 고려인의 소설문학 연구(1) – 공동작품집 『시월의 해빛』을 중심으로」, 『새국어교육』 85권 0호, 한국국어교육, 2010.

축적되고 자세하게 조명된 반면에 여성 작가에 대한 연구는 파편적으로 언급되거나 부분적으로만 거론[4]되고 있을 뿐 거의 없다. 예를 들면 『레닌기치』에는 약 90여 편의 소설평이 게재되어 있지만 리정희 작품을 다룬 비평은 2편밖에 없음을 알 수 있다.[5] 고려인 문학 연구는 주로 남성 작가들을 중심으로 이루어져왔으며, 이로 인해 여성 작가들의 존재와 역할이 상대적으로 배제되어왔다. 이러한 연구 경향은 고려인 문학의 복합적이고 다면적인 특성을 충분히 조명하지 못하는 한계로 작용한다. 실제로 당시 고려인 문학의 중추적 역할을 담당한 주체가 남성이라는 점은 부인할 수 없으나, 『레닌기치』와 같이 고려인 문학의 중심적 발표 무대이자 문학 제도 형성에 선도적 역할을 수행한 매체에서 활발한 작품 활동을 펼쳤던 여성 작가에 대한 소개가 부족했다는 점은 고려인 문학의 구체적 실체를 이해하는 데 있어 중요한 공백으로 남는다. 따라서 본 연구는 기존 연구에서 간과된 여성 작가들의 문학적 기여와 그 의미를 재조명함으로써 고려인 문학의 다층적 특성을 보다 입체적으로 규명하는 데 기여하고자 한다.

　리정희는 사할린 출신의 고려인 여성 작가라는 특수한 정체성을 가지고 있다. 특수한 정체성이라고 명명하는 이유는 아래와 같은 고려인 디아스포라의 역사적 맥락을 살펴보면 알 수 있기 때문이다.

　2000년대 들어 구소련 고려인 디아스포라는 약 52만여 명에 달하는 것으로 집계되고 있다. 이들 구성원은 크게 세 부류의 유형으로 나눌 수 있다. 첫째, 앞에서 개략적으로 살펴본 연해주에 살던 고려인들로 1937년 스

4　이정선, 「사할린 고려인 한글 소설의 주제 양상 고찰」, 『국제한인문학연구』 15, 한인문학회, 2015; 조정래, 「한국문학과 만주체험 : 카자흐스탄 고려인 작가 김준의 장편소설 『십오만원 사건』 연구」, 『현대문학의연구』 37, 2009.
5　정상진, 「리정희의 세 편의 단편소설을 읽고서」, 『레닌기치』 1967.7.9; 강태수, 「소나무를 읽고서」, 『레닌기치』 1988.12.14.

탈린의 강제이주 정책에 의해 이주된 약 20만 명의 한인과 그 후손들이다. 둘째, 일본군에 징용되었던 일본 식민통치하의 한인들과 그들의 후손으로 제2차 세계대전 이후 사할린에 잔류되었다가 1970년대 말 구소련 지역으로 이주한 사람들이다. 셋째, 1950년 이후 북한의 국비 장학생으로 러시아 모스크바에서 유학하던 학생들 가운데 소련으로 망명하여 정착한 사람들이다.[6] 물론, 이들 부류 중 두 번째와 세 번째는 소수이고 첫 번째가 절대다수를 이룬다. 두 번째 경우에 속하는 사할린 출신 고려인 작가로는 리정희, 성점모, 주영윤, 조상창, 장윤기, 남경자, 박성훈, 최영근, 정장길 등이 있다.[7] 사할린 출신 고려인들은 인구 구성상 소수에 불과하고 정치적인 이유 때문에 그간의 고려인 관련 논의에서 소외되거나 누락되어왔다. 역사적이고 정치적인 맥락 속에서 사할린 출신의 고려인 문학은 소수자 문학이라고 할 수 있는 고려인 문학 안에서도 또 다른 소수자 문학[8]으로 자리매김되었다.

리정희는 원동 출신은 아니지만 일제강점기에 사할린으로 징용당한 부친의 자녀로 성장한 이후에는 러시아를 거쳐 카자흐스탄으로 이주한 작가이다. 강제이주의 직접적 체험을 겪은 세대는 아니지만 사할린이라는 특수한 공간에서 성장했던 경험은 여타의 중앙아시아 고려인 작가들의 작품과는 다른 양상을 보이고 있다.

---

6   김필영, 「한국 도안과 소비에트 중앙아시아 고려인 문학」, 중앙아시아한국학회, 2005, 797쪽.
7   '사할린 출신의 고려인'은 사할린에서 출생한 경우뿐만 아니라, 어린 나이에 사할린으로 이주하여 성장한 경우와 사할린에서 오랜 시간 거주한 경우도 포함한다. 이명재 편저, 『소련지역의 한글문학』, 국학자료원, 2002; 장사선·우정권, 『고려인 디아스포라 문학연구』, 월인, 2005.
8   이정선, 「사할린 고려인 한글 소설의 주제 양상 고찰」, 『국제한인문학연구』 15, 2015, 201쪽.

사료적 한계[9]에도 불구하고 『레닌기치』에 작품을 발표한 최초의 여성 작가이면서 작품을 다수 발표한 여성 작가이자 『레닌기치』 기자이기도 했던 사할린 출신의 고려인 작가인 리정희에 대한 연구는 고려인 문학의 부분적인 공백을 채워 넣고, 고려인 문학의 다양한 편차들에 대한 의미 있는 재구성의 일환이라고 할 수 있다.

리정희는 사할린(러시아), 카자흐스탄, 한국의 세 나라 사이에 위치하고 있으며, 이후 국적을 한국으로 바꿈으로써(1990) 고려인에서 한국인이 되었지만 경계인의 자리에 처해 있다.

본고에서는 신문 『레닌기치』에 수록된 리정희의 소설 작품을 연구 대상으로 하여 독특한 위치에서 연유한 문제적 시선과 작품의 소재, 주제의 표현 양상에 주목하고자 한다.

2. 여성 화자를 통한 서술 방식

리정희의 다음 작품들은 주로 여성 서술자가 관련된 사건들을 서술하는 방식으로 되어 있다. 「아름다운 심정」의 '나', 「차간에서」의 '나', 「상봉과 리별」의 '미화', 「소나무」의 '복순', 「살구꽃 필 때」의 '영애', 「선물」의 '순희'는 모두 여성이 초점화자로 구성되어 있다. 이때 서술자이자 화자인 '여성'

---

[9] 기존 연구에서 밝힌 『레닌기치』에 수록된 리정희의 작품 목록은 연구에 따라 다르다. 예를 들면 김필영의 『소비에트 중앙아시아 고려인 문학사』(강남대학교 출판부, 2004)에서는 4편; 장사선·우정권, 『고려인 디아스포라 문학연구』(월인, 2005)에서는 7편; 이명재의 『소련지역의 한글문학』(국학자료원, 2002)에서는 단편소설 14편; 이정선의 「사할린 고려인 한글 소설의 주제 양상 고찰」, 『국제한인문학연구』 15, 2015,에는 11편으로 밝히고 있다(목록에는 단편소설이 아닌 것도 포함되어 있다). 이 부분에 대해 작가와 대조 확인을 해본 결과 본인 역시 작품의 제목과 발표 시기, 작품 편을 정확히 기억할 수 없다고 밝혔다. 본 연구에서는 소설 9편을 분석의 대상으로 삼는다.

은 대부분 회상의 형태로, 사건들의 경험을 진술하는 주체의 방식을 취한다. 이는 작품의 의미를 형성하는 데 중요한 역할을 한다. 여성 서술자는 과거의 사건에 대한 시간의 경과에 따른 보다 많은 양의 정보를 인지하고 있으며, 이를 종합하고 분석하고 주제를 끌어내는 능력을 갖추고 있다. 경우에 따라서는 사건을 경험했던 '여성'을 초점화자로 내세워 의도적으로 제한된 범위 내의 서사를 제시한다. 여성 초점화자의 선택은 작중인물의 특성을 부각시키고 사건의 의미를 작가의 세계관으로 귀속시키는데 기여한다.

리정희의 첫 작품으로 알려진 「아름다운 심정」에서 행군에 참가했던 '나'와 정자는 점심 식사를 한 뒤 지도원에게 찬물을 뜨러 간다는 핑계를 대고 산속 밀림으로 들어갔다가 길을 잃고 닷새 동안 헤매게 된다. 우여곡절 끝에 러시아인이 사는 한 마을에 도착해서 '소냐'라는 러시아 처녀의 도움을 받은 뒤에 무사히 귀환한다.

> 어디선지 비행기 소리가 들려왔다. 무슨 비행기가 이 깊은 산중에 나타났는지 알 수 없었다. 별의별 생각을 다하여, 귀를 기울이며 비행기를 찾았다. 눈 앞엔 즐거이 야영 생활을 보내는 동무들의 행복한 얼굴이 떠올랐다.
> 정자의 배낭까지 등에 진 나는 몸이 온통 쑤셔나는데다가 정자가 아픔을 보이지 않으려고 애끄는 것이 마음 쓰라리게 아팠다. 그러다도 휴식할 때는 만사를 잊어버리고 앞으로의 보람찬 생활을 머리 속에 그리며 서루 제가 옳다고 말다툼까지 하였다. 그 때마다 선생의 강의를 듣는 조용한 강당, 긴장된 마음으로 시험 문제를 뽑는 모습, 위험을 무릅쓰고라도 범죄자의 뒤를 쫓을 것이 머리 속에 떠올랐다. 마음 같아서는 날아라도 갈상 싶다.
> 변덕 많은 싸할린 날씨는 금시 구름이 몰려오더니 점점 낮게 뜨며 차츰 바람이 불기 시작했다. 밀림은 삐걱거리며 솨솨하며 울부짓고 있었다. 바람은 점점 세게 불기 시작했다. 온갖 힘을 다해 가며 우리는 줄곧 서쪽으로 향하여 걸었다. 어디선가 파도치는 소리가 바람에 실려 들어 왔다. 발걸음을 멈춘 우리는 방향을 확정하려고 애쓰며 이쪽 저쪽 싸다녔으나 허

사였다.

　날은 저물어 어느새 밀림 속은 먹장을 친 듯 캄캄하여졌다. 바람은 계속 세게 불어오고 있다. 우리는 서로 부축하며 나무 사이를 이리저리 빠져 나가며 얼마 동안 걸었다. 파도 소리는 가까이에서 들려오건만 여전히 방향을 알아 낼 수 없었다. 마음은 바싹 말라 타들어 가는 것 같았으며 다리는 저절로 옮겨졌다. 그러다가 불시로 나무들이 드물어지더니 저 멀리 수평선에 검은 바다가 어둠 속에 나타났다. 바다의 찬 기운은 저도 모르게 흘러 내리는 눈물을 씻어 주며 머리칼을 쓰다듬어 줬다. 얼마 후 우리 앞에 노한 파도가 이는 정든 바다가 나타났다. 산곡때기에 올라 우리는 마치 바다와 이야기나 해 볼 듯이 서로 끌어안고 날치며 "바다야, 무심한 바다야! 그 동안 잘 있었니?" 하며 마구 소리쳤다. 파도는 마치 대답이라도 하듯이 공중 높이 뛰여 올랐다간 바다'가의 바위들에 부딪쳐 산산이 붓어지군 한다.

서술자인 '나'는 밀림에서 길을 잃어버린 상황에 놓이면서 '별의별' 생각에 휩싸이다가 동무들 생각으로, 친구인 정자의 고통에 감정이입을 하고, 학교생활에 대한 회상으로 언술을 펼쳐가고 있다. 밀림 속에서 방향을 잃고 "방향을 확정하려고 애쓰"는 소녀들의 모습을 보여주는 여성 초점화자의 선택은 청소년기 특유의 방황과 성장의 통과의례의 혹독한 고통이라는 주제의 특성을 부각시키는 데 적절하게 기여하고 있다.

　리정희의 작품에 대해 정상진은 다음과 같이 비평한다.

　두 해 동안에 『레닌기치』 신문에는 여태까지 독자들에게 알려지지 않는 녀류 소설가의 이름이 세 번 나타나었다. 그는 곧 20세에 나는 리 정희이다. 그이 단편 소설 「아름다운 심정」, 「차 간에서」, 「리별과 상봉」은 자연히 독자들의 주목을 끌었다. 이렇게 된 첫째 원인은 그가 우리 신문 지상에서 보기 드문 녀류 소설가라는데 있으며 소설 내용의 소박성, 생기롭고도 순결한 이야기가 아마도 둘째 원인일 것이다.

　이 소설들을 읽은 다음 독자들은 "단편들의 내용은 소박하고도 아름다우나 소설가의 기교가 좀 어리구나!" 하는 것을 감축하게 된다. 이와 같은 인상은 근거를 갖고 있으며 이 근거의 내막에는 단편 소설 창작에 대한 많은 문제들이 숨어 있다.[10]

정상진은 리정희를 먼저 "여태까지 독자들에게 알려지지 않는 녀류 소설가"라고 소개한다. 그리고 리정희의 처녀작인 「아름다운 심정」은 "큰 세계에 들어선 천진란만한 청춘의 환희와 기쁨이며 '큰 생활'의 길에서 처음 생애 첫 맛을 보는 '청춘의 노래'"라고 개략적으로 정리하고 있다. 리정희를 주목하는 기준은 "『레닌기치』 신문"에 "녀류 소설가의 이름"이 세 번이나 나타났다는 것에 있음을 숨기지 않는다. 아울러 리정희는 "보기 드문 녀류 소설가"이기 때문에 독자들의 주목을 끌 수밖에 없는 당시의 상황을 드러내고 있다.

하지만 리정희의 소설들을 읽은 독자들은 "단편들의 내용은 소박하고도 아름다우나 소설가의 기교가 좀 어리구나!"라는 것을 감축하게 된다고 하면서 비평가인 정상진의 평을 에둘러 표현한다. 기교의 미숙함, 내용의 소박함에 대한 평가는 인상비평이지만 근거를 갖고 있다고 정상진은 주장한다. 여성의 언술행위가 남성과 다르게 구성될 수 있다는 측면에 대해서는 고려하지 않는다.

작품 속에 등장하는 소녀들의 통제되지 않는 자유분방한 도전, 떠들썩한 일탈, 거리낌 없는 대담함 등은 비평의 대상으로 전혀 수렴되고 있지 않음을 알 수 있다. 리정희의 작품에는 작가의 주관적 심정이 노출된 문장들이 서사에 섞이면서 통제되지 않는 측면이 있지만 소녀들의 넘치는 생명력이 밀림과 바람과 파도와 같은 객관적 상관물과 긴밀한 연결성을 가지면서

---

10 정상진, 앞의 글.

전체 서사에 역동성을 부여하고 있다.

또 하나 주목할 점은 리정희 작품에서 학생 신분의 인물이 자주 등장하며, 이들의 연애 이야기가 주요 주제로 다뤄진다는 것이다. 이러한 설정은 새로운 사회의 긍정적 분위기를 반영한다 볼 수 있다. 과거 생존이 위협받던 시기와 달리, 미래를 꿈꾸며 학업에 열중하는 일상이 현실화되었고, 나아가 사랑이라는 감정에 눈뜨는 젊은 세대의 모습을 드러낸다. 특히 남녀 간 애정담이 빈번히 나타나고, 대학에 다니는 여성 주인공이 중심에 서는 점은 중앙아시아 고려인 소설과 구별되는 특징이다. 중앙아시아 고려인 문학에서 여성은 주로 소비에트 공동체 건설에 헌신하는 인물로 묘사되며, 이는 당시 소비에트 사회가 이상적으로 내세운 여성상을 반영하는 것이다.[11] 그러한 작품들은 다음과 같다.

리 와씰리의 「뜨락또르 운전수」(1964)는 처녀 뜨락또르 운전수인 김 마리야가 기계공 강습을 간 사이 술주정뱅이 기계사가 마리야의 뜨락또르를 능력이 안 되는 청년에게 사용하도록 하여 뜨락또르를 망가뜨리고 좋은 부속을 빼내어 다른 기계와 바꾸었지만 마리야가 지혜롭게 대처하여 자신의 뜨락또르를 다시 수리해나가는 모습을 그리고 있다. 「첫걸음」(1965)은 논물을 보는 처녀 농사꾼이 주인공이다. 10년제 중학교를 졸업한 전수난이 어느 한 쏩호스의 논물보기군으로 지원하여 통상 남자들이 하는 일로 알려진

---

[11] 소비에트 정부는 일하는 여성이나 일하는 어머니 혹은 위대한 모성이라는 독특한 슬로건을 내세웠다. 이를 위해 정부는 각종 정치적, 사회적, 그리고 문화적 행사를 계획하여 메달과 훈장을 수여하는 등의 캠페인을 끊임없이 시행하였다. 그중 유명한 이미지는 여성이 농촌 트랙터를 운전하는 모습 즉 트랙토리스카(Traktoristka)였다. 이 외에도 후진적인 의식을 가진 여성이 사회주의 건설에 앞장서서 혁혁한 성과를 거두고 생활수준이 향상되어 즐거워하는 모습을 그린 포스터를 제작하였다. 강회진, 「고려인 시문학 속 여성상의 변화 양상」, 『시학과 언어학』 제27호, 시학과언어학회, 2014, 135쪽.

이 힘든 일을 성공적으로 수행하여 풍년이 되었다는 내용을 그리고 있다.

김광현의 「명숙 아주머니」(1971)에서 명숙 아주머니는 콜호스의 노인들을 잘 모시고 모범적으로 콜호스 사업을 하여 큰 성과를 이룩하여 모든 사람들로부터 존경을 받는 인물로 그려지고 있다.

김기철의 「강사와 그의 딸」(1971)에서 중학교를 졸업한 로사는 "농업을 발전시키는 것은 전체 당과 전체 인민을 위한 일"이라며 부모의 반대에도 불구하고 콜호스로 간다.

김준의 「밟지 않은 오솔길」(1971)은 제24차 공산당 대회에 바친 작품으로, 크즐오르다주 까르막치 구역의 여자 콜호스원 황봉선에 관한 이야기다. 갈대가 무성하던 황무지를 비옥한 땅으로 만들어놓았으며 벼 다수확 명수인 여주인공으로 그려내고 있다.

이처럼 작품 속에 형상화된 여성들의 모습은 주로 '영웅서사'의 구조와 맞물려 있음을 알 수 있다. 새로운 국가와 질서에 편입된 고려인의 주변부적 위치와 타자적인 정체성은 역설적으로 적극적인 동일화를 수행하려고 노력하는 것으로 그려지고 있다. 소비에트 이데올로기의 승인에 대한 강한 욕망은 문학작품에서 미적 거리를 확보하지 못하고 교의적이고 구성적인 인물을 그려내는 한계를 갖고 있음을 알 수 있다.

그러나 리정희 작품 속 여성상들은 거시적 이념에 포섭되거나 일상과 유리된 관념적 인물이 아니라 구체적이고 현실적으로 그려지고 있음을 알 수 있다. 리정희 작가가 창작 전략으로 삼은 여성 초점화자와 시선은 기존의 남성 작가들이 남성의 주변부에 부수적으로 존재하는 인물로 여성을 재현하는 방식에서 벗어나 주체로서의 여성을 그려내고자 한다는 점에서 여성 작가의 독자성을 확인할 수 있다.

3. 가부장의 부재 양상과 의미

리정희 작품들 상당수는 가부장의 부재를 중요한 주제로 드러내고 있다. 「차간에서」에서는 주인공이 기차 안에서 만난 청년의 회상이 서사의 중심을 이루는데, 이 청년이 집안의 기대주임에도 불구하고 부상으로 신체적 훼손을 입었으며, 아버지의 부재가 함께 부각된다. 「살구꽃 필 때」에서는 주인공 영애의 고향 동창생인 영기의 아버지가 벌목 작업 중 사망하여, 영애에게 유년기의 트라우마로 작용하는 모습을 보여준다. 한편, 「선물」에서는 주인공인 순희 할머니만 등장하며 남편에 관한 언급은 전혀 나타나지 않는다.

대표적으로 「소나무」의 주인공 '복순'은 차별과 빈곤, 피억압자와 이산, 가족주의와 무한한 희생을 현현한 인물이다. 주인공 복순은 어려운 집안에 태어나 열두 살에 어느 집 눈먼 아들의 처로 팔려간다. 돈을 많이 벌 수 있다고 화태(싸할린)로 이사를 가는 시댁을 따라 고향마저 떠나게 된 복순은 시부모 봉양에 눈먼 남편까지 섬기는 고달픈 생활을 이어간다. 마음이 괴로우면 자기 신세를 연상시키는 해변 언덕 위의 소나무를 찾아가 위안을 찾지만 이도 여의치 않다. 소련군에 의해 남화태도 해방이 되고 생활이 나아지기 시작하자 복순은 남들처럼 직장엘 다니고 싶었지만 남편과 시어머니의 꾸지람에 직장을 단념한다. 국가에서 주는 보조금과 텃밭에서 나오는 채소를 장에 내다 판 것으로 생계를 유지한다. 눈먼 남편은 독방을 차지하고 우두커니 방을 지키거나 가끔 지팡이로 앞을 더듬으며 복순이 장에 내다 팔아 생계를 유지하는 텃밭을 돌기만 할 뿐이다. 복순과 남편 사이엔 어떤 애정도 다정함도 없다.

남편의 생활은 단조로웠다. 독방을 차지하고 우두커니 방을 지키는 것이 그의 기본 일이였지만 때때로 그도 지팽이로 앞을 더듬으며 터밭을 돌아보았다. 그리고는 울타리곁에 자라는 나무밑 그늘에 놓인 장의자에 그린 듯이 앉아있었다. 동네사람들은 '글집 량반'이라고 그를 불렀다. 그들은 벌써 30년이 되도록 한마을에서 살아오지만 복순이가 남편에 대하여 한번 짜증을 내는 일이라고는 듣지도 보지도 못했다. 그래서 복순이앞에서는 '그집 량반'이라고 존경절반 롱절반 섞어 불렀지만 복순이가 정 바삐 돌아칠 때면 자기들끼리 '목석량반'이라고도 하였다. 동네에서도 그랬으며 싸할린에서도 시어머니가 시키는대로 복순은 남편 옷은 반드시 흰당목 적삼에 검은바지를 해드렸다. 시어머니가 돌아가신뒤에도 어김없었다. 그러다 철자가 첫월급을 탔다고 아버지에게 색적삼을 사다드렸다. 아버지는 딸이 사다주었다고 그 적삼을 벗으려하지 않았다.

소설 속 남편은 "독방을 차지하고 우두커니 방을 지키는 것"이 기본 일이고, "울타리곁에 자라는 나무밑 그늘에 놓인 장의자에 그린 듯이 앉아" 있을 뿐인 존재로 묘사되어 있다. 어머니와 아내와 딸에 의해 부양받는 존재인 '그'는 핏줄과 가족을 지켜낼 아무런 능력이 없는 맹인이다. 그(남편)가 맹인으로 묘사되는 것은 대단히 상징적인 의미가 있다. 아들이자 남편이며 아버지이기도 한 '그'는 부양의 책임을 다하면서 남성적 질서 즉 가부장제적 지배 관계에서 통제력을 획득하는 힘이 상실되어 있는 존재이다. 그럼에도 불구하고 아무것도 볼 수 없는 맹인인 그가 가족의 위계에서 정점에 있다는 사실은 가부장적 이데올로기기가 작동되고 있음을 시사한다. 가부장적 체제에 복속된 '복순' 개인은 사회적 위치에서는 개별적이지만 계급, 계층, 지역 젠더, 세대 등의 요소와 긴밀하게 결합되어 있다. 가부장제가 부재하기 때문에 여성인 복순은 가난에 처하게 되고 가족을 부양하는 임무를 떠맡을뿐더러 장에 채소를 팔아 근근이 생계를 이어가는 하층 계급에 처하게 된다.

여성들이 가부장제 하의 수동적, 피해자 위치 속에서도 가부장적 가족을 수호하거나 국가나 가부장적 이데올로기를 수용하는 모습을 보이는 경우도 많다. 하지만 리정희의 소설은 가부장제 이데올로기를 내면화한 여성의 모습을 드러내는 것처럼 서사를 이끌다가 돌연 방향을 비튼다.

한달이 지났다. 복순은 매일 장으로 다니면서 여전히 그 단골손님이 다시는 찾아오지 말았으면 하면서 은근히 바랐다. 그래서인지 그는 더보이지 않았다. 처음 며칠간 복순은 마음이 놓였다. 그러나 시간이 갈수록 생각이 많아지더니 크지 않은 눈덩어리가 굴러가면서 점점 커가듯이 차츰 근심이 커졌다. 왜 그가 급작스레 사라졌을까? 홀로 누워 앓고있지 않은가? 직장에서 사고가 났는가? 딸에게도 토로하지 못할 의문과 근심이 그를 괴롭히었다. 여자로서 주제넘게 남의 남자에 대한 미련을 품은 내마음이 죄가 되어 그가 사라졌는가? 하지만 세상에 태여나서 처음 맛본이 안타까움, 뜨거운 정은 봄내물이 겨울사이 쌓인 어지러움을 씻어내리는 듯 복순의 원스럽던 심장을 깨끗이 씻어내렸다.
날이 갈수록 마음이 초조하여갔다. 그러나 누구에게 그에대한 소식조차 물을 길이 없었다.
한달도 퍼그나 지난 어느 날이였다.
－아이구, 철수엄마단골손님이 보이지 않더니 저기 오는군－하고 한 아낙네가 웨쳤다.
모두의 시선이 거기로 쏠렸다. 복순의 가슴이 불시에 두근거렸으며 얼굴이 창백하여졌다. 그는 이 단골손님이 얼마나 그리웠고 기다려졌던가 하는 것을 그제야 똑똑히 깨달았다. 사람들의 눈이 아니였다면 마구달려라도 가련만…
－안녕하세요. 올해 채소가 잘되였군요－웅글은 그의 목소리는 오늘따라 부드러웠다.
－예. 괜찮게 되었여요. 요즘 보이지 않기에 앓는줄로 알았군요－복순은 속심을 들어내보이고 말았다.
－휴가를 갔다왔소.
그가 오이 두낄로그람은 종이에 싸들고 받지 않겠다는 돈을 매대우에 올려놓고 간 다음에야 복순은 온 장안이 그들의 말에 귀를 기우렸다는것을 눈치챘다. 하지만 의례히 찾아왔어야 할 부끄러움, 당황성은 감촉하지 못했다. 도리여 자신성이 생겼다.

    가져갔던 채소도 다팔지 못했지만 아낙네들의 눈길을 피하여, 자신을 피하여 집으로 돌아왔다. 집안에 들어서는 순간 밖으로 나가려고 더듬더듬 걸어나오는 남편과 부닥쳤다. 복순의 얼굴은 단번에 이그러졌다. 그는 신도 벗지 않은채 안방으로 들어가 철자의 려행용가방을 꺼내놓고 제옷가지들을 꾸겨넣었다. 이집을 떠나야했다. 그래야만 새생활을 할수 있었다. 손이 성하고 다리가 성한데 못할일이 있는가. 어디가서 밥버리를 못할가. 이 집에 남아서는 죽을 때까지 구습을 지키고 자신을 억제하며 살아가야 한다. 떠나자, 한시 바삐 떠나자.

시장에서 채소를 파는 복순에게 탄광에서 일하는 남자가 단골손님으로 등장하면서 주인공의 상황에 긴장이 고조된다. 다른 남자에 대한 야릇한 연정과 남편을 떠나 자유를 찾고 싶은 갈망이 주인공 복순의 내면에 깃들면서 단조로운 생활에 일대 변화를 주고자 한다. 여행용 가방에 새 옷가지를 넣으며 죽을 때까지 구습을 지키고 자신을 억제하며 살아가고 싶지 않은 마음에 서둘러 떠나려 한다. '새생활'에 대한 강렬한 열망은 "떠나자, 한시 바삐 떠나자"라는 복순의 다짐으로 표현되고 있다. 하지만 복순은 결국 떠나지 못하고 소나무처럼 힘든 여건 속에서도 뿌리를 단단히 내리는 자신을 수용하는 것으로 작품은 끝난다.

    강태수는 「소나무」에 대해 다음과 같이 비평한다.

    「소나무」의 주인공은 오로지 구습에 억눌리움도 아니다. 어떤 억센 틀 속에 억눌린 것도 아니다. 그의 절개는 인간답고 힘센 뿌리에서 움텄음으로, 더 기를 쓰고 자식들을 길렀으며 살림을 꾸려 갔다. 그리고 복순은 어떤 인형도 아니며 생활의 허수아비도 아니다. 땅 우에서 숨쉬며 기쁨을 찾

으면서 살아가는 녀성이다.[12]

강태수는 주인공 복순의 '절개'와 "기를 쓰고 자식들을 길"러낸 '녀성'에 주목하고 있다. 장마당에 오는 단골손님 남자에 대한 주인공의 마음을 '암담한 생활에서 불꽃으로, 아니 기쁨, 난생 처음으로 느끼는 인정의 빛'으로 이해하고 있는 평을 하고 있기는 하다. 하지만 '사실에 국한하지 말고 많은 생활 현상을 연구, 분석하면서 생활의, 인간 심정 세계의 론리에, 변증법에 귀를 기울려야 할 것'이라고 소비에트 문학이론을 잣대로 삼아 평가하던 엄격성은 '조선 녀성'의 전범을 찬양하는 어조로 뒤바뀐다. '민족의 특색'을 확연히 드러낸 '조선 여성의 성공된 형상'으로 주인공 복순은 '쏘련 조선문단'에 오래 살아남을 것이라고 칭찬을 아끼지 않는다.

> 복순은 어느 모로 보든지 아름다운 조선 녀성이다. 그의 몸에서는 민족의 특색이 확연하다. 그래서 「소나무」의 주인공된 복순은 한 조선 여성의 성공된 형상으로 우리 쏘련 조선문단에 오래 살아 있을 것이다. 또 모쓰크와종합대학 연구생인 아들을 가지게 된 복순의 행복도 일제에서 해방된 싸할린에서만이 있을 수 있지 않는가?
> 「소나무」를 읽은 후 그 어떤 고상한 생각에 잠기게 한데 대하여 작가에게 감사를 드리고 싶다.

남성 작가이자 비평가인 강태수[13]는 주인공 '복순'의 행복이 '모쓰크와

---

12 강태수, 앞의 글.
13 강태수(1909~2001)는 함경남도 이원군 이원면 문평리에서 출생하고 그곳의 소학교를 마친 강태수는 부친과 함께 농사를 짓다가 함경선 철도부설공사장에서 한동안 토목공으로 일했다. 1927년 소련으로 이주하여 어부로 일하다가 1년 뒤에 블라디보스토크의 공장 노동자가 되었으며, 1930년도에는 공장으로부터 노동학원에 파견되어 공부하다가 조선사범대학 어문학부에 입학했다. 1937년 강제이주되어 카자흐스탄

종합대학 연구생'이 된 사실이 행복이라고 규정하는 문장을 통해 조선의 여성은 결국 가부장제의 지속과 보존에 있다고 인정하는 한계를 보이고 있음을 알 수 있다. 물론 작품 속 주인공은 가부장제의 허구성을 평생에 걸쳐 견뎌내고 그 대가를 혹독하게 치르는 인물이다. 자식들의 헌신적인 어머니이며, 어려운 살림을 꾸려나가는 실질적 가장이기도 하다. 하지만 작가의 시선 안에서는 한 인간으로서 진정한 주체적 행복을 누리고 싶어 하고 자유를 갈망하는 역동적이고 구체적인 인물로 묘사되고 있다.

물론 작품의 결말은 시대적 한계에 의해서 불가피하게 자식을 키우고 남편을 부양하는 현모양처의 자리로 돌아가는 한계를 보이긴 하지만 낯선 남자에 대한 연정과 가족으로부터 자유롭고자 하는 강렬한 몸짓을 보여주는 방식은 기존의 가부장적 주제 구현에 대한 도전적 시도라는 의미를 갖는다. 남편의 반려이자 아들의 헌신적인 어머니라는 고정적인 관념 안에 박제되어 있지 않은 살아 움직이는 주체의 모습을 '복순'이라는 주인공 안에 구현시킨 것은 여성 작가의 시선 안에서 가능한 구체화의 과정이라 할 수 있다.

4. '떠남' : '사할린'으로부터의 양상과 의미

리정희 작가의 단편소설에는 주인공들이 사할린으로부터 떠나는 모습이 자주 그려지고 있다. 「상봉과 리별」에서 주인공 미화는 공부를 위해 사

의 크즐오르다에 정착했으나, 1938년 억울한 죄목으로 22년간 북방에서 유형 생활을 했다. 1959년 크즐오르다에 돌아와 공장 노동자로 일하다가 『레닌기치』에 입사했다. 2001년에 사망하기까지 다수의 시와 소설, 극평, 평론 등을 발표하였다. 정상진, 「시인 강태수의 삶과 문학―파란에 넘친 고통의 세월을 산 그의 시는 서정성과 뜻이 깊고 내용이 풍부하며 시상이 고상하다」, 『문학사상』 272, 문학사상사, 1995, 6~54쪽; 김필영, 『소비에트 중앙아시아 고려인 문학사』, 강남대학교 출판부, 2004, 89~92쪽 참조.

할린을 떠나 월고그라드로 가고, 「살구꽃 필 때」의 주인공 영애는 고향 사할린에서 모스크바로 떠나며, 「차간에서」의 주인공 여성인 '나'는 사할린에서 크슬오르다로 떠난다.

주지하다시피 리정희는 사할린 출신의 작가이다. 리정희의 회고에 따르면, 당시 사할린 거주 고려인들 중에는 소련 국적이 없는 사람들이 많았다. 작가 리정희 역시 그중 한 사람이었다. 소련 국적이 없는 사람은 사할린에서는 대학을 갈 수 없는 상황이었다. 따라서 중학교를 졸업한 리정희는 다른 사람의 여권을 빌려 사할린에서 되도록 먼 곳인 러시아 중부 사라토브 시로 갔다. 그곳에서 대학에 가기 위해 공부를 했다. 이러한 작가의 개인적인 경험이 작품에 고스란히 드러나고 있음을 알 수 있다.

본 장에서는 작가의 체험이 작품에 투영된 '떠남'의 양상과 의미를, 특히 '사할린'을 중심으로 살펴보고자 한다. 작품 속 등장인물들에게 사할린은 단순한 정착지나 고착된 삶의 터전이라기보다는, 새로운 가능성과 모색을 위해 불가피하게 떠나야 하는 장소로 상징화되고 있음을 확인할 수 있다.

> 미화는 공부를 계속할 마음을 먹고 월가 강반의 아름다운 영웅 도시 월고그라드로 떠났다. 그의 동무들도 그를 처음으로 바래 주고 누구는 하바롭쓰크, 누구는 모쓰크와 등 많은 대도시들로 헤어져 떠났다.

「상봉과 리별」의 주인공 미화는 고향 친구이자 연인이었던 '영호'를 뒤로 하고 고향 사할린을 떠나게 된다. 주인공은 학업을 위해 월고그라드로 향한다. 친구들 역시 '하바롭쓰크'로 '모쓰크와' 등 소련의 대도시들로 떠난다. 모두 익숙한 터전인 고향을 떠나 새로운 삶을 모색하고 있다. 주인공은 월고그라드에서 만난 러시아 처녀인 '나야'와 '빠웰(카자흐스탄 고려인 청년인 신철의 러시아식 이름)'을 만나 친한 관계를 맺는다.

미화는 처음에 낯선 고장에 와서 지내자니 어찌도 외로운지 고향 생각이 안정을 주지 않았다. 그러나 떠나온 바에는 이를 악물고라도 목적은 달성해야 하였다. 그의 제일 큰 난관은 로어를 잘 모르는 것이였다. 월고그라드에 들어서는 날부터 미화는 로어로 쓴 책, 잡지, 신문들을 읽으며 모를 말들을 한 마디 한 마디 더 배워 넣느라고 애를 퍽 썼다. 그는 대학에 붙을 희망이 없다는 것을 곧 깨닫고 공장에 취직하였다. 이것이 그의 첫 로동 생활이였다. 자기 자체가 로동한다는 긍지로 하여 그는 언제나 흐뭇한 마음으로 성력껏 일하였다.

주인공 '미화'는 낯선 곳에서 겪는 어려움을 토로하지만 새로운 언어인 '로어'를 익히는 난관과 공장에 취직해서 '로동 생활'의 힘듦마저 '긍지'로 여길 만큼 적극적이다. 떠남은 "현실을 타자화하며 자아와 세계의 거리와 관계를 재조명하며 모순을 전복시킬 새로운 것을 찾아나서는 것"[14]이다. 소설 속 주인공은 고향 사할린을 떠나, 새로운 언어, 새로운 관계, 새로운 만남 속에서 자신을 재조명하는 모습을 보이고 있다. 주인공은 다시 러시안 친구인 '나야'와 함께 '타슈켄트'로 향하게 된다. 떠남의 반복이 이루어지고 있다. 그곳에서 주인공은 대학을 가는 준비를 하게 된다. 특이한 점은 주인공들이 만나는 러시아인과 카자흐스탄인과 같은 타자들은 차이를 인식하게 하는 존재라기보다는 호혜와 친절을 베푸는 인물로 제시되면서 주인공과 원환적인 존재의 방식을 취하고 있다.

「상봉과 리별」은 '미화'라는 여자 주인공이 출장을 떠나는 남편 '빠웰'을 바래다주려고 딸과 함께 기차역으로 나갔다가 옛 애인이었던 영호를 만나는 장면부터 시작한다. 사실 미화는 타슈켄트에서 대학에 다닐 때 사할린의 옛 친구 영호를 만나 술에 취한 상태로 그의 기숙사에 가게 된다. 다음

---

14 최현주, 「해체와 역설의 시학」, 『환상과 현실의 경계에서의 나찾기』, 새미, 2003, 14쪽.

날 아침, 미화는 알몸인 상태로 깨어나게 되는데, 영호는 책임을 지지 않고 다시는 자기를 찾지 말라는 편지를 보낸다. 우연히도 이 편지를 받은 날 월가고라드에 있을 때 친하게 지내던 친구 빠웰(신철)이 놀러 온다는 전보를 받는다. 빠웰은 미화에게 청혼을 하고 그로부터 15일 만에 결혼을 한다. 임신을 한 미화는 예정보다 너무도 빨리 출산을 하게 되면서 영호와의 관계에서 비롯되었음을 알게 되고, 영호와의 재상봉에서 완전한 이별을 하게 된다. 십 년 전에 영호와 자신의 길이 갈라졌으며, 그날이 상봉의 날이자 이별의 날이라고 생각한다. 남편에게 모든 사실을 고백하자, 남편은 이미 다 알고 있었으며 미화가 낳은 딸은 자기 자식으로 알고 키우겠노라고 선언하는 것으로 끝을 맺는다.

남편의 자식이 아닌 아이를 임신하고 출산하는 다소 파격적인 내용은 당시 남성 비평가 정상진으로부터 '리해'할 수 없고 '이상'한 작품이라는 다소 격앙된 평가를 받는다.

> 그보다 더 이상한 것은, 아니 더 리해할 수 없는 것은 영호가 일허져서 15일도 지나지 않은 어느 날 이전에 미화를 사모하던, 그러나 미화는 사랑하지 않던 빠웰하고 깊은 생각도 없이, 고달픈 고민도 없이 약혼해 버리는 그것이다. 그리고 보니 미화는 보통 우리 사회에서 이른바 "상서롭지 못한 녀성"에 불과하다. 그보다 더 리해할 수 없는 것은 미화가 10년을 빠웰과 같이 살림하면서 존경하는 남편을 속여 온 것이다. 영호의 딸을 계속 빠웰의 딸로 속여 왔다. 물론 빠웰의 행동은 고상하다. 그가 미화를 사랑하면서 아이가 자기 딸이 아닌 줄 알면서도 자기 딸처럼 사랑하는 것은 그가 높은 지성과 아름다운 품성의 소유자라는 것을 단적으로 말하여 주고 있다.[15]

정상진은 주인공 '미화'를 "상서롭지 못한 녀성"에 불과하다고 비난, 힐

---

[15] 정상진, 앞의 글.

난하고, 남편 '빠웰'은 '높은 지성과 아름다운 품성의 소유자'라는 것을 단적으로 말해주고 있다고 칭송하고 있다. 결혼에 있어 여성의 정조가 최고의 가치였던 당대의 전통적 관념을 거부한 여성 주인공은 다소 일탈적으로 비쳤을 것이 틀림없다. 실수였다고 하지만 규범에서 벗어난 주인공의 모습은 과거의 맹목적이고 단의적인 이념의 맹신에서 벗어나고 있음을 나타내며 구시대적 여성상으로부터 떠남을 보여주고 있다고 할 것이다.

한편, 카자흐스탄 출신 고려인 박빠웰은 부정적인 면모를 지닌 여성 주인공을 포용하는 태도를 보이는 반면, 사할린 출신의 고향 친구 영호는 배신자로 묘사된다. 이러한 대비는 고향 사할린이 보호받는 공간이라기보다는 고통과 상처의 장소임을 암시한다. 주체가 새로운 출발을 모색하기 위해 고향 사할린은 '떠남'과 단절의 공간으로 인식되며, 거리를 두고 분리해야 할 부정적인 장소로 자리매김하고 있음을 알 수 있다.

5. 맺음말

그간의 중앙아시아 고려인 문학 연구에서 여성 작가에 대한 연구는 파편적으로 언급되거나 부분적으로만 거론되었을 뿐이다. 특히 중앙아시아 고려인 최대 민족 신문이었던 『레닌기치』에 작품을 게재한 최초의 여성 작가이면서 다수의 작품을 발표한 리정희에 대한 유의미한 연구는 전무하다. 사할린에서 카자흐스탄으로의 이주 체험과 역사적 기억, 남성 작가가 다수를 점하는 『레닌기치』에서 소수자였던 여성 작가로서의 이력과 젠더적 시각, 소련 해체로 인한 한국 정착의 재이주 경험, 민족과 젠더의 교차점에 위치한 특수성은 리정희 작가의 작품을 연구하는데 시사하는 바가 크다.

본 연구에서는 『레닌기치』에 발표된 리정희의 9편의 작품을 대상으로 다음과 같이 작품의 양상을 살펴보았다. 첫째는 여성 초점화자를 통한 서술 방식이다. 리정희의 작품에는 작가의 주관적 심정이 노출된 문장들이 서사에 섞이면서 통제가 되고 있지 않는 측면이 있다. 그러나 여성들의 넘치는 생명력이 밀림과 바람과 파도와 같은 객관적 상관물과 긴밀한 연결성을 가지면서 전체 서사에 역동성을 부여하고 있음을 알 수 있다. 작품 속 여성상들은 거시적 이념에 포섭되거나 일상과 유리된 관념적인 인물이 아닌 구체적이고 현실적인 인물로 그려지고 있다. 리정희 작가가 창작전략으로 삼은 여성 초점화자와 시선은 남성의 주변부에 부수적으로 존재하는 인물로 재현되는 기존이 남성작가의 방식과는 달리 주체로서의 여성을 재현하고 있다는 점에서 여성 작가의 독자성을 확인할 수 있다.

둘째, 가부장의 부재 양상이다. 리정희의 작품들의 상당수는 가부장이 부재하는 양상을 보인다. 「소나무」라는 작품에서는 가부장제 이데올로기를 내면화한 여성의 모습을 드러내는 것처럼 서사를 이끌다가 돌연 방향을 비튼다. 작품 속 주인공은 가부장제의 허구성을 평생 걸쳐 견뎌내고 그 대가를 혹독하게 치르는 인물로 그려지고 있다. 그러나 작가의 시선 안에서는 한 인간으로서 주체적 행복을 누리고 싶어 하고 자유를 갈망하는 역동적이고 구체적인 인물로 묘사되고 있다. 남편의 반려이자 아들에게 헌신적인 어머니라는 고정적 관념 안에 박제되어 있지 않은 살아 움직이는 주체의 모습을 여성 '복순'이라는 주인공 안에 구현시킨 것은 여성 작가의 시선 안에서 가능한 구체화의 과정이라 할 수 있다.

셋째, '떠남'–'사할린으로부터'의 양상과 의미이다. 리정희의 작품 중에는 주인공이 사할린으로부터 떠나는 모습이 자주 그려지고 있다. 사할린 출신인 리정희는 중학교를 졸업하고 사할린을 떠나 러시아 중부 사라토브 시로 갔다. 그곳에서 대학에 가기 위해 공부를 했는데 이러한 작가의 개인적 경험이 작품 속에 드러나고 있음을 알 수 있다. 작품 속 등장인물들에게 사할린이라는 공간은 정착과 고착의 공간이 아닌 새로운 모색을 도모하기 위해 불가피하게 떠날 수밖에 없는 장소로 상징된다. 작품 속 주인공은 고향인 사할린을 떠나 새로운 언어, 새로운 관계, 새로운 만남 속에서 자신을 재조명하고자 노력하는 모습으로 그려지고 있다. 사할린이라는 고향은 보호의 공간이기보다는 고통의 공간이며 주체의 새로운 출발을 위해서 사할린은 떠남의 공간, 단절의 공간이며 거리를 두고 분리시켜야 할 부정의 공간인 것이다.

본 연구는 『레닌기치』에 수록된 리정희 소설 작품들을 대상으로 하여 사할린 출신의 고려인 여성 작가라는 독특한 위치에서 유래한 문제적 시선과 표현 방식에 주목하고자 하였다. 그동안 고려인 문학 연구는 매우 다양하게 진행되어왔다. 그러나 고려인 문학의 대표성은 주로 남성 작가에 집중되어 있고 여성 작가는 배제되어 있었다. 즉, 고려인 여성 작가의 작품을 중점으로 소재와 주제의 표현 양상을 살피는 연구는 없었다는 점에서 본 연구는 의미가 있다고 할 수 있다. 이는 나아가 고려인 문학을 보다 다양하고 심층적으로 고찰하는 데 도움이 될 수 있을 것이다.

고려인 소설 비평 고찰

1. 머리말

이 연구는 소비에트 중앙아시아 고려인 최대 민족 신문 『레닌기치』(1938~1990)에 수록된 중앙아시아 고려인 소설 비평과 문예이론에 관한 사료를 중심으로 서술 관점의 특징을 살피는 것을 목적으로 한다. 고려인 문학의 한 갈래인 비평 중 소설 비평의 성격과 전개 양상을 살피는데 『레닌기치』의 중요성을 인지하고 고찰의 토대로 삼고자 한다. 신문 『레닌기치』에 게재된 고려인 시문학 비평은 소비에트 정치 및 사회 변동의 직간접적 영향을 받으면서도 독자적인 고려인 문단을 형성하고자 하는 노력이 반영되어 있다. 즉, 문학비평은 급격한 사회 변화에 직면한 고려인 문학의 당면 과제와 미래 방향을 제시하는 역할을 수행하고 있음을 알 수 있다. 이러한 경향은 소설 비평에서도 유사하게 나타난다. 따라서 고려인 소설 비평의 전개 양상과 특징을 살피는 것은 고려인 문학 비평 전반을 폭넓게 이해하는 데 중요한 도움이 될 것이다.

2. 소설 비평 및 문예이론의 성격과 전개 양상

1) 1940년~1950년대

소비에트는 1934년에 열린 제1차 소비에트 작가회의에서 확정된 사회주의 리얼리즘의 원칙으로 소비에트 휘하에 있는 문학들을 통일하고자 하였다. 소비에트 문학의 공식적인 지침은 "소비에트 문학과 문학비평의 기본 방침인 사회주의 리얼리즘은 현실의 혁명적 발전도상에서 진실하고, 역사적 관점에서 구체적으로 현실을 표현할 것을 예술가들에게 요구한다. 더 나아가 예술적 표현의 진실성과 역사적 완결성은 사회주의 정신 속에서 노동자 대중을 사상적으로 개조하고 교육하는 임무와 결합되어야만 한다"[1]는 것이다. 이러한 소비에트 문단의 경향은 고려인 문단에도 그대로 적용되었음을 알 수 있다.

날짜	글쓴이	제목
1942.1.9.	조기천	단편소설을 어떻게 쓸까
1947.7.23.	파제예브	향상긔에 입각한 쏘베트 문학
1951.4.20.	와짐 꼬세브니꼬브	쏘베트 문예의 새 성취
1959.3.14.		공산주의시대에 적당한 작품을 창작하자
1959.5.24.		제3차 소련작가대회-소비에트 작가의 사명

이 시기 『레닌기치』에 발표된 소설은 27편이다. 그런데 특이한 것은 시 비평과 극평은 활발히 이루어진 것에 비해 소설을 직접 다룬 평은 없다는 것이다. 그보다는 소비에트 문예이론과 비평의 이입, 수용, 영향 등을 논하는 데 주력하거나 그 관련성을 전제로 한 문예이론이 발표되었다. 소비에트

---

1 진계법, 『사회주의 예술론』, 총성의 역, 일월서각, 1979, 132쪽.

연방에서 낯선 이주민으로 살아가면서 국가의 일원이 되지 못한 고려인 작가들은 사회주의 문예이론을 충실하게 따르는 모습을 보임으로써 정체성을 인정받고자 하였다. 따라서 1940~1950년대 소비에트 문예이론을 토대로 한 비평 논쟁은 당대의 고려인 문학인의 시대적 현실에 대한 현실적 대응이기도 하면서 디아스포라적인 삶의 조건을 보여주고 있다고 할 수 있다.

이 시기 문예이론에서 가장 두드러진 특징은 당시 소련 소비에트 작가동맹에서 공표한 문학 강령을 따르고자 하는 방향성을 보여준다는 것이다. 조기천은 막심 고리키의 작품 「첼까스」를 예로 들어 다음과 같이 말한다.

> 단편소설은 중요한 문예 작품의 일종이다. 단편소설은 복잡하지 않기 때문에 장편소설보다 쩌른 긔간에 쓸 수 있다. 글되 중요한 문제를 내뿜을 수 있다. 그러므로 조국 애호전을 영웅적으로 하는 이때에 큰 쏘베트 문사들이 많은 단편소설을 쓴다. 우리 고려 문예페지에서는 단편소설이 거의 전부 없다고 하여도 과언이 않이다. 시작하는 작가들, 단편소설을 쓰라! 우리의 위대한 조국 애호전을 그려 내는 조국에 대한 사랑과 우리의 영애와 승리를 노래하는 단편소설을 쓰라![2]

위 글을 통해 당시 추구하던 문학의 내용과 방향에 대해 짐작할 수 있다. 고려인 문학은 권력의 지향성을 강박적으로 보임으로써 이주된 디아스포라의 '타자성'을 노정한다.

또한 총비서 파제예브가 쓴 「향상긔에 입각한 쏘베트 문학」(『레닌기치』 1947.7.23)이라는 글을 신문에 게재하면서 '쏘베트 작가동맹'에서 제시한 문예이론을 소개하고 있는 것 역시 이와 같은 맥락에서 이해할 수 있다.

---

2 조기천, 「단편소설을 어떻게 쓸까?」, 『레닌기치』 1942.1.9.

현대성의 중심적 주되는 제재는 즉 쏘베트 애국주의적 제재이다. 그에는 요술에서처럼 남아지 모든 재재들이 련결되는 것이다. 우리 쏘베트 사람들이 자본주의 사회와 또는 자본주의와 제국주의로 교양된 사람들보다 어떤 것임을 전체 우리 인민과 전 인류에게 반듯이 보이어 줄 것이다.[3]

작가동맹 총비서라는 지위를 통해 전달된 문학이론은 한마디로 소비에트에 애국하고 충성하라는 명령이다. 이것이 바로 문학의 현대성이며 중심 주제이자 제재임을 공공연하게 드러내고 있는 것이다. 고려인 작가들 역시 '우리 인민'이라는 범주에 들기 위해서는 이 문학 강령을 따르지 않을 수 없었을 것이다.

소비에트 문학은 1932년부터 제기되기 시작해서 1934년 제1차 소비에트 작가 회의에서 확정된 사회주의 리얼리즘의 원칙으로 통일된다. 사회주의 리얼리즘은 사회의 혁명적 발전 과정을 변증법적으로 그리는 것을 기본 모토로 하며 그 예술적 특성으로 당파성, 긍정적 주인공, 민중성, 낙관주의, 무갈등 이론을 내세웠다.[4] 사회적이고 정치적이며 목적 지향적인 예술이 장려되고, 모든 예술적 행위는 정치적 관점에서 평가되었다.

『레닌기치』에 문예이론을 본격적으로 소개하는 것을 비평적 과제로 삼은 이유는 중앙아시아로의 강제이주 고착화가 본격적으로 진행되면서 고려인들의 삶과 문학의 소비에트화되기가 시대적 과제로 떠올랐기 때문이다. 따라서 소비에트 문학론은 당연히 이 시대적 과제에 대한 문학적 대응의 형식이 되고, 그 중심에 소설 창작론이 놓여 있었다.

그럼에도 불구하고 소비에트 문학론의 중심 요소로서 정리되고 체계화

---

3 파제예브, 「향상길에 입각한 쏘베트 문학」, 『레닌기치』 1942.7.23.
4 홍대화, 「1930년대의 소비에트 문학 비평문의 성격 고찰」, 『슬라보학보』 6, 한국슬라보유라시아학회, 1991, 75쪽.

되기에는 좀 더 많은 시간이 요구되었다. 다섯 편의 비평문의 주로 논의의 중심은 개념 규정이나 용어 규정에 그치고 있다. 초기의 소비에트 문학론의 논의들은 구체성이 결여된 추상적 당위의 성격이 강한 측면이 있다. 1960년대에 이르러서야 구체화된 소설 작품을 기반으로 이론 중심의 비평이 발표되기 시작했다.

2) 1960년대

1958년 스탈린 사망 후 철권통치 시절의 암울했던 그늘이 걷힘에 따라 고려인 문학도 점차 활발한 활동을 하게 된다. 1962년에는 카자흐스탄 작가동맹 크즐오르다주 지부에 조선 분과가 조직되어 중앙아시아 소비에트 고려인 문단의 대표적인 조직체 역할을 했다. 이와 더불어 『레닌기치』 지면에 발표된 문학작품의 수는 두드러지게 많아지고 새로운 작가가 등장하기도 한다. 또한 다양한 문예이론이 소개되기도 하고 소략했던 문학비평도 본격적으로 발표된다. 1960년대 『레닌기치』에 게재된 주요 소설 비평 및 문예이론의 목록은 다음과 같다.

날짜	글쓴이	제목
1960.4.20	우 블라지미르	레닌과 문학 및 예술 문제
1962.8.31	정상진	보통 사람들에 대한 이야기-한상욱 단편 「보통사람들」, 「경호아바이」를 중심으로
1962.9.14	정상진	처음 나오는 장편소설
1962.11.18	김두칠	공산주의 건설자들을 주인공으로 한 작품 창작을 위하여
		조선 작가 쎅치야의 첫 회의
		조정봉의 단편소설 「재생」을 읽고서
1962.12.31	전동혁	문학창작의 1962년을 보내면서
1963.3.1	박영걸	영리한 아들과 괴상한 그의 부모-주송원의 단편 「월로짜」를 읽고

1963.5.4	한진	위대한 당의 문학
1963.5.19	정석	실감 있고 향기로운 작품을 위하여
1963.7.28	김준	사회주의적 사실주의는 작가의 날개이다
1963.10.26	정석	교양에 대한 이야기-한진의 단편 「녀선생」에 대하여
1964.9.30	강태수	소설 「십오만원 사건」을 읽고
1965.10.31	리상희	깊은 인상-단편 「뼈자루칼」을 읽고
1966.6.5	정석	인간 문제에 대한 이야기-한상욱 단편, 김두칠 단편을 읽고서
1966.11.9	정석	력사 소설과 허구
1967.7.9	정상진	리정희의 세 편의 단편소설을 읽고서
1967.10.15	우 블라지미르	문학에서의 전형 문제
	정석	단편소설과 그의 구성
	전동혁	문학창작에서의 언어에 대한 몇 가지 문제
1968.8.7.	정상진	김준의 「쌍기미」를 읽고

    1953년 스탈린의 사망 그리고 1956년 흐루시초프에 의해 시작된 반(反)스탈린 운동은 소비에트 사회 전반에, 특히 예술계에 근본적인 변화를 가져왔다. 1950년대 후반부터 60년대 초반, 예술인들이 화두로 삼았던 것은 스탈린 시대에 도그마화된 사회주의 리얼리즘의 극복이었다.[5]

    우 블라지미르의 「레닌과 문학 및 예술 문제」는 '문학적 당성의 레닌적 원칙을 걸치지 않고서는 예술과 문학 문제들을 해결하거나 또는 피해갈 수 없음'을 전제하고 '레닌이 선포한 당성 원칙의 본질은 어디에 있는가?'라는 질문을 던지면서 시작한다.

> 진실하고 각성 있는 예술가는 보통 계급과 그의 당의 계급적 리해 관계를 위한 편에 로골적으로 나서는 데 있다. 다만 립장의 당성만이 인민에게

---
5 이혜승, 「1960~1980년 초반 사회,문화적 상황과 관련해 본 러시아 애니메이션의 변화 연구」, 『만화애니메이션 연구』, 한국만화애니메이션학회, 2009, 31쪽.

봉사하는 진실한 자유를 예술가에게 준다.⁶

우 블라지미르는 레닌이 선포한 당성 원칙의 본질이 계급성에 있음을 천명하고 있다. 뒤이어 레닌이 '똘쓰또이'에 대한 분석을 통해 '시대를 자기 작품에 반영하였기 때문에 똘쓰또이를 로씨야 혁명의 거울'이라고 일컬었음을 밝히고 있다. 이 글은 1950년에 발표한 레닌의 「당조직과 당문학」에 근거하고 있다. 레닌의 글은 레닌주의 문학예술론에서 중요한 위치를 차지하고 있는데, 문학에 있어 "개성적인 창의력과, 개인적 경향, 사고와 상상, 형식과 내용에 있어 많은 여지가 허용되어야 함"을 분명히 하고 있다. 우 블라지미르 역시 '클라라 쩨뜨낀, 레닌에 대한 회상기 14페지'의 '예술은 반드시 그 대중에게 알려져야 할 것이며 대중의 사랑을 받아야 할 것이다. 예술은 그 대중의 감정, 사색, 의지를 단결하여 궐기시켜야 할 것이다.'를 인용하면서 진정한 리얼리즘의 회복을 에둘러 강조한 것을 알 수 있다. 이는 흐루시초프의 반스탈린 운동으로 시작된 소비에트 사회의 해빙 분위기가 고려인 문학인들 사이에서도 이런 논쟁이 가능케 했음을 짐작할 수 있다. 해빙기 소비에트 사회의 예술인들에게 리얼리즘은 현실을 있는 그대로 묘사한다는 방법론적 측면이 아니라 당대 사회와 인간의 문제를 솔직하게 다룬다는 정신적 측면을 적확하게 인지하고 있음을 알 수 있는 대목이다.

이러한 경향이 문학작품 속에서 나타나고 있음은 한진의 글에서도 찾아볼 수 있다.

> 첫 성과에 현기증이 나거나 또는 일부 무원칙한 평론가들에게서 찬사를 듣고 지고지대의 '야맹증'에 걸려서 자기의 조그만 재간을 당 성과 인민성보

---

6 우 블라지미르의 「레닌과 문학 및 예술 문제」, 『레닌기치』 1960.4.2.

다 선차적으로 내걸고 개인주의와 소시민적 제한성을 범하게 된 아직 성숙치 못한 일부 젊은 작가들 (중략) 공산주의 사회를 건설하고 있는 쏘련 인민의 문학에는 오랜 세월을 두고 고상한 사회적 규범이 있다. 그것은 무엇보다도 먼저 사회주의 사실주의를 눈동자처럼 지치는 것이다.[7]

한진은 후세대들의 문학에 대해 불편한 기색을 보이고 있다. 소비에트 공민이 되기 위해 분투했던 자신들 세대와 달리 차세대 작가들이 '조그만 재간'을 믿고 '개인주의와 소시민적 제한성'을 보이고 있다며 질타한다. 아울러 '공산주의 사회를 건설하고 있는 쏘련 인민의 문학'으로 충실하게 복무할 것을 촉구하고 있다. 그는 "위대한 당의 문학"에서 사회주의적 사실주의 추구란 당과 인민을 위한 문학이어야 함을 강조한다. 반대급부로 위 글은 다음 차세대에 의해 변하게 될 문학의 모습을 예고한다는 측면에서 주목할 부분이다.

반면 이 시기 활발한 작품 활동을 한 정상진은 「보통 사람들에 대한 이야기」라는 제목의 소설평을 게재했다. 이전 시기 문예이론에서 작품에 요구하는 것은 개척자이자 행동인이었다. 주인공들은 현실과 이상의 모순에 고민하지 않는다. 그러기에 작가는 그들의 순수한 행동만을 묘사할 뿐 그들의 내면 생활에 대해서는 묘사하지 않아야 한다는 것이 주를 이루었다면, 개인의 내면을 섬세하게 다루는 작품에 대한 인정이 비평적 핵심이 되고 있음을 알 수 있다.

> 마지막 2년 간 『레닌기치』 신문 지상에서 우리는 극히 아름다운 현상을 보고 있다. 그것은 『레닌기치』(문예페지)를 통하여 적지 않은 시인들과 소설가들이 인간을 위한 복리를 창조하는 이쁜 사람들에 대하여, 그들의 고

---

7   한진, 「위대한 당의 문학」(『레닌기치』 1963.5.2.

상하고도 깊은 고민에 대하여, 그들의 진실하고도 소박한 사랑에 대하여, 그들의 인간에 대한 무한한 존경심에 대하여 자주 독자들에게 이야기하고 있다는 데서 찾아 볼 수 있다. 이런 의미에서 『레닌 기치』 신문은 조선인 작가들의 유일한 활동 무대이며, 또한 독자들과 다정스럽게 담화할 수 있는 유일한 '구락부'이다.

2년 간에 걸쳐 김준의 중편 소설 「지홍련」, 전동혁의 「탈주병」, 「낚시 터에서」, 림하의 「불타는 키쓰」, 「꾀꼬리 노래」, 한상욱의 「향촌의 불빛」, 「보통 사람들」, 「경호 아바이」, 김광현의 「길바닥에 꺼꾸러졌던 사람」, 「해명」, 조정봉의 「재생」 등등이 지상에 발표되었다.[8]

한상욱의 단편소설 「보통 사람들」과 「경호 아바이」를 중점적으로 비평하고 있는 정상진의 소설평은 낭만성과 파토스, 내면세계, 센티멘털리즘과 같은 수사적 용어들이 적잖게 활용되고 있음을 알 수 있다. 「보통 사람들」의 주인공인 '복순이'에 대한 소설가의 묘사가 "똘쓰또이의 「안나 까레니나」 작품 창작법을 '능숙하게" 적용했다고 상찬한다. '복순이'의 행동을 "작가가 의식적으로나 무의식적으로나 보통 사람들의 심정을 력력히 보여주는 훌륭한 에삐소드"의 형태로 보여주었기에 독자의 상상력을 확장했다고 평한다. 다소 자의적이고 개략적인 비평의 논조이기는 하지만 소설의 창작 기법에서 의식의 흐름과 내면을 중시하는 변화를 보여주고 있다.

한편, 「경호 아바이」 소설을 두고 "청년 때에는 꼴호스에서 유명한 돌격대원, 로년에는 그에게 휴식할 조건을 지어주었음에도 불구하고 고기를 잡아서 꼴호스원들의 생활에 보탬을 하며, 아들을 여의고 자기의 로파까지 잃었으나 신세한탄을 한 적이 없으며, 사람들을 위하여, 미래의 어린이들을 위하여 사과 나무를 심으려는 경호 아바이"의 모습이야말로 보통의 위

---

8 정상진은 「보통 사람들에 대한 이야기」, 『레닌기치』 1962.8.31.

대함이라고 평하고 있다. 무엇보다 '경호 아바이'의 생애를 통해 독자들이 느낄 수 있는 "구슬픔"과 "쎈찌멘딸리슴이나 비판주의"에 대해 "랑망적인 빠포쓰와 다정스럽고도 사랑스러운 흐름―이것이 곧 뽀에마의 힘이며 그의 열성적인 미"라고 작품의 미학을 적극적으로 옹호하고 있다. 이는 변증법적 유물론과 사적 유물론의 관점에서만 문학 작품을 파악하는 레닌주의 문학 예술론에서 살짝 벗어난 것을 알 수 있다. 특히 '파토스(pathos)'의 측면에서 소설을 해석하고 있는 점은 주목할 만하다.

이 외 평론가 정석의 소설 비평에서도 주인공들의 성격화 문제에서 내면화의 중요성을 강조하고 있다. 이 시기 작품을 이념의 도구로만 창작해야 한다는 경직성은 여전하나 표현의 중요성을 강조하는 소설 비평이나 문예이론의 담론화는 변화를 암묵적으로 예고하고 있음을 알 수 있다.

3) 1970년대

1970년대는 소비에트 중앙아시아 고려인 문학의 성숙기라 일컫는다.[9] 1970년 2월에는 카자흐스탄 작가동맹에 조선인 작가 분과가 정식으로 결성되었다. 조선인 작가 분과가 조직됨에 따라 카자흐스탄 작가동맹의 '자주식출판사'를 통하여 중앙아시아 고려인 작가들의 작품집을 출간할 수 있는 가능성이 열린다.

1970년대 소설 비평은 문학적 언어의 표현에 집중하는 특징을 보인다. 공산주의 문예이론 소개에 급급하던 당시 문단 풍조와 비교했을 때 문학에 있어서 언어의 중요성을 언급한 점이 새롭다.

1970년대 『레닌기치』에 게재된 주요 소설 비평 및 문예이론의 목록은 다음과 같다.

---

9 김필영, 『소비에트 중앙아시아 고려인 문학사』, 강남대학교 출판부, 1994, 437쪽.

날짜	글쓴이	제목
1970.9.16.	정상진	단편소설 「복별」을 읽고
1971.1.1	김기열	사상예술적으로 보다 더 고상한 작품들을
1971.1.9	우 블라지미르	사상과 실현 – 레닌기치에 실린 단편소설들에 대하여
1971.3.27	전동혁	어휘와 단어 선택 사용에 대하여
1971.6.2.	정상진	성실한 인간에 대한 이야기
1971.7. 3	김준	문예적 기교에 대한 생각
1972.7.13.	정상진	문학작품의 사상예술적 수준을 높이자
1972.9.22.	정상진	사랑에 대한 단편소설을 읽고서
1973.11.7	정상진	문학평론가와 문학평론
1974.5.25	기석복	금별이 반짝일 것을 기대한다.
1975.5.30	리동언	단편소설을 읽고
1977.4.14	우 블라지미르	작가의 독창적인 목소리 – 김아나똘리의 첫 작품집에 대하여
1978.10.14	리동언	두 작품을 읽고서

고려인의 정체성을 드러내는 것이 작가 인식의 소산이라 생각한 정상진의 인식은 다음 글에서 알 수 있듯이 작품 속에서 언어의 중요성을 강조하는 것으로 이어진다. 그는 "작가에게 있어서 언어는 첫째가는 소재다. 그런즉 언어를 잘 소유하지 못하고 또 언어를 다듬지 않고서는 훌륭한 문학작품을 독자에게 제공할 수 없다. 작가에게 있어서 모든 수법은 우선 문학 소재로서의 언어로부터 시작된다."고 말한다.[10] 또한 김두철의 단편소설 「복별」(1969)에 대해서 "작품의 생기롭고 고유한 조선 언어의 냄새와 그 내용의 진실성과 소박성에서 좋은 인상을 받았다"며 『레닌기치』(문예페지)에 발표된 우수한 작품들 중의 하나"라고 평가하였고, 리동언 역시 「두 작품을 읽고서」라는 글에서 전동혁의 「강에서 있은 일」(1978)에 대해 "알기 쉽고 고

---

10 정상진, 「문학작품의 사상 예술적 수준을 높이자」, 『레닌기치』 1972.7.13.

유한 인민적 어휘로 묘사하였다는 점"을 높이 평가하며 "소설이 어려운 어휘로 하여 리해하기 어렵다면 독자들의 사랑을 받을 수 없"다며 작품에서의 표현 즉 언어의 중요성을 강조하였다.

"언어"를 문학작품의 가장 중요한 수단으로 보는 것은 결국 공산주의 이념을 제대로 표현하기 위해서는 어휘와 언어 사용에 신중을 기해야 한다는 것이다. 즉 문학이 사회주의 건설에 이바지해야 한다는 것을 강조하면서도, 그러한 문학이 개념화되거나 공식화되어서는 안 된다는 것을 강조한다. 또한 인물의 성격, 문학적 언어, 작품의 진실성 문제 등 사회주의 문학의 기본 원리와 실천 방법들을 제시하며 문학의 도식화와 개념화를 비판하는 것은 이 시기 소설 비평의 한 특징이다. 그러나 이 비평문들은 여전히 계몽적인 성격을 지니고 있다. 또한 현역 작가들이 비평을 겸하고 있는 것을 보았을 때 비평 분야가 전문화되지 않았음을 방증한다. 당성과 인민성이라는 이데올로기적 측면을 강조하던 시기에서 예술성이 담보된 작품으로 이행하자는 시대적 요구를 주장하는 시기로 이행되고자 하였으나 현실적으로는 작품으로 전환되지 못한 한계를 보인다. 게다가 여전히 고려인 문학은 소비에트 당의 선전 도구 역할을 충실히 수행할 수밖에 없는 불안정한 위치에 있었기 때문에 소설 비평 역시 계몽적인 한계를 지니고 있음을 알 수 있다.

4) 1980년~1990년대

1985년 고르바초프가 소련공산당 중앙위원회 총서기로 선출되면서 소련은 대대적인 변혁의 시대를 맞이한다. 고르바초프의 정책은 소비에트 사회의 분위기를 혁신과 개방의 방향으로 전환시켰다. 소비에트 사회의 경직된 분위기가 해소되기 시작하면서 작가들의 창작 활동에도 그 영향이 미쳤다. 따라서 이 시기의 문학은 이전 시대보다는 비교적 자유로운 상황에서 과거의 작품과 작가를 재조명하거나 당대 사회 및 체제의 모순에 대해 비판 고발하는 방향으로 전개되었다. 작가들에게는 리얼리즘 논쟁이 창작 기법의 화두로 대두되었으며 현실을 예술의 영역으로 승화시키는 당위성, 즉 진정한 리얼리즘의 회복을 주장하기 시작한다. 평론가들은 앞다투어 소비에트 문학이 틀에 박힌 전형에서 삶 자체를 직시해야 한다고 강조했다. 게재된 글들을 살펴보면 『레닌기치』의 논조도 이러한 의견에 적극적으로 동조하는 쪽으로 변하고 있음을 알 수 있다. 비평가들은 작품의 주제와 소재의 다양화를 주문한다. 또한 그동안 찾아볼 수 없었던 민족성이나 민족적 특성을 주제로 작품에 접근하고자 하는 비평도 찾아볼 수 있다.

1980년대 『레닌기치』에 게재된 주요 소설 비평 및 문예이론의 목록은 다음과 같다.

날짜	글쓴이	제목
1980.2.2.		작가와 현대인
1981.8.28.		현실반영과 쏘련 조선인 작가들의 과업
1983.12.24	마경태, 유성철	더 깊이 연구하고 창작하자
1984.2.16	한진	쓰기전에 구상부터 철저히 – 1983년 한 해동안 발표된 몇 편의 단편소설을 중심으로
1984.3.13	리진	쏘베트 문학과 현 시대
1985.2.21	정상진	시련도 많은 사랑과 인정의 세계에서 – 『레닌기치』에 발표된 단편들을 읽고
1985.12.14		문학과 현대성
1986.3.21	정상진	새 시대의 정신으로, 문예페지를 읽고서
1987.1.24	박성훈	단편 「낙엽이 질 때」를 읽고,
1988.5.15	김광현	시대의 정신에 따라
1988.12.14	강태수	「소나무」를 읽고서
1989.4.27.	량원식	보다 진실하고 대담한 작품을 쓰자
1990.3.10.	한 인노껜찌	인간문제를 취급한 문학작품들

정상진이 1985년 고려인 문단의 성과를 평가한 다음 글은 이 시기 문단의 상황을 잘 보여주고 있다.

> 1985년도에 『레닌기치』 신문은 위대한 승리 40주년에 즈음하여 자기 사명을 성실히 실행하였다고 본다. 1985년도 '문예페지'에는 승리 후 40년간 쏘련 인민이 모든 난관을 극복하면서 복구한 생활 속에서 사는 기쁨, 행복, 평일들에 대하여 이야기하는 소품도 실렸다.[11]

이 시기의 문학은 기존의 당성과 인민성이라는 이념적 담론을 대신하여, '기쁨', '행복', '평일'과 같은 개인적이고 감성적인 가치들을 전면에 내세우기 시작하였다. 나아가, 민족 문제나 강제이주와 같은 주제를 다루거나 일상 속의 행복을 탐구하는 창작 경향은 더 이상 검열이나 제약의 대상이 되지 않았다.

이러한 변화는 문학 비평의 방향성에도 영향을 미쳐, 민족 정체성과 주체성 등 과거에는 논의되지 않던 다양한 주제와 소재를 적극적으로 수용하고 요구하는 흐름을 형성하였다.

리상희는 박성훈의 「살인귀의 말로」라는 작품을 두고 "소설을 읽은 다음 우리는 어떻게 조선 사람들이 강제로 징모되여 남부 싸할린에서 천대를 받앗는가 하는 비참한 사실을 알게 되었다"고 평하며 훌륭한 단편소설이란 과거의 역사를 사실적으로 그려내는 것이 중요함을 강조하였다.

량원식은 이제까지 "좋은 글이 나오지 못하는 다른 또 큰 원인의 하나는 지금까지 우리가 지배를 받고 있던 객관적 조건"에 있다고 전제하고 있다. 객관적 조건들로는 "20년대에 쏘련 원동에서의 쏘베트 정권을 위한 투쟁에 조선사람들이 참가한 력사, 37년도의 강제이동, 황량한 벌판에서의

---

11 정상진, 「새 시대의 정신으로」, 『레닌기치』 1986.3.21.

새 생활을 위한 어려우면서도 단란한 살림, 위대한 조국전쟁 시기의 조선 사람들의 처지와 역할, 오늘날의 긍정, 부정현상, 민족언어와 문화 재생 문제"를 거론하고 있다. 보다 더 깊이 들어가서 『레닌기치』가 시대 변혁에 대한 소극적인 태도를 갖고 있었던 점, "100%의 안전을 지키려는 지나친 조심성"에 대한 문제점에 대해 솔직하게 거론하고 있다.[12]

소비에트 체제하에서 살아남아야만 했던 고려인들의 현실적인 처지를 연대기적으로 거론한 것 자체만으로도 시대가 변했음을 증언하고 있음을 알 수 있다. 무엇보다 1980년대를 '정치, 경제, 문화 각 분야에서 개편, 민주화, 공개성이 대대적으로 벌어지고' 있다고 파악하고 있다. 작가가 자유롭게 창작할 수 있는 객관적 조건이 형성되어 있음에 대한 기대감과 흥분이 고스란히 담겨 있다.

이에 리진은 쏘베트 문학이 나아가야 할 길을 다음과 같이 말한다.

> 사회주의 레알리즘의 거대하고 풍부한 경험과 전통에 의거하고 세계적 고전 작품들의 경험을 창조적으로 활용하는 쏘베트 문학은 부르주아 사상과는 정반대되는 철학적 및 미학적 범주로 사색해야 하며 세계의 복잡하고 다양한 현상을 맑스-레닌주의 립장에서 인식하고 습득함에 있어서 질적으로 보다 높은 예술적 단계를 관철해야 한다.[13]

리진은 소비에트 인민들의 내면세계를 더욱 깊이 있게 묘사하여 사상성과 예술성이 높은 작품들을 창작할 것을 주장하고 있다. "맑스-레닌주의 립장"을 전면에 내세우기는 하지만 '철학'과 '미학'의 범주 안에서 문학작품이 창작되어야 한다는 것이다. 문학은 사상이 아니라 예술이어야 한다는

---

12 량원식, 「보다 진실하고 대담한 작품을 쓰자」, 『레닌기치』 1989.4.27.
13 리진, 「쏘베트 문학과 현 시대」, 『레닌기치』 1984.3.13.

주장이라 볼 수 있다.

또한 김광현은 "경제, 문화 및 예술의 모든 령역에서 혁명적 개편사업이 전개"되고 있는 이 시기에 작가들은 "새 사고방식을 완전히 파악하면서 새로운 변혁의 길"로 나아가야 한다며 작가들의 문학 창작 방향을 제시하였다.[14]

이어 량원식이 「보다 진실하고 대담한 작품을 쓰자」에서 주장하는 작가의 창작 방법도 이와 유사함을 알 수 있다.

> 작가의 일은 탐구자의 일보다 더 힘들고 노력, 시간이 더 많이 든다. 취급하는 문제를 깊이 연구하고 자신이 잘 습득한 기초우에서 글을 쓰되 그 글이 우선 앞뒤가 맞고 론리가 째여져 있어야 할 것은 물론 그것을 아름다운 문체로 예술적으로 서술해야 한다.
> 예술은 실생활과 같아야 한다고 하지만 예술은 예술이고 실생활은 실생활이다. 즉 실생활을 있는 그대로 아무리 정확하게 종이에 옮겨놓았다 하여도 그것은 예술작품은 아니다. 어떤 글이나 예술가의 세계관, 이러저러한 생활현상에 대한 철학적, 미학적 견지가 없으면 그것은 예술작품이라고 할 수 없다. 때문에 무엇이나 다 써놓으면 예술작품이 된다고 생각하는 것은 글에 대한 모독일 것이다.

작품의 아름다운 문체, 예술적 서술, 생활현상에 대한 철학적, 미학적 견지 등과 같은 다소 추상적이고 범박한 문학론을 드러내고 있긴 하지만 이는 그동안 고려인 문학이 소비에트가 요구하는 '맑쓰-레닌주의 미학과 사회주의적 사실주의 원칙'에 억압당했다는 것을 반증하고 있다.

한편, 그동안 찾아보기 힘들었던 민족성이나 민족적 특성을 주제로 작품에 접근하고자 하는 비평도 찾아볼 수 있다. 일테면 강태수는 「「소나무」

---

14 김광현, 「시대의 정신에 따라」, 『레닌기치』 1988.5.15.

를 읽고서」라는 글에서 리정희의 소설 「소나무」의 주인공 복순을 "어느 모로 보든지 아름다운 조선 녀성이다. 그의 몸에서는 민족의 특색이 확연하다. 그래서 「소나무」의 주인공 복순은 한 조선 여성의 성공된 형상으로 우리 쏘련 조선 문단에 오래 살아 있을 것이다"라고 평가하고 있다.

량원식은 「보다 진실하고 대담한 작품을 쓰자」에서 그간의 고려인 문학의 역사와 난관에 대해 그리고 문학이 나아갈 바에 대해 보여주고 있다.

> 좋은 글이 나오지 못하는 다른 또 큰 원인의 하나는 지금까지 우리가 지배를 받고 있던 객관적 조건에 있을 것이다. 얼마전 까지만 하여도 우리는 "37년도", "강제이주" 등 말은 입밖으로 내지 못하고 "민족 언어와 문화의 재생"같은 말은 거의 반쏘적인 언사로 여겨 왔다. 어떤 작품에서나 긍정적인 인물이 주인공이어야 하였고 그 긍정적인 인물은 일정한 틀 안에서 살며 근로하고 사고하는 인물이어야 하였다. 부정적인 인물을 묘사하되 그 부정 인물이 나타나게 된 근원에 대해서는 말하지 않고 만일 말을 한다면 그 개체에게 달려 있는 결함에 대해서만 말하였다.

위의 인용은 고려인 문학이 오랜 기간 동안 소비에트가 요구하는 사회주의 이념에 충실한 창작 활동을 지속해왔음을 보여준다.

그러나 이 시기를 기점으로, 순수문학을 지향하고 이념적 제약에서 탈피하며 현실에 대한 비판적 시각을 반영하고자 하는 자발적인 문학적 태도가 점차 뚜렷하게 나타나기 시작했음을 알 수 있다.

새로운 사고방식으로, 새로운 문학 창작법을 통한 자유로운 창작이 이루어지고, '좋은 글'을 향한 염원이 실현되기를 갈망했으나 소비에트 사회주의 공화국 연방이 해체된 후 1990년 12월 31일 『레닌기치』는 폐간된다. 이와 함께 고려인 문학 작품은 양적으로 줄어든다. 소설 비평 역시 쇠퇴의 길로 접어들었다.

3. 맺음말

이 연구는 소비에트 중앙아시아 고려인 최대 민족 신문 『레닌기치』에 수록된 중앙아시아 고려인 소설 비평과 문예이론에 관한 사료를 시대별로 나누어 특징을 살피는 것을 목적으로 두었다.

연해주로 이주한 고려인 문학인들은 본토와 단절된 문학 창작을 신문 『선봉』을 통해 계승하고자 하였다. 불행히도 1937년 스탈린의 이주 정책으로 인하여 한국문학과의 친연성과 연결성을 상실하게 된다. 그 일환으로 『선봉』은 폐간되었고, 1938년 『레닌기치』를 통해 고려인 문학은 새롭게 싹을 틔우게 된다. 『레닌기치』에 수록된 문학작품과 더불어 소설 비평과 문예이론 역시 소비에트 사회주의 이데올로기에 준거한 문학예술 창작 방법론과 고려인 문학예술의 방향과 상황을 보여주고 있음을 알 수 있다.

고려인 소설 비평과 문예이론의 특징을 시대별로 정리하면 다음과 같다. 첫째, 1940~1950년대 소설 비평에서 가장 두드러진 특징은 소비에트 작가동맹에서 제시한 문예이론의 소개이다. 1934년 제1차 소비에트 작가회의에서 확정된 사회주의 리얼리즘은 사회의 혁명적 발전 과정을 변증법적으로 그리는 것을 기본 모토로 하며 그 예술적 특성으로 당파성, 긍정적 주인공, 민중성, 낙관주의, 무갈등 이론을 내세웠다. 사회적이고 정치적이며 목적 지향적인 예술이 장려되고, 모든 예술적 행위는 정치적 관점에서 평가되었다. 『레닌기치』에 문예이론을 본격적으로 소개하는 것을 비평적 과제로 삼은 이유는 중앙아시아로의 강제이주 고착화가 본격적으로 진행되면서 고려인들의 삶과 문학이 소비에트화되기가 시대적 과제로 떠올랐기 때문이다. 따라서 당성과 인민성을 강조하는 소비에트 문예이론 소개는 당연히 이 시대적 과제에 대한 문학적 대응의 형식이 되고, 그 중심에 놓일 수밖에 없었다.

둘째, 소비에트 사회의 예술인들에게 리얼리즘은 현실을 있는 그대로 묘사한다는 방법론적 측면이 아니라 당대 사회와 인간의 문제를 솔직하게 다룬다는 정신적 측면을 적확하게 인지하고 있음을 알 수 있다. 소설 비평의 내용은 이전 시기에는 '노동의 신성성'을 강조하거나 '조국과 노동의 결합 속에서 개인의 희생이 강조되는 양상'이 주를 이루었다면, 개인의 내면을 섬세하게 다루는 작품에 대한 인정이 비평적 핵심이 되고 있음을 알 수 있다. 예를 들면 작품의 미학을 적극적으로 옹호하고 있는 점인데, 이는 변증법적 유물론과 사적 유물론의 관점에서만 문학 작품을 파악하는 레닌주의 문학 예술론에서 살짝 벗어난 것을 알 수 있다. 특히 '빠또스(파토스)'의 측면에서 소설을 해석하고 있는 점은 주목할 만하다.

셋째, 1970년대 서구에서는 예술의 산업적, 경제적 가치에 대한 찬반 논쟁을 활발하게 진행되고 있는 반면, 소비에트 체제하의 예술가들은 여전히 예술의 사회적 복무에 대한 이론적이고 실천적인 고민을 하고 있었다. 무엇보다 1970년대 소설 비평에서 특기할 만한 점은 문학적 언어의 표현에 집중했다는 것이다. '언어'를 문학 작품의 가장 중요한 수단으로 보는 것은 결국 공산주의 이념을 제대로 표현하기 위해서는 어휘와 언어 사용에 신중을 기해야 한다는 것이다. 즉 문학이 사회주의 건설에 이바지해야 한다는 것을 강조하면서도, 그러한 문학이 개념화되거나 공식화 되어서는 안된다는 것을 강조한 것은 이 시기 소설 비평의 한 특징이다.

넷째, 소비에트 사회의 경직된 분위기가 해소되기 시작하면서 다양한 리얼리즘의 표현 방법에 대한 논쟁이 창작 기법의 화두로 대두되었다. 현실을 예술의 영역으로 승화시키는 당위성, 즉 진정한 리얼리즘의 회복을 주장하기 시작했다. 당연히 예술을 견인했던 문학 분야는 변화의 전위에 서게 되었다. 평론가들은 앞 다투어 소비에트 문학이 틀에 박힌 전형에서 벗어나 삶 자체를 직시해야 한다고 강조하였다. 또한 보다 더 깊이 들어가서 『레닌기치』가 시대 변혁에 대한 소극적인 태도를 갖고 있었던 점, '100%의 안전을 지키려는 지나친 조심성'의 문제도 솔직하게 거론하며 기존에 찾아볼 수 없었던 민족성이나 민족적 특성을 주제로 작품에 접근하거나 다양한 작품 소재의 필요성을 요구하는 비평이 주를 이룬다.

　『레닌기치』에 수록된 중앙아시아 소설 비평의 특성을 고찰하는 이 발표문은 자료 발굴과 해설 수준(리뷰)의 논의를 넘어서 비평적 관점에서 자료를 해석하고 그 의의를 풀어내고자 했으나 객관성이 보증되지 못하고 있다는 한계점이 있다. 그럼에도 고려인 소설 비평의 전개 양상과 특징을 살피는 것은 고려인 문학 비평의 양상을 폭넓게 이해하는 데 도움을 줄 수 있을 것이다.

고려인 시문학 비평 고찰

1. 머리말

　이 연구는 『레닌기치』에 게재된 중앙아시아 고려인 시문학 비평의 전개 양상을 살펴보고 그 특징을 밝히는 것을 목적으로 한다.[1] 중앙아시아 고려인 시문학 비평은 신문 『레닌기치』에 수록된 고려인 문학의 출현과 같이 시작된다.

　『레닌기치』는 폐간되기까지 50년이 넘게 고려인 문학의 산실이자 문학사의 토대가 되었다 할 수 있다. 물론 개인 창작집과 공동 작품집이 발간되기도 했으나 이를 통해 고려인 문학의 보편적인 정체성을 파악하기는 힘들다. 따라서 본 연구는 고려인 문학의 한 갈래인 시문학 비평의 전개 양상과 특징을 살펴봄에 있어 『레닌기치』의 중요성을 인지하고 고찰의 토대로 삼고자 한다.

　『레닌기치』에 게재된 고려인 시문학 비평은 소비에트의 정치 및 사회적

---

[1] 본 연구는 본인의 소논문 「『레닌기치』에 수록된 중앙아시아 고려인 문학비평 고찰」 (『시학과 언어학』 30호, 시학과 언어학회, 2015)을 구체화한 작업이다.

변동의 직간접적인 영향을 받으면서도 독자적인 고려인 문단을 형성하는 변화를 보여준다. 이러한 점에서 고려인 시문학 비평의 전개 양상과 특징을 살펴보는 것은 고려인 시문학을 보다 폭넓게 이해하는 데 큰 도움이 될 것이다. 중앙아시아 고려인 시문학의 위상을 온당하게 자리매김하기 위해서는 시문학 비평의 측면에서 더욱 치밀하고 다각적인 연구가 요구된다.

그간 중앙아시아 고려인 문학에 대한 연구는 많은 연구자들에 의해 다양한 방향으로 이루어지고 있다. 그러나 대부분 단행본 작품집과 소수 작가의 작품을 중심으로 고려인 문학의 특징을 살피는 것이었다. 또한 고려인의 정체성 및 디아스포라, 탈식민주의 관점에 대한 연구가 주를 이루거나 『레닌기치』 문예면에 수록된 문학작품들을 위주로 문학사 차원에서 연구한 것이 대부분이다. 이 중 『레닌기치』를 중심으로 한 연구로는 1930년대-1950년대 초 발표된 시의 특징에 대한 「CIS고려인 시문학 초기에 나타난 특징에 대한 연구」,[2] 고려인 시문학을 통해 고려인의 정체성 및 탈식민주의적 관점으로 연구한 『아무다리야의 아리랑-중앙아시아 고려인 시문학의 탈식민주의 연구』,[3] 소설 작품의 특징을 살핀 「고려인 문학의 성격과 전개 양상」,[4] 소설 속에 나타난 역사 복원 양상을 중심으로 연구한 「중앙아시아 고려인 소설 연구」,[5] 고려인 시문학 속에 나타난 여성상의 변화 양

---

[2] 강민정 외, 「CIS고려인 시문학 초기에 나타난 특징에 대한 연구」, 국제어문학회, 국제어문학회 학술대회 자료집, 2008.
[3] 강희진, 『아무다리야의 아리랑-중앙아시아 고려인 시문학의 탈식민주의 연구』, 문학들, 2010.
[4] 우정권·임형모, 「고려인 문학의 성격과 전개 양상-1940~1960년 『레닌기치』 문예면에 나타난 고려인 문학의 특징 고찰」, 『현대소설연구』 제44권, 한국현대소설학회, 2010.
[5] 이정선, 「중앙아시아 고려인 소설 연구」, 경희대학교 일반대학원 박사학위 논문, 2011.

상을 살핀 「고려인 시문학 속 여성상의 변화 양상」[6] 등을 들 수 있다. 또한 『레닌기치』를 포함한 고려인 문학사 전반을 다룬 김필영의 『소비에트 중앙아시아 고려인 문학사』[7]를 예로 들 수 있다.

이상의 연구들은 고려인 문학작품의 특징을 살피는 데 중점을 두고 기본 자료 정리 및 문학사적 가치와 해석에 많은 성과를 이뤄냈다는 점에서 큰 의의를 찾을 수 있다. 그러나 시문학 비평에 관한 연구는 전무한 실정이다. 이에 본 연구자는 『레닌기치』에 수록된 시문학 비평을 고찰하고 전개 양상과 특징을 살펴보고자 한다. 나아가, 고려인 시문학 비평을 통해 고려인 문학이 당시 사회로부터 어떠한 영향을 받았으며, 사회 내에서 어떠한 역할을 하였는지를 살펴볼 수 있을 것이다.

이 연구의 목적은 1938년부터 1990년까지 신문 『레닌기치』에 수록된 약 90여 편의 중앙아시아 고려인 시문학 비평문을 대상으로 그 특성을 밝히고 나아가 고려인 문단 문학관의 변화 양상을 살피는 것이다. 『레닌기치』에 수록된 시문학 비평의 전반적인 내용은 전체적으로 협애한 지역성을 탈피하고 소비에트 공동체 형성에 매진하라는 소비에트 강령을 충실히 따르고자 하는 내용이다.

그러나 이러한 극단적인 소비에트 추구는 이면을 갖고 있다. 주지하다시피 고려인들은 '강제이주'라는 특별한 경험을 지니고 있다. 따라서 이주된 사회에서 식별되거나 배제되지 않기 위해 최선의 노력을 경주한다. 따라서 결국 소비에트 권력에 무조건 복종할 수밖에 없는 '호모 쏘비에띠구스'[8]의 양상을 지닌다. 호모 쏘비에띠구스라는 용어에는 고유한 민족성과

---

6 강희진, 「고려인 시문학 속 여성상의 변화 양상 ―『레닌기치』를 중심으로」, 『시학과 언어학』 27호, 시학과언어학회, 2014.
7 김필영, 『소비에트 중앙아시아 고려인 문학사』, 강남대학교 출판부, 2004.
8 '호모 쏘비에띠꾸스(Homo Sovieticus)'는 서방 학계에서는 인종적, 민족적 차이 또는

언어의 개별성을 소비에트로 획일적으로 포섭하고, 소비에트 공민으로 일원화하는 것을 가리킨다.

중앙아시아 고려인 작가들은 모국어인 한글을 언어적 도구로 사용하고 있으나 소비에트의 진정한 공민이 되기 위해 문학 강령과 이념성을 충실히 따르고자 하는 모습을 강박적으로 보인다. 이는 소비에트 권력 아래에서 자신을 지키기 위해 역으로 자신의 고유성과 개별성을 지우고자 하는 것으로 해석할 수 있다.[9] 이를 염두에 두고 『레닌기치』에 수록된 시문학 비평의 양상을 살펴보면 소비에트 사회주의 이데올로기에 준거한 문학예술 창작방법 연구를 위해 우선, 시문학 비평을 형성기, 발전기, 성숙기 및 쇠퇴기로 시기를 구분하여 살펴보았다. 주제나 소재의 특징을 다루는 연구가 아니라 전개 양상을 다루는 연구라면 당연히 시기 구별을 하지 않을 수 없을 것이다.[10]

본 연구의 시기 구분은 『레닌기치』를 중심으로 시기를 구분한 김필영의 연구를 부분적으로 수용하고자 한다. 다만 『레닌기치』에 수록된 시비평을 살펴본 결과 김필영이 구분한 형성기와 발전기를 본고에서는 형성기(1938~1969)로, 성숙기를 발전기(1970~1984)로, 쇠퇴기를 성숙기와 쇠퇴기(1985~1990)로 나누었다.

동서양의 차이가 없어지고 언어적으로는 러시아 말을 모국어로 사용하는 새세대 소련 공민을 가리킨다. 고송무, 『쏘련의 한인들 : 고려사람』, 이론과실천, 1990, 76쪽.

9 강희진, 앞의 논문, 2015, 71쪽.
10 기존 연구자들의 시기 구별은 약간의 편차를 보이고 있다. 권기배는 고려인 문학을 세대에 따라 구분한다(권기배, 「디아스포라와 망각을 넘어 기억의 복원으로 : 러시아 및 중앙아시아 한인 망명문학 연구(2)」, 『외국문학』 제20집, 2012, 134쪽 참조). 김정훈과 정덕준은 형성기, 발전기, 성숙기 및 쇠퇴기로 살피고 있다(김정훈·정덕준, 「재외 한인문학 연구 : CIS지역 한인 시문학을 중심으로」, 『한국문학이론과비평』 31집, 한국문학이론과 비평학회, 2006, 341쪽). 김필영은 형성기, 발전기, 성숙기, 쇠퇴기로 구분하여 살피고 있다(김필영, 앞의 논문, 2004, 58~59쪽).

2. 형성기(1938~1969) : 형상성을 통한 당성과 인민성 강조

소비에트 문학은 1934년 8월에 열린 제 1차 소비에트 작가 회의에서 확정된 사회주의 리얼리즘의 원칙으로 소비에트의 휘하에 있는 문학들을 통일한다. 주지하다시피 사회주의 리얼리즘은 사회의 혁명적 발전 과정을 변증법적으로 그리는 것을 기본 이념으로 삼았다. 긍정적 주인공, 인민성, 낙관주의, 무갈등 이론을 내세우면서 사회적이고 정치적이며 목적 지향적인 예술관을 추구했다.

이 시기 시문학 비평의 특징은 문학과 사회주의 결합을 통한 "당성과 인민성의 강조"라 할 수 있다. 문학을 통해 소비에트에서의 행복을 노래하면서 사회주의 집단화의 길로 나아가야만 농민은 행복할 수 있다는 국가 유토피아적 색채가 짙은 작품들이 대부분이다. 소비에트 연방에서 낯선 이주민으로 살아가면서 국가의 일원이 되지 못한 고려인 작가들은 사회주의 문학이론을 충실하게 따르는 모습을 보임으로써 정체성을 인정받고자 하였다. 따라서 이 시기 문학비평 역시 당성과 인민성을 강조하고 찬양하는 선전의 도구역할을 하는 데 충실하고자 한다. 이때 필요한 방법으로는 작품의 "형상성"을 잘 드러내는 일이다.

> 이 시에서도 역시 전통적 어구, 형상들이 많다. 그러나 이 시에 형상성을 가진 좋은 구절도 있다. "지나는 구름을 베여 삼키려 머리 들어…"이 시에서 작가가 옳게 주관적 감정과 자연 경치를 련결시키려 하였다.[11]

> 이 시에서 쓰인 말들이 죄다 옳음에도 불구하고 감정적 역할을 심히 약하게 표현한다. 그 원인은 첫재로, 전쏘배트 인민이 조국애호전에 한긁살이 일어낫는데 일어나라고 불음에 있으며 둘째로, 조국애호전에 일어나는

---

11 조기천, 「문예페지를 넑고서」, 『레닌기치』 1941.4.6.

민중의 감정, 사상이 이보다 몇천곱 더 풍부하며 심각한데 있으며, 셋재로, 새감정, 새견해, 새사상 등이 표현되지 못함에 있다.[12]

위의 글들에서 조기천은 문학과 사회주의의 접목을 통해 문학이 사회주의 건설에 이바지해야 함을 강조한다. 이를 위해 무엇보다 강조되어야 할 것은 바로 시적 형상성을 지녀야 한다는 것이다.

한편 『레닌기치』는 당시 소련 소비에트 작가동맹 총비서 파제예브가 쓴 「향상긔(형상성)에 입각한 쏘베트 문학」이라는 글을 신문에 게재하면서 소비에트 문학이론을 본격적으로 소개하고 있다.

현대성의 중심적 주되는 제재는 즉 쏘베트 애국주의적 제재이다. 그에는 요술에서처럼 남아지 모든 제재들이 련결되는 것이다. 우리 쏘베트 사람들이 자본주의 사회와 또는 자본주의와 제국주의로 교양된 사람들보다 어떤 것임을 전체 우리 인민과 전 인류에게 반듯이 보이어 줄 것이다.[13]

작가동맹 총비서라는 지위를 통해 전달된 문학이론은 한마디로 소비에트에 애국하고 충성하라는 명령과도 같다. 소비에트 애국주의야말로 문학의 현대성이며 중심 주제이자 제재임을 공공연하게 드러내고 있음을 알 수 있다. 고려인 작가들 역시 '우리 인민'이라는 범주 안에 포섭되기 위해서는 파제예브의 문학 강령을 따르지 않을 수 없었을 것으로 보인다. 이러한 당성과 인민성을 강조하기 위해 시문학 비평에서는 끊임없이 형상성을 강조한다. 다음의 글들(『레닌기치』 1941.4.6)에서 이러한 경향을 찾아볼 수 있다.

최창록 「꼴호즈니크 놀애」 – 어떠한 문예작품에서든지 형상성(오브라스노

---

12 조기천, 「실리지 않은 처녀 작가들의 시」, 『레닌기치』 1942.3.6.
13 파제예브, 「향상긔에 입각한 쏘베트 문학」, 『레닌기치』 1947.7.23.

쓰찌)은 사물이나 현상이 명확하게, 진실하게 표현됨과 관련되엇다. 뿐만 아니라 어떠한 형상성이 그 자체가 좋다 할지라도 다른 어떠한 형상성과 관련되어 표현될 때에는 자연애나, 객관적 실제에 적합되지 않는 때도 있다. 만일 이렇게 되엇다면 이러한 형상성은 문예적 가치를 가지지 못한다.

리은영의 「어머니」 – 형상성이란 곱은 말이 있다 하여 형상성이 되는 것은 아니다. 오히려 형상성을 표현하는데 곱은 말을 쓰려고 애쓰는 것이 해를 기치는 페단도 있다. 보통 말이라 할지라도 어떠한 현상을 명확히 련사시킨다면 그것이 형상성을 가진 것이다.

위의 글들을 보면 현실에 기반을 둔 객관적인 형상성 추구를 강조하고 있음을 알 수 있다. 아무리 표현이 좋다 하더라도 객관적으로 현실을 그려내지 못한다면 그것은 가치가 없는 것이 된다. 이들이 강조하는 형상성이란 즉 소비에트 이념을 전달하는 도구로써 적합한 내용을 명확하게 그려내는 것이다.

정상진은 김창욱의 시 「밤 길 가에서」를 다음과 같이 평한다.

김창욱의 시 「밤 길 가에서」는 그 내용이나 시상으로 보아 아름다운 점들이 있다. 시인은 넓으나 넓은 위대한 조국의 광야에서 주야를 헤아리지 않고 "7개년의 계획을 싣고 줄달음치는" 공산주의 건설자들을 노래하였다. (중략) 조국의 담대하고도 웅대한 건설, 사람의 혈판처럼 쏘베트의 수많은 도시들과 마을들을 련결시키는 삶의 길! 진실로 이런 길들은 오늘에 와서 우리 시대 시가의 대상으로 되었다.[14]

위의 글에서 당시 작품의 주요 내용을 짐작할 수 있다. 대부분 시들은 10월혁명 혹은 레닌과 소련 공산당을 찬양하거나 소비에트 사회주의 건설

---

[14] 정상진, 「몇 편의 시를 읽고서」, 『레닌기치』 1962.3.25.

을 고무하는 내용이다. 나아가 다음 강태수의 「시창작에서 제기되는 몇 가지 문제」(『레닌기치』 1963.4.7)에서는 당과 인민성이 강조되지 않은 문학작품은 인간을 위한 문학이 될 수 없다고 평가하는 당시 사회적 상황을 엿볼 수 있다.

> 당성과 인민성이 없는 문학은 인간을 위한 문학이 아니다. 인민성 자체가 문학예술을 인민에게 복무케 하는 위대한 힘으로 되는 것이다. 또한 당성과 인민성은 분리된 문학의 각이한 측면인 것이 아니라 작가와 시인에게 있어서 유기적 본성이며, 진보적 문학의 공기이며 생명이다.

위의 글에 따르면 문학이란 당의 지상과제를 선전하는 도구가 되어야 한다. 당성과 인민성이 결합된 문학이야말로 위대한 것임을 강조한다. 따라서 시비평은 결국 당의 선전도구의 역할을 함을 알 수 있다.

1956년 카자흐스탄 작가동맹 내에 조선인 분과가 정식으로 결성, 출범함에 따라, 『레닌기치』 지면에 실린 문학 작품의 수는 현저히 증가하게 된다. 이러한 흐름에 발맞추어 문예이론이 소개되기 시작하였으며, 1950년대까지 미미했던 비평문학의 발표 또한 점차 활발해지기 시작하였다.

1956년 2월 제20차 당 대회 이후 당과 정부 지도자들과 문학예술인들이 만난 자리에서 흐루시초프(1894~1971)는 문학은 당과 인민을 위한 것이어야 함을 주장하는 연설을 한다. 한진은 이를 바탕으로 사회주의적 사실주의 추구란 결국 당과 인민을 위한 문학이어야 함을 강조한다. 또한 작가들에게 "공산주의 사회를 건설하고 있는 쏘련 인민의 문학"으로 충실하게 복무할 것을 촉구한다.[15]

형성기 시문학의 대부분 내용은 사회주의 문학의 기본적인 원리에 입각

---

15 한진, 「위대한 당의 문학」, 『레닌기치』 1963.5.4.

하여 소비에트 사회주의 제도를 찬양한 것들이다. 당시 사회적 현실을 보면 고려 사람들에게는 거주 이전의 완전한 자유가 없었으며 공민증 또한 발급되지 않은 상황이다. 즉 소련 공민으로서의 권리를 보장받지 못하던 시기였다. 따라서 고향이나 조국에 대한 그리움을 표현하거나 소련의 제도나 정책을 비판할 수 있는 문학적 상상력 역시 제한적일 수밖에 없었다. 시 문학 비평 역시 문학이 사회주의 건설에 이바지해야 함을 강조하면서 인물의 묘사, 작품의 진실성 문제 등 사회주의 문학의 기본 원리에 입각해 실천 방법들을 설명하는 비평이 주를 이룬다. 고려인 시문학은 강제이주 후 소련의 문학을 수용해야만 했고, 당의 이념에 바탕을 둔 문학을 수행하는 것은 실존적인 문제였기 때문이다. 따라서 시비평 역시 사회와의 동화를 최우선적으로 소련 당의 문학 방침을 수용하는 선전도구의 기능을 충실히 이행하고자 하였음을 알 수 있다.

3. 발전기(1970~1984) : 언어의 미학성과 문학적 파토스의 강조

발전기(1970~1984)의 시비평은 당의 이념을 보다 정확하게 표현하기 위한 방안으로 문학적 언어 표현에 집중하는 특징을 보이고 있다. 공산주의 문학이론 소개에 급급하던 기존의 문단 풍조와 비교했을 때 문학에 있어서 언어의 중요성을 언급한 점은 새롭다 할 수 있다. 즉 언어적 미학성과 문학적 파토스의 강조는 이 시기 시 비평의 특징이라 할 수 있다.

작가 기운은 김세일의 서사시 「레닌의 전기를 읽으며」라는 작품에 대해 다음과 같이 평한다.

> 시인은 반세기의 인간의 거룩한 혁명력사를 포괄한 위대한 레닌의 전기를 높은 감정과 락천적 빠뽀스로 감명 깊게, 또는 독자들이 읽기 쉽게 묘

사하였다. 그러므로 우리 독자들이 인류사를 혁신한 전세계 근로자들의 스승이며 수령이신 레닌의 혁명 투쟁의 전기를 예술적 감정으로 깊이 감수하게 되었다. 그리하여 그 서사시를 읽을 때마다 위대한 레닌의 모습이 독자들의 심장을 깊이 파고든다.[16]

위 인용문에서 중요하게 여기는 것은 "예술적 감정"이다. '거룩한 혁명력사'에 매진할 것을 주장하기보다는 '락천적 빠뽀스'와 '감명', '예술적 감정', '심장'과 같은 용어들을 사용하면서 문학적 표현의 측면을 강조하고 있다. 물론 '수령이신 레닌의 혁명 투쟁'이라는 이념성과 목적성을 포기하지 않고 있으나 문학을 이념의 도구로만 창작해야 한다는 경직성이 약화되고, 표현의 중요성을 강력하게 피력하는 주장이 실린 비평이 게재되었다는 것은 변화를 암묵적으로 예고하고 있음을 엿볼 수 있다.

언어 사용의 문제에 대해 전동혁은 "문예작품에서 언어는 건설에서 건재와 같은 역할을 한다"고 입장을 밝힌다. "아무리 좋은 설계도가 있다고 하더라도 적당한 건재가 필요한 량으로 있지 못하면 훌륭한 건물을 짓지 못하는 것과 같이 아무리 좋은 구상이 있다고 하더라도 작가에게 어휘가 풍부하지 못하면 훌륭한 작품을 쓸 수 없다"며 "작가는 우선 어휘가 풍부해야 한다"고 말한다. 그는 창작 과정에서 가장 중요한 것은 필요한 단어를 올바르게 선택하는 것임을 강조한다.[17]

김광현은 허성록의 시 「목화 순 치기」에 대해 다음과 같이 평하고 있다.

　　시 「목화 순 치기」는 목화의 다수확을 위한 증산투쟁에 떨쳐나선 목화재배업자들, 그중 처녀총각의 증산열의를 주제로 한 적절한 시작품이다.

---

[16] 『레닌기치』 1971.6.5.
[17] 전동혁, 「어휘와 단어 선택 사용에 대하여」, 『레닌기치』 1971.3.27.

그런데 이 처녀총각의 구체적인 사상 감정을 어느 정도 전형적으로 일반화하여 반영하지 못한 것이, 말하자면 시적 개성이 완전히 체현되지 못한 것이 유감이다. 아는 바 언어는 문학의 기본 무기이다. 특히 한 개의 토라도, 한 개의 음향이라도 고르고 골라야만 되는 시 문장 조직에서 언어가 노는 역할은 막대하다. (중략) 반복법, 전도법, 비유법, 은유법등 수법들을 수완 있게 리용하는 것은 시창작에서 결정적이다. 이렇게 함으로써만이 시작품의 격동적인 음조를 (또한 좋은 시적 형상을)조성할 수 있다. 작품에서 문장들이 음악성을 잃게 되면 시 맛이 날 수 없다.[18]

위의 글에서 김광현은 "언어는 문학의 기본 무기이다. 특히 한 개의 토라도, 한 개의 음향이라도 고르고 골라야만 되는 시 문장 조직에서 언어가 노는 역할은 막대하다"라고 주장한다. 시적 개성과 형상화가 명확하기 위해서는 언어의 역할, 언어의 미학성이 강조되어야 한다는 것이다. 그러나 이러한 시비평의 주문에도 불구하고 당시 발표된 작품의 수준은 독자들의 기대에 미치지 못했던지, 정상진은 언어의 중요성에 대해 다음과 같이 언급한다.

작가에게 이써서 언어는 첫째 소재이다. 그런즉 언어를 잘 소유하지 못하고 또는 언어를 다듬지 않고서는 훌륭한 문학작품을 독자들에게 제공할 수 없는 것이다. 작가에게 이써서 모든 수법은 우선 문학 소재로서의 언어로부터 시작된다.[19]

정상진은 예술 수준을 높일 수 있는 방법적 측면에서 '언어를 잘 소유하고', '언어를 다듬는' 세련된 문학 작법을 제시하고 있다. 문학소재로서

---

[18] 김광현, 「시를 읽을 때면」, 『레닌기치』 1983.9.22.
[19] 정상진, 「문학작품의 사상 예술적 수준을 높이자」, 『레닌기치』 1972.7.13.

의 언어에 대한 작가의 전문성을 강력하게 요구하고 있음을 알 수 있다. 언어의 수준을 높여서 질 높은 작품을 창작하라는 촉구성의 발언을 정상진은 『레닌기치』에 평론의 방식으로 여러 번 게재하였다. 대부분의 글에서는 "언어"를 문학작품의 가장 중요한 수단으로 보고있음을 확인할 수 있다. 결국 공산주의 이념을 제대로 표현하기 위해서는 어휘와 언어 사용에 신중을 기해야 한다는 것이다. 즉 문학이 사회주의 건설에 이바지해야 한다는 것을 강조하면서도, 그러한 문학이 개념화되거나 공식화되어서는 안 된다는 사실을 강조한다.

박현 역시 언어의 역할에 대해 말하고 있다.

> 문학작품은 예술적 언어의 산물이므로 우리는 언어 학습을 잘하여야 한다. 더욱이 한 개의 토를 두고 한 개의 어휘와 음향을 두고 고르는 시어에 있어서 언어는 큰 역할을 하고 있다. 어떤 시들을 읽어보면 어휘 부족으로 짧은 시에서 반복의 수법이 아닌 시어를 반복하여 가치를 손상시키는 현상이 있는가하면 산문다운 시행을 만나 량미간을 찌푸리게 되는 때도 있다.[20]

위의 글 역시 문학작품이란 "예술적 언어의 산물"이라고 보고 있다. 시의 가치를 높이기 위해서는 언어의 역할이 중요함을 강조하고 있다. 리진은 문학이 나아갈 길에 대해 다음과 같이 말한다.

> 사회주의 레알리즘의 거대하고 풍부한 경험과 전통에 의거하고 세계적 고전 작품들의 경험을 창조적으로 활용하는 쏘베트 문학은 부르주아 사상과는 정반대되는 철학적 및 미학적 범주로 사색해야 하며 세계의 복잡하고 다양한 현상을 맑쓰-레닌주의 립장에서 인식하고 습득함에 있어서 질

---

[20] 박현, 「시문학의 화원을 활짝 꽃피우자」, 『레닌기치』 1977.2.10.

적으로 보다 높은 예술적 단계를 관철해야 한다.[21]

리진은 쏘베트 인민들의 내면세계를 훌륭한 문체로 깊이 있게 사색하고 묘사하여 질적으로 예술성이 높은 작품들을 창작해야 한다고 주장한다. 마르크스-레닌주의를 전면에 내세우고 있긴 하지만 리진이 강조하는 것은 "철학적 및 미학적 범주" 안에서 작품이 창작되어야 한다는 주장이다. 즉 문학이란 사상이 아니라 예술이어야 한다는 것이다.

발전기는 당성과 인민성이라는 이데올로기적 측면을 강조하던 시기에서 예술성이 담보된 작품으로 이행하자는 시대적 요구를 주장하는 시기로 볼 수 있다. 그러나 현실적으로 보았을 때 작품으로 전환되지 못하고 있는 한계를 보여주고 있다. 게다가 여전히 고려인 문학은 소비에트 당의 선전도구 역할을 충실히 수행할 수밖에 없는 불안정한 위치에 있었기에 시문학 비평 역시 계몽적인 성격을 지니는 한계점을 지닐 수밖에 없었던 것이다.

4. 성숙기 및 쇠퇴기(1985~1991) : 주제와 소재의 다양화 추구

1980년대 후반 문학의 유형학적인 분석과 당시 사회적 배경은 다음과 같다. 고르바쵸프의 개혁 정책은 고려인으로서의 정체성을 회복하고 이를 강화하려는 반(反)이념적 민족주의가 싹트기 시작한다. 이러한 정치적 상황은 고려인 문단에도 큰 영향을 미친다. 문예페지에 발표되는 시작품의 주제는 협소하고 인공적인 것을 벗어나 범위가 넓어진다. 1984년 3월 13일자 사설「쏘베트 문학과 현 시대」를 보면 "쏘베트 문학은 맑쓰-레닌주의

---

21 리진, 「쏘베트 문학과 현 시대」, 『레닌기치』 1984.3.13.

적 당성과 인민성을 지침으로 하면서 언제나 공산주의 건설의 제일선에서 시대의 기본적인 력사적 과업을 수행함을 자기 활동의 기본으로 삼는다" 라고 말한다. 그러나 개방과 개혁 정책 이후인 1987년 2월 25일자에는 "창작 주제를 넓히고 시작품의 사상적 내용을 풍부화하며 예술적 수준을 현저히 높임에 노력"하자는 글이 실려 있다.

1988년 서울에서 올림픽이 개최되면서 소련과 한국 사이의 공식 교류가 가능해졌고, 고려인들은 소련의 언론매체를 통하여 제24회 올림픽 소식과 더불어 한국과 한국 사람의 실상을 구체적으로 확인할 수 있게 되었다. 1989년에는 신문에 '한국'이라는 용어가 '조선'이라는 용어와 나란히 등장한다. 또한 작가들은 문학작품에 강제이주라든가 고향, 민족에 대한 내용을 표현할 수 있게 된다.

그러나 1990년 12월 31일 신문 『레닌기치』는 폐간된다. 1985년부터 1990년 12월 31일까지 게재된 시 평론은 18편이다. 그중 김광현은 이 시기에 9편의 시평을 게재하였다. 당시 작가들 중 가장 활발하게 시평을 게재하였다. 그는 1987년 2월 25일자 신문에 "시인들이여! 우리 모두 벅찬 현실에 완전히 의존하여 창작 주제를 보다 넓히자, 시작품의 사상적 내용을 풍부화하며 예술적 수준을 현저히 높임에 노력하자"라고 고려인 문단을 평가하였다. 또한 강태수의 작품을 다음과 같이 평가하였다.

우리 독자들에게 널리 알려진 강태수는 「조명희 선생에게 삼가 올림」(1986)이란 시(7월 13일호)에 "쏘련 조선인 시단의 조종인 조명희의 「짓밟힌 고려」는 우리의 가슴에 분노의 불길을 일으키며"라고 부르짖어 선배와 함께 지난날의 조선인민의 불운을 저주하는가 하면 독자들은 또한 흑룡강 물 속을 들여다보시면서/새 조국 앞에 거듭 맹세하시고/스승의 슬기로운 모습을 가슴에 지니고 자유로운 새 생활에 들어선 조명희와 더불어 쏘베

트 애국주의감을 절절히 느끼는 서정적 주인공의 목소리를 듣게 된다.[22]

1985년 페레스트로이카(개혁)와 글라스노스트(개방) 정책을 맞은 고려인 문단은 선전 도구의 경향을 지녔던 기존 문학비평에서 좀 더 개방적인 자세를 취한다. 그 결과 문학관의 다원화에 힘입어 비평도 점차 다양화된다. 이 시기 고려인 시문학 비평은 새로운 지평을 열게 된다. 또한 민족성과 민족의식에 관한 연구, 개별 작가에 대한 심층적인 연구는 저간의 변화된 상황을 잘 보여준다. 이러한 변화는 김광현, 강태수, 리진, 정상진, 량원식, 리상희, 정상진, 김광현 등 비평가들의 저변 확대가 있었기에 가능했다. 고르바초프의 개혁이 시작된 이후 정상진은 1985년 고려인 문단의 성과를 다음과 같이 평하고 있다.

> 1985년도에 『레닌기치』 신문은 위대한 승리 40주년에 즈음하여 자기 사명을 성실히 실행하였다고 본다. 1985년도 '문예페지'에는 승리 후 40년 간 쏘련 인민이 모든 난관을 극복하면서 복구한 생활 속에서 사는 기쁨, 행복, 평일들에 대하여 이야기하는 소품도 실렸다.[23]

이 시기에는 당성과 인민성이라는 이념적 어휘 대신 "기쁨, 행복, 평일"과 같은 이전 시기에는 꺼려했던 가치들이 전면적으로 등장하기 시작한다. 왜냐하면 '쏘련 인민이 모든 난관을 극복'한 상황이 되었기 때문이다. 이제 일상적인 행복을 추구하는 것은 문제가 되지 않는다.

이 시기 창작된 시작품에서는 이전에는 찾아보기 어려웠던 민족 문제나 강제이주와 같은 소재들이 등장한다. 창작의 자유가 어느 정도 허용되면서

---

22 김광현, 「잘 익은 열매를 따고저」, 『레닌기치』 1987.2.25.
23 정상진, 「새 시대 새 정신으로」, 『레닌기치』 1986.3.21.

작품의 내용과 주제의 범위가 넓어졌다. 특히 강제이주와 관련된 민족적 정체성을 다룬 작품들이 발표되기 시작했다. 이에 따라 시 비평에서는 보다 다양한 주제와 소재를 다루면서 예술성이 높은 작품을 요구하는 목소리가 커지고 있다.

> 우리 시인들은 선배들의 창작 사업상 좋은 전통을 이어가면서 우리의 벅찬 현실 속에서 창작 주제를 찾으며 나라의 참다운 주인들의 내면세계를 주의깊이 고찰 연구함으로써 사상적 내용이 좋고 예술성이 높은 시작품들을 많이 창작해야 할 것이다. (중략) 시인들이여! 우리 모두 벽판 현실에 완전히 의존하여 창작 주제를 보다 넓히자.[24]

위에서 말하는 '벅찬 현실'이라 함은 창작자들에게 자유로운 창작환경이 열렸음을 미루어 짐작케 한다. '내면세계'를 고찰하는 시작품을 많이 창작하자고 주장하는 부분에서는 일단의 기대감을 엿볼 수 있다. '창작 주제를 보다 넓히자'라는 말에서는 이전 시기에 한계나 강제로 작용했던 주제적 측면에서 보다 자유로워지고 편해졌음을 알 수 있다.

새로운 사고방식을 갖고 민족 주체성이나 민족에 대한 이야기 등 주제에 대한 다양화를 추구하고자 했으나 결국 1990년 12월 31일 『레닌기치』는 폐간되고 만다. 이와 함께 고려인 문학 작품은 현저히 줄어들고 아울러 시문학 비평 역시 쇠퇴의 길에 들어선다. 따라서 이 시기는 문학 비평의 성숙기이자 쇠퇴기라고 할 수 있다. 이는 창작의 주체였던 세대 작가들의 고령화로 작품 생산이 어려워진 점과 이주의 오랜 세월 동안 고려인의 정체성이 약화되고 한국어로 작품을 창작하는 세대의 작가들이 거의 사라지고 있다는 점이 결정적인 원인이라 할 수 있겠다.

---

[24] 김광현, 「잘 익은 열매를 따고저」, 『레닌기치』 1987.2.25.

5. 맺음말

본 논문은 소비에트 중앙아시아 고려인 민족 신문『레닌기치』에 수록된 시문학 비평을 형성기(1938~1969), 발전기(1970~1984), 성숙기 및 쇠퇴기(1985~1990)으로 상정하여 전개 양상을 살펴보고 그 특성을 밝히는 데 목적을 두었다. 연해주로 이주한 문학인들은 본토와 단절된 문학 창작을 신문『선봉』을 통해 계승하고자 하였다. 그러나 불행히도 1937년 스탈린의 이주정책으로 인하여 한국문학과의 친연성과 연결성을 상실하게 된다. 그 일환으로『선봉』은 폐간되었고, 1938년『레닌기치』를 통해 새롭게 고려인 문학의 싹을 틔우게 된다.『레닌기치』에 수록된 문학 작품과 더불어 시비평 역시 소비에트 사회주의 이데올로기에 준거한 문학예술 창작 방법론과 고려인 문학예술의 방향과 상황을 보여주고 있음을 살펴볼 수 있었다.

고려인 시문학 비평의 특징을 정리하면 다음과 같다. 형성기의 작품들은 소비에트 사회주의 제도를 찬양하는 것이 주를 이룬다. 소비에트 사회주의 제도를 찬양하거나 제도의 우월성을 강조하는 것이 대부분이다. 고려인 문학은 소련이 문예 창작과 비평의 기본 방법으로 규정한 사회주의 사실주의에 충실하고자 한다. 당시 고려인 문단이 역점을 둔 것은 문학을 통해 사회주의 사상, 그리고 독자들에게 공산주의 세계관을 계몽시키는 것이었다. 발전기는 카작스탄 작가동맹 산하에 조선인 작가 분과가 생긴 1970년부터 개혁과 개방이 시작되기 전인 1984년 까지를 의미한다. 이 시기 문학 비평은 "문학작품의 사상 예술적 수준을 높이자"라는 주장 아래 작품에서 언어의 미학과 문학적 파토스의 강조를 주문하는 비평이 주를 이룬다. 성숙기 및 쇠퇴기는 1985년 고르바초프가 소련의 총서기가 된 후 개혁 정책 이후 소련이 해체되고『레닌기치』가 폐간 된 1990년 말까지를 의미한다. 이 시기에는 민족성 또는 민족적 특성을 주제로 작품에 접근하거나 작품의 다양한 소재의 필요성에 대한 문학비평이 주를 이룬다. 또한 1985년 이후 고려인 문학비평은 급변하는 정치, 사회적 변동, 그리고 당의 문예정책과 문학 사조의 변화에 상응하여 비평 이론과 방법에서 변화 양상을 드러낸다. 이런 점에서 이 시기는 비평사의 성숙기라 할 수 있을 것이다. 그럼에도 불구하고 동시에 이 시기를 문학 비평의 쇠퇴기로 읽을 수 있는 이유는 비평의 이러한 요구에 상응하는 작품들이 활발히 창작되지 못하였기 때문이다.

고려인 시문학 비평은 소련이라는 국가를 상정하지 않을 수 없다. 따라서 고려인 시문학 비평은 소비에트 정치, 사회적 변화 그리고 당의 문예정책에 상응하여 변화 양상을 보임을 알 수 있었다.

기존에 연구되지 않은 고려인 시문학 비평의 전개 양상과 특성을 살피는 본 연구는 당대 고려인 문학의 성격을 규명하는 데 도움을 줄 수 있을 것이라 사료된다.

고려인 극평 고찰

1. 머리말

이 연구는 소비에트 중앙아시아 고려인 민족 신문 『레닌기치』에 수록된 60여 편의 극평과 극에 관한 자료를 중심으로 당대 극평의 양상을 살피는데 목적이 있다. 연해주로 이주한 문학인들은 본토와 단절된 문학 창작을 신문 『선봉』[1]이라는 매체를 통해 계승하고자 절치부심하였다. 불행히도 1937년 스탈린의 이주 정책으로 인하여 한국문학과의 친연성과 연결성을 상실하게 되었다. 그 일환으로 『선봉』은 폐간되었고, 1938년 『레닌기치』라는 매체를 통해 새롭게 고려인 문학의 싹을 틔우게 되었다. 『레닌기치』는 1990년에 폐간되기까지 50년이 넘게 고려인 문학의 산실이자 문학사의 토

---

[1] 『선봉(先鋒)』은 "一九二三년 三월 一일에 그의 아명인 '三월 一日'이란 명칭을 가지고 세상에 나아왓다"라는 약사(略史)를 가지고 있다. 1923년 3월에 블라디보스토크에서 『3월 1일』이라는 제호로 발간되어 러시아 이주민 외에 중국, 미주, 조선까지 무료로 배포된 신문매체였다. 1929년 3월부터는 블라디보스토크에서 하바로브스크로 이전되어 발행되었으며, 이후 1930년 6월부터는 연해주 한인들을 대상으로 정치, 경제, 문화 상황 등을 보도하는 역할을 담당하다가 한인의 강제이주가 시작되기 직전인 1937년 9월에 폐간되었다.

대가 되었음은 주지의 사실이다. 물론 개인 창작집이나 공동 작품집이 산견되기는 하나 고려인 문학의 보편적인 정체성을 파악하기는 힘들다. 따라서 본고는 고려인 문학의 중요한 갈래인 비평의 성격과 전개 양상을 살펴보는데 『레닌기치』의 중요성을 인지하고 고찰의 토대로 삼고자 한다.

1937년 원동에서 중앙아시아로 강제이주 이후 고려인들은 극단을 재설립하여 연극 활동을 펼쳤다. 고려인과 카자흐스탄인들을 비롯한 수백만 명의 관객들이 극장을 찾았으며 수백 편의 연극 공연과 음악회가 열릴 정도로 고려극장의 인기는 대단했다. 이곳에서는 대부분 고려인 혹은 러시아 극작가들에 의해 창작, 개작, 번역된 연극이 무대에 올려졌다. 또한, 『레닌기치』에는 이에 대한 극평 활동도 지속적으로 이루어졌다.

중앙아시아 고려인 작품에 대해서는 그간 여러 연구자들에 의해 꾸준히 진행되고 있다. 그 연구들은 문학작품의 특징을 살피는 데 중점을 두고 기본 자료 정리 및 문학사적 가치와 해석에 많은 성과를 이뤄냈다는 점에서 큰 의의가 있다. 특히 『레닌기치』에 실린 고려인 문학에 대한 연구는 2000년대 이후로 짧은 시간 동안 조금씩 축적되어가고 있다. 주로 문예면에 형상화된 고려인들의 삶을 다룬 산문과 시, 희곡 등 작품을 중심으로 고려인의 정체성과 고려인 문학의 특징을 살피고 있는 실정이다.

고려인 희곡 작품을 분석한 연구로는 박명진, 「중앙아시아 고려인 문학에 나타난 민족 정체성 – 희곡 텍스트를 중심으로」(2005)와 「고려인 희곡 문학의 정체성과 역사성 – 연성용 희곡을 중심으로」(2004)를 들 수 있다. 또한 오스타노바 폴리나의 「중앙아시아 고려인 희곡에 나타난 사회주의 의식 – 1960년~1980년대 작품을 중심으로」(2012), 이정선의 「역사 소재 희곡 작품에 나타난 고려인의 현실인식 일고찰」(2010), 이정희, 「재소한인 희곡 연구」(1993) 등을 들 수 있다. 또한 이혜승, 「1930년대 중반~1980년대 중반 중앙아시아 고려인의 언론, 공연, 문학 작품에 나타난 문화적 지향성 연구」(2007), 조규익, 「카자흐스탄 국립 고려극장의 존재의미와 가치」(2009), 김보희, 『소비에트 시대 고려인 소인예술단의 음악활동』(2009) 역시 극평을 연구하는 데 있어 중요한 역할을 한다.

그러나 희곡작품을 분석하는 것과 그 희곡이 연극화된 공연작품을 분석하는 일은 전혀 다른 작업이다. 연극은 희곡과 관객이 극장에서 만나는 예술이기 때문이다. 선행연구를 면밀하게 살펴본 결과, 희곡작품에 대한 분석과 작가에 대한 분석 혹은 문학사적인 고찰은 있었지만 『레닌기치』의 문예란에 꾸준히 극평이 게재되었다는 특기할 만한 사항임에도 불구하고 '극평(연극평)'을 천착한 연구는 없었다. 즉 고려인 문학사의 연극사는 희곡사와 다름없었다. 극작가와 그들의 작품이 설명의 대상이 되었을 뿐 공연 자체에 대한 서술과 관객 등에 대한 논의는 거의 생략되거나 소홀하게 취급된 실정이다.

이에 본 연구에서는 기존 연구에서 논의되지 않은 극평을 통해 연극적 특성과 당대의 연극관을 살펴보고자 한다. 즉 이 연구는 한 개인의 업적을 넘어선 『레닌기치』에 게재된 극평 전체를 세심하게 검토하고 고찰하여 당대의 시대정신과 문학관을 제시하면서 확장성을 담보할 것이다. 이를 위해 고려극장의 역사와 고려인 연극을 일별한 다음 극평의 면면과 그 특성을 고찰하고자 한다.

1938년부터 1990년까지 『레닌기치』에 게재된 극평은 소비에트의 정치와 사회적 변동에 직간접적으로 영향을 받으면서도 독자적인 고려인 문단을 형성한 변화 양상을 보인다. 따라서 이를 통해 당대 중앙아시아 고려인들의 연극관, 당대가 원하는 연극관 그리고 당시 공연 실상을 구체적으로 살펴볼 수 있을 것이다.

이러한 연구는 고려인 문학의 성격을 보다 폭넓게 규명하는 후속 작업에 도움을 줄 것이다. 아울러 고려인 문학의 위상과 의의를 총체적으로 규명하려는 시도의 한 일환으로 자리매김하는데 일조하리라 여겨진다.

2. 고려인 연극과 고려극장

신문 『레닌기치』에 수록된 극평은 고려극장의 공연과 분리할 수 없다. 고려인 연극은 고려극장에서부터 시작된다. 고려극장의 전신은 1932년 원동 블라디보스토크에서 결성된 '원동변경조선인극장'이다. 1937년 강제이주 당시 크즐오르다, 1942년에는 우스또베로 이전하였다. 이때 '딸띄-꾸르간주조선극장'으로 명칭이 변경된다. 1959년에는 다시 크즐오르다로 옮긴 후 '크즐오르다 주립음악연극조선극장'으로, 1962년에는 '조선음악연극극장'으로 개명된다. 1968년 알마타로 이전 후 '음악희곡극장' 혹은 '카자흐공화국 국립조선음악연극극장'으로 불리다가 1990년 이후 고려극장이라는 명칭으로 변경되었다.[2]

고려극장은 1937년 강제이주를 겪은 이듬해부터 바로 공연을 재개했다. 이때 공연작품들은 주로 이주 전 원동에서 공연한 적이 있는 작품들이었다. 이후 1938년도에는 태장춘의 창작 희곡을 가지고 〈행복한 사람들〉이라는 창작극을 공연할 정도로 활발한 공연활동을 이어왔다.[3]

이를 통해 고려인들은 고려극장의 공연을 통해 정치적, 문화적 영향을 받았다. 고려극장은 "당과 조국의 부름을 따라 영웅적으로 로력하고 있는 조선인 근로자들의 피로를 풀어주고 그들의 로력에 초돔이라도 도움

---

2 카자흐스탄 국립고려극장, 『고려극장의 역사』, 알마띄 : 라리쩨뜨, 2007 참고.
3 조기천에 의하면 937~1941년 극단은 618차의 연극을 상영하였으며, 관중은 211천 명을 망라하였다. 여러 가지 연극들이 상영되었는데 그중 〈춘향전〉 134번, 〈심청전〉 62번, 〈장한몽〉 24번, 〈행복한 사람들〉 15번 등이다. 물론 극단은 연극만 상영한 것이 아니라 음악도 연주하였다. 조기천, 「고려극단의 사년간 사업의 총화」, 『레닌기치』 1942.2.4.

을 주기 위하여, 근로자들에게 연극과 춤을 보여 주며 노래를 들려주기 위하여"(1964.3.21) 여러 콜호스로 순회공연을 떠나기도 하였다. 예를 들어, 『레닌기치』를 살펴보면 1938년 6월 4일 첫 순회공연을 실시했는데, 크즐오르다와 까르막치 구역, 칠리 구역, 야늬 꾸르간 구역, 쩨렌-우샤크 구역 등의 12개 콜호스를 방문해서 〈춘향전〉과 음악 공연을 한 것을 알 수 있다.(1938.6.6) 1938년 3차례의 순회공연에 이어 1939년 5월 12일에는 3개월의 장기 순회공연을 실시했다. 이 공연에서는 크즐오르다주의 모든 구역에 있는 고려인 콜호스를 순회했다. 야늬-꾸르간, 칠리 구역, 까르막치, 까살린스크, 아랄스크 및 쩨렌-우샤크 구역이 그곳이다. 이때 준비한 공연 프로그램은 〈삼두대면〉, 〈심청전〉, 〈행복한 사람들〉, 〈숨은 원쑤〉, 〈량반과 종〉, 〈농민유희〉 등이었다. 이를 통해 알 수 있는 것은 고려극장의 순회공연 프로그램이 고려인의 애환과 향수를 달래줄 고전극, 사회주의 이데올로기 선전극, 콜호스에서의 노동을 위무할 노동극 등으로 다양했다는 것이다. 또한 러시아어를 모르는 고려인들과, 조선어의 묘미를 살리기 위해 모든 극들이 조선말로 이루어졌다는 것이다. 이는 우리의 전통과 문화, 언어를 지키고 보존하는 매우 중요한 역할을 했음을 알 수 있다.

　리은영과 김광현이 고려극장은 "중앙아시아의 카자흐스딴 내 조선인 로력자들이 날로 자라는 문화상 수요를 충족시키며 그들의 사상-미학적으로 교양함에 있어 유일한 조선인 기관"이라 설명한 것은 이를 뒷받침한다.(1955.8.21) 또한 고려극장은 고려인들을 한 자리에 모이게 하는 가교역할을 했을뿐더러 스탈린의 억압 정치하에서도 모국어를 지키는 일등 공신 역할을 했다. 그럼에도 불구하고 고려극장의 가장 큰 목적은 '사회주의 조국의 행복하고 부유한 생활을 옳게 잘 반영함으로써 노력대중을 공산주의적으로 교양시킬 과업을 수행할 수 있어야만 하는 것이었다. 그래서 첫 번째 조건으로 주제는 극작가들이 마음대로 정할 수 있으나, 가능한 현대 소비에트 생활을 다루도록 정했다. 사회주의적 내용에 민족주의적 형식을 가지고 있는 고려극장은 문화의 진흥을 위하여, 민족 예술의 새 성과를 양산했다고 평가받았다.[4]

3. 창작극평 : 구성의 문제와 등장인물의 형상화 강조

연극의 주제와 소재에 따라 극평 양상을 두 범주로 구분하여 고찰하고자 한다. 첫째는 현실적 생활 문제를 다룬 창작극평이며, 둘째는 고전을 각색한 극평이다. 연극 작품은 일반적으로 창작극, 고전 각색극, 외국극 번안으로 분류할 수 있으나, 『레닌기치』에 게재된 극평을 분석한 결과 외국극 번안을 대상으로 한 극평은 극소수에 불과하였다. 이에 본 연구에서는 일상 생활의 문제를 다룬 창작극평과 고전 각색극평으로 구분하여 논의를 전개하고자 한다. 연구 방법 및 내용을 요약하면 다음과 같다.

창작극평에서는 극 전체적인 구성의 문제, 등장인물 성격의 형상화 문제를 중요시하고 있다. 즉 전형적 환경에서의 전형적인 성격 창조 문제와 관련 사항들을 중요시하고 있다. 이를 통해 사회의 결함을 보여주고 규탄하는 작품을 높게 평가하고 있다. 확실한 것에 사실적 충실성을 더해 관객들이 자기동일시 하게끔 만들어야 한다는 사회주의 리얼리즘 연극 강령에 충실하고자 함을 알 수 있다.

창작극의 내용은 소련 조선인들의 생활과 공산주의를 건설하는 그들의 이야기가 주를 이룬다. 작품들은 주로 "인민의 위훈, 사변의 극적 긴장성과 위대성, 인간의 정신적 미"[5]를 드러내고자 하였다. 그러나 "극작품 창작에

---

4 「사랑을 받는 쏘베트 배우」, 『레닌기치』 1938.11.28.
5 김빠웰, 「조선극장의 새계획」, 『레닌기치』 1976. 1.8.

서 가장 절실한 문제의 하나는 우리들의 일상생활에서 새로운 한 면을 포착하고 그것을 통해 새로운 진지를 독창적인 세계로 개척하는 문제"[6]라고 보고 있다.

즉 극에서 강조되어야 하는 것은 당시 현실을 있는 그대로 재현하는 것이 목적이 아니라 현실재현을 통해 또 다른 하나의 세계를 제시해야 한다는 것이다. 야산은 〈정애〉(연성룡 작)의 첫 공연을 본 후 등장인물 각각을 예를 들며 "이 연극은 현 시기의 조선 꼴호스원들의 생활을 재재로 한 것이 특징적이다. 그러나 연극의 언어가 개성화되지 못하고 어린이로부터 할아버지에 이르기까지 년령, 지식 정도, 직업의 차이가 있는 등장인물들이 일률적으로 한 가지 언어를 쓰고 있다"고 지적하고 있다. 그러나 "개인의 리익과 사회의 리익을 옳게 배합시켜 나아가서는 사회를 위하여 개인을 희생까지 시키는 공산주의적 집단주의와 사회의 리익을 전적으로 무시하고 개인 리익과 출세만을 위주하는 리기주의와의 투쟁이 전개"된 연극이라고 긍정적으로 평하였다.[7]

이러한 견해를 통해서 당대 예술분야 사업은 군중문화를 선도하는 중요한 사업 대상이었음을 엿볼 수 있다. 렴사일은 "오늘의 경희극은 현실에 부합되는 경희극으로 되어야 하며 또한 관중의 유쾌한 웃음을 자아내면서 작품 전체를 통하여 당 정책의 맥박이 치게하여야 한다"라고 말한다. 그러면서 이 작품은 연극의 구성상 부분적으로 연결이 미숙하며 사건의 발전과 관계가 명확하지 않음을 지적하고 있다.[8]

적뢰생은 〈생명수〉를 본 후 수사학상으로 대중이 활용하는 속담(28종)을

---

6 전향문, 「대담한 시도와 형상」, 『레닌기치』 1975.4.11.
7 야산, 「조선극단의 새 연극 정애」, 『레닌기치』 1960.3.6.
8 렴사일, 「경희극 엄한 아버지」, 『레닌기치』 1960.3. 12.

활용한 방법은 청중들에게 충동과 자극을 주었다고 평한다.[9]

김빠웰은 극작가들의 수가 늘어가고 있으나 관람자들의 요구를 만족시키지 못하고 있다고 말한다. 또한 "당과 정부에서 우리 극장에 위임한 중요한 과업을 잘 인식하고 관중들의 요구와 기대에 어긋나지 않도록 좋은 작품을 창작하기 위하여 현실속으로 깊이 들어가야 한다"고 주문한다. "민족적 형식에 사회주의적 내용을 가진 조선사람들의 생활을 주제로 한" 희곡을 창작할 것을 주문한다.[10]

전향문은 〈봉이 김선달〉(한진 작)에 대해 "인간에 의한 인간의 착취제도가 청산되고 자연과 향토가 전인민적소유로 된 우리 사회주의 현실에서는 마치 먼 옛날의 전설과도 같이 들릴 수 있는 이 하나의 이야기를 통하여 사회주의 제도하에 사는 행복감과 긍지감을 고착시키며 사회주의-공산주의 건설의 크나큰 자부심을 갖게 하는 측면에서 일정한 의의가 있다"고 평하였다.[11]

또한 량원식은 「분노의 시한탄」이라는 글을 통해 새 연극 〈폭발〉(한진 작)에 대해 "사회적 진상과 개별적 인간들의 전형적 생활형편이 잘 째여진 극적요소로 실감있게 엮어"진 연극으로 특히 "영화적인 표현수법의 이용"이 효과적이었다고 평하였다. 또한 박미하일의 〈안개 개일 때 까지〉를 본 후 부정인물의 형상을 통해 사회의 결함을 보여주고 규탄하고 있음을 높게 평가하며 이것이 현대적 주제를 취급한 연극의 가치로 보고 있다.[12] 위의 예를 든 극평을 보면, 연극이란 단순한 현실의 복사 및 재현이 아니라 그러한 사실적 재생산을 통해 관객들이 그 무대의 현실을 얼마나 동일시할 수 있

---

9 적뢰생, 「관중의 요구하는 수준으로」, 『레닌기치』 1945.9.16.
10 김빠웰, 앞의 글.
11 전향문, 「풍자극의 풍격」, 『레닌기치』 1975.5.15.
12 량원식, 「시대의 요구에 발 맞추어」, 『레닌기치』 1988.2.26/

는가에 중심을 두고 있음을 알 수 있다. 이를 위해 전형적인 인물 형상, 배우들의 자연스러운 연기로 관중들에게 공감을 주어야 하며 그 속에는 사실주의를 기초로 하여 민중을 선도하는 역할을 담당해야 한다는 주장을 담고 있다.

한편, 『레닌기치』에는 조선극장에 대해 "문학과 예술의 당성에 대한 레닌적 원칙을 엄수하며 또는 까.쓰따니슬랍쓰끼와 웨.네미로위츠-단첸교가 발전시킨 로씨야 극장 예술의 전통과 사회주의 레알리슴에 의거하며 우리 인민의 생활과 긴밀히 련결되어 사업하여야만 극단은 인민의 요구에 보답되는 훌륭한 작품들을 내어 놓을 수 있을 것"(1956.12.21)이라는 글이 수록되어 있다. 이는 당시 예술가들은 그 시기의 이념이나 정치 체제, 혹은 그에 걸맞은 인민들의 현실적 생활에 직결되는 방향으로 나아가야 한다는 것을 강조한 것임을 알 수 있다.

4. 고전 각색극평 : 예술성과 사상성, 원작의 충실성 강조

고려극장은 여러 편의 고전작품들을 연출, 각색하여 무대에 올렸다. 고전작품들을 연출함으로써 소련의 조선인 관람자들에게 조선 고전작품에 대한 풍부한 개념을 주고 그것을 선전하며 진화시키고자 하였다. 대부분 민족적 색채를 강조한 고전을 각색한 작품들은 대부분 1회 이상 반복 공연된 경우가 많다.

주요철은 고전작품의 연극화의 경향을 영웅 드라마의 연극화와 풍자 해학적 서민 드라마로 나누어 살펴보았다.[13] 고전 각색극평에서는 주로 두 가

---

[13] 주요철, 「카자흐스탄의 극단 '고려극장' 고전작품 연극화에 관한 연구」, 중앙대학교 신문방송대학원 석사논문, 2003.

지를 요구하고 있다. 하나는 높은 예술성과 사상성, 다른 하나는 원작에 대한 충실성 요구가 그것이다. 이때 전자는 연극에서의 미적 의미와 역사적 의미에 큰 비중을 두고 있음을 알 수 있다.

조기천은 고려극장에서 상연한 연극들 중에서 〈춘향전〉이 예술적 방면에서나 배우들의 수준이 우수하다고 평하고 있다. 그러면서 1935년 이루어진 첫 번째 각색에서의 문제점으로는 "사상적 및 예술적 종결성을 가지지 못했으며, 작품에서 주인공인 춘향이 사상적으로 약하게 표현되고 있음"을 지적하고 있다. 이어 두 번째 각색에서는 "춘향의 성격에서 다양성이 명확하게 표현되고 있지 않으며 예술적으로 표현되지 못하고 있다"고 평가하고 있다. 또한 심리적 갈등이 약하게 그려지고 있는 것을 문제점으로 지적하고 있다. 결국 극평에서 말하고자 하는 극의 예술적 사명이란 사상을 담아내기 위한 인물의 형상화의 문제와 행동을 문제시한 것이라 할 수 있다.[14]

림하는 1963년 3월 조선 극장에서 처음 상연된 〈배비장전〉을 각색한 〈애랑〉에 대해 〈춘향전〉과 비교하여 인물의 성격을 분석하고 있다. 또한 원작에서는 조선 이조 말기 봉건 사회의 날카로운 계급적 모순의 현실을 볼 수 있었지만 연극에서는 그 현실이 약하게 표현되고 있다는 비판적인 시각을 드러내고 있다. 즉 "애랑의 성격 묘사에 있어서 각색과 연출이 미숙"하다고 지적한다. 그러면서 다음과 같은 세 가지 문제점을 든다. 첫째, 각색자는 고전 작품에 대한 심각한 연구가 없이 조선 봉건 사회의 멸망의 첨예화된 계급적 모순을 반영한 풍자소설을 경희극으로 만들려고 노력한 것이 잘못이다. 둘째, 연출가와 연기자들은 형상에 대한 연구가 적었으며 형상을 옳지 못하게 표현. 셋째, 연기 실력이 약한 배우들의 문제를 들었

---

14 조기천, 「〈춘향전〉 각색에 대하여」, 『레닌기치』 1942.8.7.

다. 이를 통해 림하는 고전 작품에서 현대의 목소리가 들리도록 한다는 것은 그 작품에서 벌어지고 있는 사건과 등장하는 인물들을 묘사할 때 당시의 여러 객관적 조건과 시대적 극한성에 의하여 표현하지 못한 점을 현대인의 견지로 분석하고 사상면과 예술 면에서 더욱 풍부하게 형상화해야 한다고 말한다.[15]

정석은 연극 양산백을 보고 배우들의 연기(목소리나 행동 등)를 예로 들면서 관중들에게 좋은 인상을 준 성공적인 작품이었다고 평하였다. 그러나 희곡 자체에서의 문제점으로는 원작과는 다른 결말이 부자연스럽고 필연적이지 못하다는 것을 지적하였다.[16] 리정희는 고전작품 〈토끼전〉을 각색한 한진의 희곡 〈토끼의 모험〉을 본 후 아동들을 위한 연극을 연출한 것이 처음이며 "동물들의 형상을 의인화하여 봉건통치배들의 좌행과 무능력을 폭로하고 있다"고 평하였다.[17]

림칙군은 〈춘향전〉을 본 후 "옛 조선의 사회제도, 사고방식, 도덕과 윤리를 알게 되었고, 조선녀성의 고매한 도덕성과 철저한 절개를 알게되었다"라고 평하였다. 또한 "단오명절놀이, 청혼장면, 기생의 걸음걸이, 생일잔치 등 조선의 독특한 풍습을 보여주는 장면들이 관중의 정서를 자아냈다"고 말한다. 그러면서 연극에는 깊은 사상과 교육적 가치가 포함되어야 한다고 말한다.[18] 전향문은 〈온달전〉에 대해 "연극의 전반적인 흐름을 통하여 보여주어야 할 뚜렷한 사상은 향토와 산천에 대한 사랑, 나라와 인민의 리익을 위하여는 자기의 목숨도 서슴없이 바쳐 싸울 줄 아는 고상한 애국주의 사상으로 현대인들을 고양하는 데 있"으며 이러한 극적 조건에 비추

---

15 림하, 「고전극들을 현대의 목소리로 울리게 하자」, 『레닌기치』 1963.5.7.
16 정석, 「영원한 사랑의 노래 – 연극 양산백을 보고서」, 『레닌기치』 1965.3.23.
17 리정희, 「무대에 새로운 형식을 올려」, 『레닌기치』 1982.1.22.
18 림칙군, 「조선극장의 순회공연을 보고」, 『레닌기치』 1987.8.12.

어봤을 때 개작된 〈온달전〉은 등장인물의 형상을 통해 이 문제에 긍정적인 답을 주었다고 평가하였다. 그러면서 등장인물의 극적 관계가 성격 개발의 견지에서 타당성 있게 추구되고 있음을 높게 평가하였다. 그러나 배우들의 화술의 빈곤을 가장 큰 문제점으로 지적하고 미학적 기호에 맞는 높은 예술성과 강한 사상성을 가진 연극 작품을 무대화할 것을 요구하고 있다.[19]

다음으로, 본문에서는 사상적 측면뿐만 아니라 관중과의 소통의 중요성에 대해서도 주목하고 있음을 확인할 수 있다. 소련 인민들은 사상적・예술적으로 수준 높은 연극 공연을 요구하고 있으므로, 관객들이 극단 창작 발전에 대해 올바른 비판과 평론, 그리고 권고를 제시할 수 있도록 조직적으로 동원하는 것이 필요하다고 제기되었다. 이에 따라 인민을 위한 예술 창작가들은 항상 대중의 목소리에 귀 기울여야 한다고 강조하였다. 관중과의 소통의 중요성은 특히 원작에 대한 각색의 충실성을 강조하는 방향으로 나타나고 있다.[20]

또한 량원식과 김이오씨프의 글은 고전극 각색에 대한 입장에 대해 살펴볼 수 있다. 1989년 4월 중순 고려극장에서는 김이오씨프가 개작한 〈심청전〉이 상연되었다. 이를 두고 량원식은 "어떤 작품이나 개작을 전혀 하지 못한다는 원칙은 없다. 원작을 각색하여 다른 장르의 작품을 만들 수 있는 권리는 누구에게나 있다. 그러나 그 원작에 담겨진 알맹이, 기본 사상을 나타내는 에피소드들을 다른 에피소드로 대치하여 더 못하게 만들 권리는 없다"고 혹평하였다.[21] 즉 개작한 〈심청전〉이 원작을 왜곡하여 원작보다 못하다는 것이다. 이에 대해 김이오씨프는 자신이 개작한 〈심청전〉에 새로운 주인공들을 설정한 이유는 원작을 심중하게 연구한 결과라 말하고 있다.

---

19 전향문, 「연극 온달전을 보고」, 『레닌기치』 1975.3.26.
20 「새 연극 공연의 사회적 평론을 널리 조직하라」, 『레닌기치』 1953.9.6.
21 량원식, 「개작된 〈심청전〉을 보고서」, 『레닌기치』 1989.5.24.

또한 새로운 인물들은 〈심청전〉의 사회적 내용을 뚜렷이 보였고 연극의 장르도 개인 멜로드라마에서 현대 사회적 희곡으로 변경시켰다고 반박하였다. 그러면서 고전작품에 대한 개작에서 가장 중요한 것은 "시기를 따라 자기의 사회적 뜻과 인정 높은 철학사상"을 보여주어야 하며 "고전작품의 모든 뜻을 더 뚜렷하게 보여주는 것이 기본 목적이 되어야 한다"고 말하며 개작의 의도를 밝히고 있다.[22]

5. 극평의 의의

소비에트 시대 예술 분야 사업은 노동 대중의 오락과 휴식 수단일 뿐만 아니라, 공산주의 사상을 널리 알리고 고양시키는 중요한 수단으로 기능하였다. 이에 따라 문화 계몽 기관에서 활동하는 작가, 미술가, 영화 관련 예술가 등의 창작 활동은 무엇보다 인민에게 충실히 봉사하는 것을 우선시하였으며, 이는 궁극적으로 소비에트 사회 건설 사업에 적극적으로 참여하는 행위로 귀결되었다.

그렇다면 소비에트 정권이 민족적 특징이 드러나는 문화를 허용했던 이유는 무엇인가라는 의문이 자연스럽게 제기된다. 이에 대한 답은 민족 자치나 민족 문화의 부흥을 도모하기 위한 것이 아니었다는 점에서 찾을 수 있다. 소비에트 문화의 관점에서 고려인 문화는 지배 국가에 귀속된 식민지 문화와 다름없었다. 이러한 사실은 당시 고려인 민족어의 위상을 통해서도 확인 가능하다. 핀란드어, 위구르어, 히브리어 등이 소비에트 내 소수민족의 언어로 인정받은 반면, 고려인들이 사용하는 언어는 외국어로 분류되었다. 즉, 민족문화의 보존은 고려인 자신의 요구라기보다는 정권의 결

---

[22] 김이오씨프, 「개작된 〈심청전〉을 둘러싸고」, 『레닌기치』 1989.8.9.

정에 의한 것이었다. 다민족사회를 표방했던 소비에트 정권은 여러 민족 문화의 상호 공존을 표방하며 고려인들이 민족의 언어와 풍습을 지키기를 요구했다. 고려인 문화는 당의 문화 정책이 키워낸 하나의 상품에 불과했고 전시용품에 불과했던 것이다.

따라서 당시 고려극장의 역할과 의의는 지대했음을 짐작할 수 있다. 고려극장 역시 소비에트 시대 고려인들에게 사상 교육의 사원이었으며 소련 예술의 미학적 원리를 확증하고 공산주의 도덕과 프롤레타리아 국제주의와 다민족국가의 형제애를 선전하는 기관이었다.[23] 또한 소비에트 주권의 혜택을 입어 자라난 사회주의적 내용에 민족적 형식을 가진 고려극장은 문화의 진흥을 위하여 민족예술의 새 성과를 위한 투쟁에서 적지아니한 성과를 달성하였다[24]고 밝히고 있다. 이렇게 봤을 때, 창작극이나 고전 각색극들은 소재 자체는 민족적인 것이나 고전에서 가져왔다 해도 당시의 사회주의 이념이나 체제에 맞게 내용과 미학을 변이시키는 것은 불가피한 일이었을 것이다.

조기천이 "극단은 고려 로력 대중의 조국에 대한 사랑, 야수적 파시스트들에게 질시와 적대감을 적나라하게 표현하는 무대가 되어야"[25] 함을 강조하였듯이 사회주의 리얼리즘이 당시 예술 창작의 보편적인 원리로 통용되는 사회에서 『레닌기치』에 수록된 극평은 주로 극작품의 미적 완성을 위한 등장인물의 성격과 인물의 형상화 문제, 역사적 사실성 여부, 각색 시 원작의 충실성의 중요성 등 사회주의 문학의 기본 원리와 실천 원리에 치중해야 함을 꾸준히 주문하고 있음을 알 수 있다.

그럼에도 불구하고 아쉬운 점은 대부분의 극평이 연극적 특성 즉 연기

---

23 김원태 외, 『재외한인언론의 역사와 현황 기초 연구』, 집문당, 2005.
24 『레닌기치』 1938.11.28.
25 조기천, 「고려극단의 사년간 사업의 총화」, 『레닌기치』 1942.2.4.

나 연출, 무대장치 등이 주는 연극적 요소에 대한 주문에 머물러 있다는 것이다. 또한 극의 내용을 알리는 글이 대부분을 차지하고 있다. 즉, 연극적인 대상을 이야기하는 데서는 "연출은 작품을 구체적으로 형상화하지 못하고 있다", 혹은 "주인공을 제대로 형상화하지 못했다"는 식의 비평으로 마무리 될 뿐 그 기준에 대해서는 언급이 없다는 것이다.

6. 맺음말

이 연구는 소비에트 중앙아시아 고려인 최대 신문 『레닌기치』에 수록된 60여 편의 극평과 극에 관한 사료를 중심으로 서술 관점의 특징을 살피고 당대 연극의 지향점을 밝히는 것을 목적으로 한다. 소비에트 시대에는 사회주의 이념의 선전 도구로서 문화예술을 적극적으로 육성시켰다. 이에 중앙아시아로 강제이주를 당한 고려인 사회에서는 시대적 분위기에 따라 문화예술 집단이 결성되었고 각지를 돌며 춤과 노래, 연극 등의 공연 활동을 펼쳤다. 뿐만 아니라 공연에 대한 비평 활동도 꾸준히 이루어졌다. 극평은 주로 신문 『레닌기치』를 통해 이루어졌는데 주지하다시피 고려인 연극은 고려극장과 그 맥을 같이한다. 1937년 원동에서 중앙아시아로 강제이주 이후 고려인들은 극단을 재설립하여 연극 활동을 펼쳤다. 고려인과 카자흐스탄인들을 비롯한 수백만 명의 관객들이 극장을 찾았으며 수백 편의 연극과 음악회가 열릴 정도로 고려극장의 인기는 대단했다. 이곳에서는 대부분 고려인 혹은 러시아 극작가들에 의해 창작, 개작, 번역된 연극이 무대에 올려졌다. 따라서 본고에서는 이러한 상황을 고려하면서 극평에 주목하여 그 구체적인 양상을 고찰하고자 했다.

중앙아시아 고려인 작품에 대해서는 그간 여러 연구자들에 의해 꾸준히 진행되고 있다. 그 연구들은 문학작품의 특징을 살피는 데 중점을 두고 기본 자료 정리 및 문학사적 가치와 해석에 많은 성과를 이뤄냈다는 점에서 큰 의의가 있다. 특히 『레닌기치』에 실린 고려인 문학에 대한 연구는 2000년대 이후 짧은 시간 동안 꾸준히 축적되어가고 있다. 이 연구들은 주로 문예면에 형상화된 고려인들의 삶을 다룬 산문과 시, 희곡 등 작품을 중심으로 고려인의 정체성과 고려인 문학의 특징을 살피고 있다.

선행연구를 면밀하게 살펴본 결과, 희곡 작품에 대한 분석과 작가에 대한 분석 혹은 문학사적인 고찰은 있었지만 '극평(연극평)'을 천착한 연구는 없었다. 희곡작품을 분석하는 것과 그 희곡이 연극화된 공연작품을 분석하는 일은 전혀 다른 작업이다. 연극은 희곡과 관객이 극장에서 만나는 예술이기 때문이다.

이에, 본 연구에서는 기존 연구에서 논의되지 않은 극평을 통해 당대의 연극관을 살펴보고자 하였다. 이를 위해 고려극장의 역사와 고려인 연극을 일별한 다음 신문『레닌기치』를 주요 텍스트로 삼아, 보도자료에 나타난 고려인들의 연극 활동, 공연 내용 및 극평 등을 주시하였다. 구체적인 분석에서는 "창작극평 : 구성의 문제와 등장인물의 형상화 강조", 둘째는 "고전 각색극평 : 예술성과 사상성, 원작의 충실성 강조"라는 항목으로 나누어보았다. 이에 앞서 고려인 연극의 산실인 고려극장의 역사를 개괄적으로 살펴보았다. 즉 군중문화 사업으로서의 연극 활동과 극단 조직 양상에 대해 살펴보았다.

다음으로 공연 내용과 극평의 예를 창작극평과 고전 각색극평으로 나누어 당대 연극계의 상황과 연극관을 분석해보고자 하였다. 『레닌기치』에 수록된 극평을 살펴본 결과 외국극 번안을 대상으로 한 극평은 극소수였기에 창작극평, 고전 각색극평으로 나누어 살펴보고자 한다. 창작극평에서는 전반적으로 극 전체적인 구성의 문제, 등장인물 성격의 형상화 문제를 중요시하고 있다. 즉 전형적 환경에서의 전형적인 성격 창조 문제와 관련 사항들을 중요시하고 있다. 이를 통해 사회의 결함을 보여주고 규탄하는 작품을 높게 평가하고 있다. "극작품 창작에서 가장 절실한 문제의 하나는 우리들의 일상생활에서 새로운 한 면을 포착하고 그것을 통해 새로운 진리를 독창적인 세계로 개척하는 문제"[26]를 중요시하고 있다. 극에서 강조되어야 하는 것은 당시 현실을 있는 그대로 재현하는 것이 목적이 아니라 현실재현을 통해 또 다른 하나의 세계를 제시해야 한다는 주장이다. 김빠웰은 "당과 정부에서 우리 극장에 위임한 중요한 과업을 잘 인식하고 관중들의 요구와 기대에 어긋나지 않도록 좋은 작품을 창작하기 위하여 현실 속으로 깊이 들어가야 한다"[27]고 주문한다. 연극이란 단순한 현실의 복사 및 재현이 아니라 그러한 사실적 재생산을 통해 관객들이 그 무대의 현실을 얼마나 동일시 할 수 있는가에 주의해야 한다는 것이다. 따라서 극은 현실 속으로 깊이 들어가 전형적인 인물 형상, 부정인물의 형상을 통해 사회의 결함을 보여주고 이를 규탄하는 내용이어야 하며, 이것이야말로 현대적 주제를 취급한 가치 있는 연극이라는 입장을 보이고 있다.

한편, 고려극장은 여러 편의 고전작품들을 연출, 각색하여 무대에 올렸다. 고전작품들을 연출함으로써 소비에트 조선인 관람자들에게 고전작품에 대한 풍부한 개념을 주고 그것을 선전하며 진화시키고자 하였다. 고전 각색극평에서는 주로 두 가지를 요구하고 있다. 하나는 높은 예술성과 사상성, 다른 하나는 원작에 대한 충실성이다. 이때 전자는 연극에서의 미적 의미와 역사적 의미에 큰 비중을 두고 있음을 알 수 있다. 전향문은 "연극의 전반적인 흐름을 통하여 보여주어야 할 뚜렷한 사상은 향토와 산천에 대한 사랑, 나라와 인민의 리익을 위하여는 자기의 목숨도 서슴없이 바쳐

---

[26] 전향문, 「대담한 시도와 형상」, 『레닌기치』 1975.4.11.
[27] 김빠웰, 앞의 글.

싸울 줄 아는 고상한 애국주의 사상으로 현대인들을 고양하는 데 있"[28]으며 이러한 극적 조건에 비추어봤을 때 개작된 〈온달전〉은 등장인물의 형상을 통하여 이 문제에 긍정적인 답을 주었다고 평가하였다. 그러나 배우들의 화술의 빈곤을 가장 큰 문제점으로 지적하고 미학적 기호에 맞는 높은 예술성과 강한 사상성을 가진 연극 작품을 무대화할 것을 요구하고 있다.

한상욱은 「창곡이와 홍란을 보고서―옥루몽의 각색」(1961.3.26)에서 "사실주의적 색채를 보존"하면서 여러 가지 복잡한 사건들 중에서 가장 중요하고 특징적인 내용을 관중들에게 보여준 성공적인 작품이라고 평하였다.[29] 이때 사실주의적 색채란 연극이 지향한 미학적 성향을 의미한다. 즉 사회적 모순이나 현실적 부조리에 대한 비판이나 개선 의지를 의미한다. 살펴 본 몇몇 평문을 통해, 당시 예술가들은 그 시기의 이념이나 정체 체제, 혹은 그에 걸맞은 인민들의 현실적 생활에 직결되는 방향성을 강조함을 알 수 있다.

조기천이 "극단은 고려 로력 대중의 조국에 대한 사랑과 야수적 파시스트에 대한 질시와 적대감을 적나라하게 표현하는 무대가 되어야 한다"[30]고 강조한 바와 같이, 사회주의 리얼리즘이 당시 예술 창작의 보편적인 원리로 자리 잡은 사회에서 『레닌기치』에 수록된 극평은 주로 극작품의 미적 완성을 위한 등장인물의 성격 및 형상화 문제, 역사적 사실성 여부, 각색 시 원작의 충실성 요구 등 사회주의 문학의 기본 원리와 실천 원리에 집중하고 있음을 확인할 수 있다.

또한, 『레닌기치』에 게재된 고려인 극평은 소비에트의 정치적·사회적 변동에 직간접적으로 영향을 받으면서도 독자적인 고려인 문단 형성의 변

---

28 전향문, 「연극 온달전을 보고」, 『레닌기치』 1975.3.26.
29 한상욱, 「창곡이와 홍란을 보고서―옥루몽의 각색」, 『레닌기치』 1961.3.26.
30 조기천, 「고려극단의 사년간 사업의 총화」, 『레닌기치』 1942.2.4.

화 양상을 보이고 있다. 이에 따라 고려인 극평을 통해 당대 중앙아시아 고려인들의 연극관, 당대 소비에트 사회가 요구한 연극관, 그리고 실제 공연의 실상을 구체적으로 살펴볼 수 있다.

참고문헌

기본자료

『레닌기치』, 1938년 5월 15일~1990년 12월 31일
『오늘의 벗』, 알마아따 사석시 출판사, 1990.
김환기, 『아르헨티나 코리안 문학 선집 – 시/수필』, 보고사, 2013.
김환기, 『브라질 코리안 문학 선집 – 시/소설』, 보고사, 2013.
시드니한국문학작가회, 『문학과 시드니』 창간호(2021)~4호(2024)
재아문인협회, 『로스안데스 문학』, 통권 3호(1998), 4호(1999), 5호(2000), 6호(2002), 9호(2005), 10호(2007), 20호(2020), 21호(2021).
캐나다 한인문인협회, 『캐나다문학』 1호(2001)~19호(2019).
호주한인문인협회, 『호주한인문학』, 창간호(2001), 2집(2002), 3집(2006)

단행본

강응섭, 『동일시와 노예의지』, 백의, 1999.
강회진, 『아무다리야의 아리랑 – 중앙아시아 고려인 시문학의 탈식민주의 연구』, 문학들, 2010.
고부응, 『초민족 시대의 민족 정체성』, 문학과지성사, 2002.
고송무, 『쏘련의 한인들 : 고려사람』, 이론과실천, 1990.
권택영, 『욕망이론』, 문예출판사, 1995.
김게르만, 『재외 한인사』, 한국학술정보(주), 2005.
김게르만, 『한인 이주의 역사』, 박영사, 2004.
김게르만·명드미트리, 『카자흐스탄 고려인의 역사와 문화』, 알마틔, 1995
김경석, 『봄바람』, 연변인민출판사, 1981.

김경훈, 『중국 조선족 시문학 연구』, 한국학술정보, 2006.
김병학, 『재소고려인의 노래를 찾아서』, 화남출판사, 2007.
김병학, 『카자흐스탄의 고려인들 사이에서』, 인터북스, 2009.
김상현·오경환·황정아 외, 『트랜스내셔널 인문학으로의 초대』, 한양대학교 출판부, 2017.
김성곤, 『뉴미디어 시대의 문학』, 민음사, 1996.
김성곤, 『하이브리드 시대의 문학』, 서울대학교 출판문화원, 2009.
김영미 외, 『재일한인문학의 어제와 오늘』, 한국문화사, 2021.
김 오, 『캥거루의 집』, 시평사, 2005.
김 오, 『플래밍턴 고등어』, 천년의 시작, 2018
김인옥, 『햇간장을 달이는 시간』, 실천문학사, 2021
김종회, 『중앙아시아 고려인 디아스포라 문학』, 국학자료원, 2011.
김춘선, 『개혁개방 후 조선족 문학의 변화 양상 연구』, 한국학술정보, 2018.
김필영, 『소비에트 중앙아시아 고려인 문학사』, 강남대학교 출판부, 2004.
남혜경 외, 『고려인 인구 이동과 경제환경』, 집문당, 2005.
닉 페어웰, 『GO』, 김용재 역, 비채, 2013
마로스 슬로먼 외, 『러시아 문학과 사상』, 박성규 역, 대명사, 1983.
브라질한인이민사편찬위원회, 『브라질한인이민 50년사(1962~2011)』, 도서출판 교음사, 2011.
서경식, 디아스포라 기행』, 김혜신 역, 돌베개, 2006
석화, 『연변』, 연변인민출판사, 2006.
송명희, 『캐나다 한인문학 연구』, 지식과교양, 2016.
양원식, 『카자흐스탄의 산꽃』, 시와진실, 2002.
에르네스트 르낭, 『민족이란 무엇인가』, 신행선 역, 책세상, 2002.
연변조선족문화발전추진회 편, 『조중대역판-중국조선족 명시』, 민족출판사, 2004.
오경환·김현숙·이형섭 외, 『트랜스내셔널 지구공동체를 향하여』, 한양대학교 출판부, 2018.
오상순, 『조선족 정체성의 문학적 형상화』, 태학사, 2013
윤인진, 『코리안 디아스포라』, 고려대학교 출판부, 2004.
윤정화, 『재일한인 작가의 디아스포라 글쓰기』, 혜안, 2012.
윤희경, 『대티를 솔티라고 불렀다』, 천년의시작, 2021.
이명재 편, 『소련지역의 한글문학』, 국학자료원, 2002.

이소희 편, 『다문화사회, 이주와 트랜스내셔널리즘』, 보고사, 2012.
이연숙, 『이방의 기억』, 신지영 역, 그린비, 2019.
이형권, 『미주 한인 시문학사』, 푸른사상사, 2020.
임효원 외, 『연변시집 1950~1962』, 연변인민출판사, 1959.
장사선·우정권, 『고려인 디아스포라 문학연구』, 월인, 2005.
장석주, 『장소의 탄생』, 작가정신, 2006.
장윤수, 『노마디즘과 코리안 디아스포라 문학』, 북코리아, 2011.
재아문인협회, 『아리랑이 땅고와 만났을 때』, 2017.
재일디아스포라 문학의 글로컬리즘과 문화정치학 연구팀 편, 『재일디아스포라 문학선집 1 : 시』, 소명출판, 2017.
정덕준 외, 『중국조선족 문학의 어제와 오늘』, 푸른사상사, 2006.
정덕준·김영미 외, 『CIS 고려인 문학사와 론』, 한국문화사, 2016.
조규익, 『해외 한인문학의 한 독법』, 학고방, 2023.
조일준, 『이주하는 인간, 호모 미그란스』, 푸른역사, 2016.
진계법, 『사회주의 예술론』, 총성의 역, 일월서각, 1979.
최기숙, 『환상』, 연세대학교 출판부, 2003.
최현주, 『환상과 현실의 경계에서의 나 찾기』, 새미, 2003.
카자흐스탄 국립고려극장, 『고려극장의 역사』, 알마띄 라리쩨뜨, 2007.
하상일, 『재일 디아스포라 시문학의 역사적 이해』, 소명출판, 2011.
황송문, 『중국조선족 시문학의 변화 양상 연구』, 국학자료원, 2003.

논문

강민정 외, 「CIS고려인 시문학 초기에 나타난 특징에 대한 연구」, 국제어문학회, 국제어문학회 학술대회 자료집, 2008.
강진구, 「원동 이만강변 조선사람 김」, 『오늘의 문예비평』, 2007.
강진구, 「구소련 고려인 문인의 존재 방식 – 김기철을 중심으로」, 『어문논집』 32, 2004.
강진구, 「구소련권 고려인 문학에 나타난 역사 복원 욕망 연구 : 김세일의 장편소설 『홍범도』를 중심으로」, 『민족문학사연구』 25, 2004.
강회진, 「고려인 시문학 속 여성상의 변화 양상」, 『시학과 언어학』 제27호, 시학과언어학회, 2014.
강회진, 「브라질한인문학에 나타난 트랜스내셔널의 특징 및 의의」, 『한국문학과 예술』

제44집, 한국문학과예술연구소, 2022.

강희진, 「아르헨티나 한인 시문학에 나타난 트랜스내셔널의 특징 및 의미」, 『어문연구』 111, 어문연구학회, 2022.

강희진, 「재외 한인문학에 나타난 트랜스내셔널 양상－중앙아시아 고려인 문학과 재중 조선인 문학의 시를 중심으로」, 『한국문학과 예술』 제27집, 숭실대학교 한국문학과예술연구소, 2021.

고인환・이정선, 「탈북 디아스포라 고려인 소설 연구」, 『국제어문』 70권 0호, 국제어문학회, 2016.

곽명숙, 「윤동주 문학 연구의 트랜스내셔널리즘적 가능성」, 『한중인문학연구』 37, 한중인문학회, 2012.

구재진, 「민족－국가의 사이 혹은 너머에 대한 상상」, 『도시인문학연구』 9, 서울시립대 도시인문학연구소, 2017.

권택영, 「소수자 문학이론 : 라캉, 들뢰즈, 바디우」, 『한국문학이론과 비평』 20권 3호, 2016.

권희영, 「러시아 민족주의의 특징」, 『정신문화연구』 55, 정신문화연구원, 1994.

김근직, 「소비에트 문학 속의 여성상과 초기 아이드마또프의 개성적 여인상」, 『중앙대학교 인문과학논문집』 35, 1992.

김낙현, 「고려인 시문학의 현황과 특성」, 이명재 외, 『억압과 망각, 그리고 디아스포라－구소련 고려인 문학』, 한국문화사, 2004.

김낙현・이명재, 「재브라질 한인문학의 형성과 성향」, 『우리문학연구』 47, 우리문학회, 2015.

김덕삼, 「이푸 투안과 제프 말파스의 '장소'에 관한 연구」, 『인문과학연구』 제39집, 인문과학연구소, 2020.

김영철, 「아르헨티나 재외동포 1.5세의 역이민과 정착 연구」, 『한국민족문화』 제60호, 부산대학교 한국민족문화연구소, 2016.

김응교, 「재일조선인 조선어 시동인지 『종소리』 연구」, 『현대문학의연구』 34, 한국문학연구학회, 2008.

김정훈, 「재아 한인 시문학의 특성 연구」, 『한민족문화연구』 제32집, 2010.

김정훈, 「캐나다 한인 시문학 연구」, 『우리어문연구』 34집, 우리어문학회, 2009.

김정훈・송명희, 「호주 한인 시문학 연구」, 『한국문학이론과비평』 Vol.50, 한국문학이론과비평학회, 2011.

김정훈・정덕준, 「재외 한인문학 연구 : CIS지역 한인 시문학을 중심으로」, 『한국문학이론과비평』 31집, 한국문학이론과 비평학회, 2006.

김종욱, 「아시아-태평양 지역의 이주와 트랜스내셔널리즘 : 국가권력의 폭력성과 디아스포라의 양상 - 김석범의 『화산도』론」, 『비교한국학』, 18권 3호, 국제비교한국학회, 2010.

김종회, 「중앙아시아 고려인 문학의 형성과 작품의 성격」, 『동북아시아문화학회 국제학술대회 발표자료집』, 동북아시아문화학회, 2005.11.

김필영, 「고려인 작가 김준의 『십오만 원 사건』에 나타난 항일투쟁 시기의 민족주의와 사회주의」, 『한민족문화연구』 29, 2009.

김필영, 「김세일과 소비에트 중앙아시아 고려인 문학」, 한복문화학회 학술대회, 2004.

김필영, 「중앙아시아 고려인의 삶과 문화; 소비에트 중앙아시아 고려인 소설 연구」, 『민족문화논총』 32권 0호, 영남대학교 민족문화연구소, 2005.

김필영, 「한국 도안과 소비에트 중앙아시아 고려인 문학」, 중앙아시아한국학회, 2005.

김환기, 「재브라질 코리언 문학의 형성과 문학적 정체성」, 『중남미연구』 30, 한국외국어대학교 중남미연구소, 2011.

김환기, 「재아르헨티나 코리언 이민문학의 형성과 전개 양상」, 『중남미연구』 31, 한국외국어대학교 중남미연구소, 2012.

김환기, 「재일 코리언문학과 디아스포라 - 이회성의 『流域』을 중심으로」, 『일본학』, 동국대학교일본학연구소, 2011.

박민규, 「캐나다 한인 문인협회와 한인 이민문학」, 『캐나다문학』 10집, 캐나다 한인문인협회, 2001.

박선주, 「트랜스내셔널 문학 - (국민)문학의 보편문법에 대한 문제제기」, 『영미문학연구』 28권, 2010.

박선주, 「트랜스내셔널 문학의 소속과 지평」, 『한국현대문학회 학술발표대회자료집』, 2010.

박정석, 「두바이의 힌두 신디 상인 디아스포라 : 이주 양상과 고향의식을 중심으로」, 『한국문화인류학』 제39권 2호, 한국문화인류학회, 2006.

박채순, 「아르헨티나 한인 동포의 재이주(再移住)에 관한 연구」, 『이베로아메리카』 11(2), 부산외국어대학교 중남미지역원, 2009.

석화, 「중국 조선족 詩文學의 한 경향 2」, 『동북아신문』(http://www.dbanews.com), 2018.

송명희·이상갑, 「CIS 지역 고려인 소설의 정체성과 언어」, 『현대문학이론연구』 50, 현대문학이론학회, 2012.

송명희·이상갑, 「고려인 소설에 재현된 '러시아 이미지' 연구-김준의 소설을 중심으로」, 『한어문교육』 31, 2014.
신정은, 「고려인 문학 「홍범도」에 나타난 역사의식과 서사 양상 연구」, 『국제한인문학연구』 11, 2013.
양왕용, 「남미 한인의 시문학과 정체성-'아르헨티나' 지역을 중심으로」, 『한국시문학』 14집, 한국시문학회, 2004.
오경환, 「다문화주의와 트랜스내셔널리즘: 동향과 전망」, 『HOMO MIGRANS』 1, 이주사학회, 2009.
오경환, 「탈경계주체들과 문화 혼종전략-디아스포라 소설을 중심으로」, 『비교문학』, 한국비교문학회, 2011.
오창은, 「고려인 문학에 나타난 정체성의 정치 : 양원식 소설을 중심으로」, 『한국문학회』 57, 2011.
우정권·임형모, 「고려인 문학의 성격과 전개 양상-1940~1960년 『레닌기치』 문예면에 나타난 고려인 문학의 특징 고찰」, 『현대소설연구』 제44권, 한국현대소설학회, 2010.
유 게라씸, 「재쏘 조선사람들」, 『한국과 국제정치』, 경남대학교극동문제연구소, 1990.
윤영옥, 「여성소설의 환상과 문학 교육적 적용」, 『한국문학이론과 비평』 10(2-1), 2006.
윤정헌, 「중앙아시아 한인문학 연구 : 호주 한인문학과의 대비를 중심으로」, 『비교한국학』 Vol.10, 국제비교한국학회, 2002.
윤정헌, 「호주 한인문학 연구」, 『한민족어문학』 37, 한민족어문학회, 2000.
윤해동, 「트랜스내셔널 히스토리의 가능성-한국근대사를 중심으로」, 『역사학보』 200호, 역사학회, 2008.
이광윤, 「브라질 문학에 나타난 다인종적 특성(혼혈성)과 이를 통한 문화적 정체성에 관한 연구」, 『이베로아메리카』 8, 중남미지역원, 2006.
이명수, 「존재의 공간과 인식의 경계-차이와 장소에 대한 시론」, 『동양철학연구』 74, 동양철학연구회, 2013.
이명재, 「30년 호주 한인문학사(3) 1. 호주 교민 문학 단체의 첫 출범」, 『한호일보』, 2020.5.21.
이명재, 「남미주의 한글문학-브라질. 아르헨티나를 중심으로」, 『국제한인문학연구』 통권7호, 국제한인문학회, 2010.
이명재, 「아르헨티나 한인들의 한글문단 고찰」, 『우리문학연구』 46, 우리문학회, 2015.
이명재, 「오세아니아주 지역의 한글문단 : 호주 시드니를 중심으로」, 『한국문학과예술』

제12집, 한국문학과예술연구소, 2013.

이명재, 「저 바다 건너에서 당신은 잘살고 계십니까?」, 시드니한국문학작가회, 『문학과 시드니』 제2호, 2022.

이미나, 「재일디아스포라 한국어 시문학 연구」, 『국제한인문학』, 국제한인문학회, 2019.

이상봉, 「디아스포라와 로컬리티 연구」, 『한일민족문제연구』 18, 한일민족문제학회, 2010.

이석현, 「이민문학론」, 『이민문학』 2, 캐나다한국문인협회, 1979.

이승하, 「호주에서 사는 이들의 애환을 노래하다-윤필립론」, https://blog.naver.com/shpoem/223012907019.

이승하, 「디아스포라 한글 문학장과 문예지의 역할」, https://blog.naver.com/shpoem/223034937022.

이영민, 「글로벌 시대의 트랜스 이주와 장소의 재구성」, 『이주와 로컬리티의 재구성』, 소명출판, 2013.

이용일, 「트랜스내셔널 전환과 새로운 역사적 이민연구」, 『서양사론』 제103호, 한국서양사학회, 2009.

이정선, 「사할린 고려인 한글 소설의 주제 양상 고찰」, 『국제한인문학연구』 15, 국제한인문학회, 2015.

이정선, 「중앙아시아 고려인 소설 연구」, 경희대학교 일반대학원 박사학위 논문, 2011.

이정희, 「스탈린시대 여성 산업노동 동원에 관한 연구」, 『대구사학』 제96집, 대구사학회, 2009.

이종원, 윤여탁, 「계승어 교육에서 윤동주 시의 활용 가능성-트랜스내셔널리즘의 관점에서」, 『문학교육학』, 한국문학교육학회, 2018.

이종일, 「트랜스내셔널 사회의 시민성 교육」, 『사회과교육연구』 21(4), 2014.

이진영·김선아, 「고려인의 음식문화와 정체성 : 이주와 혼종 문화로의 변화」, 『문화와 정치』 4(1), 2017.

이혜승, 「1930년대 중반-1980년대 중반 중앙아시아 고려인의 언론, 공연, 문학작품에 나타난 문화적 지향성 연구」, 『역사문화연구』 제26집, 한국외국어대학교역사문화연구소, 2007.

이혜승, 「1960~1980년 초반 사회,문화적 상황과 관련해 본 러시아 애니메이션의 변화 연구」, 『만화애니메이션 연구』, 한국만화애니메이션학회, 2009.

임수경, 「탈경계 관점에서 본 재일 한민족시문학연구」, 『한민족문화연구』 제41집, 한민족문화연구학회, 2012.

임환모, 「중앙아시아 고려인 단편소설의 지형도」, 『한국문학이론과 비평』 57, 2012.
장사선·김현주, 「CIS 고려인 디아스포라 소설 연구」, 『현대소설연구』 21, 한국현대소설학회, 2004.
장영미, 「재중조선인 시문학 연구의 디아스포라적 접근」, 『통일인문학』, 건국대학교 인문학연구원, 2013.
정덕준·이상갑, 「민족어의 자장, 민족의 경계 넘기」, 『현대문학이론연구』 28권, 현대문학이론학회, 2006.
정상진, 「시인 강태수의 삶과 문학-파란에 넘친 고통의 세월을 산 그의 시는 서정성과 뜻이 깊고 내용이 풍부하며 시상이 고상하다」, 『문학사상』 272, 문학사상사, 1995.6.
정은주, 「장소성에 기반한 초국가 시대 이주 연구 : 교외 거주 재미한인 연구 모델의 모색」, 『지역과 세계』 43, 전북대학교사회과학연구소, 2019.
조규익, 「카자흐스탄국립고려극장의 존재의미와 가치」, 『한국문학과 예술』, 숭실대학교 한국문예연구소, 2009.
조은주, 「재일조선인 디아스포라 시의 경향과 그 의미-종소리 수록 시를 중심으로」, 『어문연구』 42, 한국어문교육연구회, 2014.
조정래, 「한국문학과 만주체험 : 카자흐스탄 고려인 작가 김준의 장편소설『십오만원 사건』 연구」, 『현대문학의연구』 37, 한국문학연구학회, 2009.
주요철, 「카자흐스탄의 극단 '고려극장' 고전작품 연극화에 관한 연구」, 중앙대학교 신문방송대학원 석사논문, 2003.
최병우, 「이념과 현실 그리고 사실의 변용 : 김준의『십오만원 사건』의 경우」, 『한중인문학연구』 40, 2013.
최병학, 「로컬의 도덕과 트랜스-로컬 윤리학」, 『윤리교육연구』 36, 한국윤리교육학회, 2015.
최종환, 「일본-브라질 지역 한민족 디아스포라 문학 연구」, 『우리문학연구』 62, 우리문학회, 2019.
최종환, 「혼종성 의제로 읽는 아르헨티나 한인 시」, 『비평문학』 69, 한국비평문학회, 2018.
하용삼·배윤기, 「경계의 불일치와 사이 공간에서 사유하기-G. 아감벤의 국민·인민, 난민을 중심으로」, 『대동철학』 제62호, 대동철학회, 2013.
한 블라디슬라브, 「웹사이트〈고려사람〉에 나타난 CIS 고려인 문학」, 『재외한인문화연구』 2집, 공주대학교, 2018.

허병식, 「보이지 않는 장소로서의 이카이노와 재일조선인 문화지리의 트랜스내셔널」, 『동악어문학』 67, 동악어문학회, 2016.

홍대화, 「1930년대의 소비에트 문학 비평문의 성격 고찰」, 『슬라보학보』 6, 한국슬라보유라시아학회, 1991.

홍웅호, 「〈레닌기치〉를 통해 본 스탈린시기 카자흐스탄 고려극장」, 『사림』 54권 0호, 수선사학회, 2015.

홍태식, 「중앙아시아 고려인의 소설문학 연구(1) – 공동작품집 『시월의 해빛』을 중심으로」, 『새국어교육』 85권 0호, 한국국어교육, 2010.

찾아보기

용어

ㄱ

강제이주 20, 21, 22, 23, 24, 28
거주국 문화 26, 34, 79, 102
고려극장 21, 246, 248
고려인 20, 22, 159, 227
고려인 문단 27, 228
고려인 문학 161, 187, 207, 227
고려인 시문학 161, 207
공간 115, 119, 137, 142
공동체 의식 63
교포(僑胞) 131
교포문학 31
국가 중심주의 83
권력 언어 84
귀환 신화 29, 58, 76, 104
글라스노스트 174, 181
글로컬라이제이션 79

ㄴ

낙원의 공간 27
낭만적 이상향 137, 141
농업이민 85

누에바 헤네라시온(신세대) 75

ㄷ

다문화사회 51, 52
다문화주의 47, 51, 114, 131
다원성 100
다중정체성 31
다층적 정체성 145
동포문학 36
디아스포라 29, 40, 110, 114, 130
디아스포라 공동체 76
디아스포라 문학 31, 84
딸띄-꾸르간주조선극장 21, 248

ㅁ

멜팅 팟(Melting Pot) 41, 66
모자이크 문화 52
문화변용 32
문화적 이중성 100
문화적 정체성 100
문화적 혼혈 100
민족적 정체성 35, 36

민족 정체성 29
민족 중심주의 83

ㅂ

반동일화 169
브라질 한인문학 86, 103
블라디보스토크 21
비동일화 169

ㅅ

사스캐츠완문학회 48
사할린 183
상징적 공간 84
샐러드 볼(Salad Bowl) 41, 66
소비에트 23, 24, 208
소비에트 문학 163, 231
소수 언어 84
스탈린 정권 20
심리적 장소 84

ㅇ

아르헨티나한인문인협회 68
에드몬튼한인얼음꽃문학회 48
에스닉 마이너리티 113
연변조선족자치주 30
영토화 84, 138, 141
원동 21, 248
원동변경조선인극장 21, 248
음악희곡극장 21, 248
이민문학 31, 50, 51
이중언어 22
이중적 기입(dual inscription) 76

이중정체성 33, 49, 50, 52, 75

ㅈ

잡종성 46, 100
장소 115, 119, 137, 138, 142
장소성(locality) 17
장소화 141
재미 문학 77
재영토화 26, 105
재일 문학 77
재일조선인 111, 121
재일조선인 시문학 112
재중조선인 19, 30, 31, 34
재중조선인 문학 31, 41
재중조선인 시문학 34
재호문인회 133
정서적 복합성 37
정착사회 32
제3의 공간 26, 27
조선음악연극극장 21, 248
조선인 20
조선족 공동체 38
조선족어 31
중앙아시아 고려인 19, 22, 159, 183, 207, 227
중앙아시아 고려인 문학 41, 193, 216, 228
지리적 공간 다시 쓰기 83
지역의 재개념화 44

ㅊ

초국가 17, 41

초국가적 129
초국가적 이민 68

ㅋ

카자흐공화국 국립조선음악연극극장 21, 248
카자흐스탄 26
캐나다한국문인협회 47, 48, 49
캐나다 한인 47
캐나다 한인문단 48
캐나다한인문인협회 47, 48, 49, 50
캐나다 한인문학 50
캐나다한인문학가협회 48
캐나다한인여류문인협회 48
캐너더한국문인협회 47
캘거리한인문인협회 48
코리안 캐나다인 47
콜호스 164, 249
크즐오르다 21, 26
크즐오르다 주립음악연극조선극장 21, 248

ㅌ

탈국가적(post-national) 130
탈민족주의 131
탈식민성 161
탈언어 112
탈영토 112
탈영토화 26, 59
탈이념 112
토포필리아(topophilia) 154
통국가 41

통국가적(inter-national) 129
트랙토리스트카(Traktoristka) 168
트랜스내셔널 15, 20, 46, 50, 59, 87, 98, 111, 131, 136
트랜스내셔널리즘(transnationalism) 15, 19, 27, 44, 111, 114, 129, 146
트랜스내셔널 문학 16
트랜스내셔널 이주민 18
트랜스내셔널 인문학 83, 127, 130
트랜스로컬(translocal) 15, 66, 73
트랜스로컬리티(translocality) 18, 45, 87, 135
트랜스로컬 주체 17, 30, 44
트랜스이주자 19

ㅍ

페레스트로이카 174, 181

ㅎ

한국문화협회 85
한인문인협회 67
한인 문학 77
해외 한인문학 41, 50
헤게모니 18
호모 쏘비에띠구스 229
혼종성 26, 53, 70, 84, 90
혼종적 정체성 18, 53
혼종적 주체성 98
혼혈성 100
확산의 발상 41
환상의 공간 76, 97

인명

ㄱ
강 디아나 29
강애나 149
강태수 26, 177, 199, 222
강효삼 35
권오식 102
김광현 222
김빠웰 252
김성휘 37
김소은 138
김시종 120, 122
김오 140
김운희 144
김응교 112
김이오씨프 256
김정훈 49, 70
김종세 165
김한성 60
김환기 49

ㄴ
나카무라 준 116

ㄹ
량원식 220, 222, 252, 256
르낭, 에르네스트 22
리삼월 33
리상희 220
리정희 185, 189
리진 179, 221

리춘 172
림칙군 255
림하 254

ㅁ
민귀혜 63

ㅂ
바디우(A. Badiou) 154
박미하일 252
박성민 61
박정식 90, 91
박준희 49
박현 25

ㅅ
석화 39
송명희 49
수진 147

ㅇ
안경자 92, 95
양왕용 70
양원식 24
오홍심 117
우 블라지미르 212, 213
유금란 145
윤건차 123
윤알렉세이 167
윤필립 133, 142

이금실 58
이동하 49
이명재 70
이석현 55
이우환 124
이정신 96, 104
이푸 투안 137
이형권 87

ㅈ

적뢰생 251
전향문 252, 261
전혜미 118
정민선 139
정상진 191, 203, 214, 220
정석 255
정효구 49
조규익 247
조기천 232, 254, 258, 262
조남철 125

조소영 150, 152
조혜미 56
주영윤 23, 178
주오리 103
주요철 253

ㅍ

파농, 프란츠 55
페어웰, 닉 87, 99
푸코, 미셸 24

ㅎ

하란사 139
한 블라디슬라브 28
한상욱 262
한진 213
한춘 38
한혜진 143
황운헌 99

작품 및 도서

ㄱ

「고향」 29
「곰 다 마리」 90
「그때 우리는 어찌하여」 38
「그 한마디」 117

ㄴ

「나는 나입니다」 39

「나는 이 고장에 살겠노라」 37
「내 주머니 안의 유성」 96, 104

ㄹ

『레닌기치』 21, 159, 161, 185, 207, 246
『로스안데스 문학』 67, 68
「류바 아주머니」 172

ㅁ

「마이스 오우 메노스(MAIS OU MENOS)」 101, 102
「마지막 메뜨로 열차」 103
「무궁화」 99
『무궁화』 85, 86
『문학과 시드니』 132
「물고기 탁본」 145
『민족이란 무엇인가』 22

ㅂ

「바라는 바」 24
「박쥐」 143
〈배비장전〉 254
『백조』 85, 86
「변신」 149
「봉선화」 25
『브라질 코리안 문학 선집』 87
「블루마운틴에 오르던 날」 139

ㅅ

「사탕수수 밭으로」 106
「살구꽃 필 때」 195, 201
「상봉과 리별」 200, 201, 202
「새와 나무」 92
『새울』 47
「선물」 195
『선봉』 21, 245
「섬」 125
「소나무」 195
「순옥언니」 165
「스트라스필드 광장」 138

「시드니 연가」 139
「시드니의 한국인들」 142

ㅇ

「아들의 섬」 95
『아르헨티나 코리안 문학 선집 – 시/수필』 67
「아름다운 심정」 190
『아리랑이 땅고와 만났을 때』 67
「아보리진의 마을」 140
〈애랑〉 254
「어머니」 177, 178
「어머님 생각」 179
「여기보다 멀리」 122
『열대문화』 86
〈온달전〉 256
「위대한 말」 23
「이따빠리까의 명상」 99
「이 땅 – 나의 삶」 35
「이민살이」 55
「이민의 꽃」 58

ㅈ

「접목」 33, 56, 57
〈정애〉 251
「조각」 124
「지구인의 축제」 63

ㅊ

「차간에서」 195, 201
「처녀지 쁘락또르 운전수」 167
「추억」 123

〈춘향전〉 254, 255

ㅋ
「카멜레온을 위하여」 61
『캐나다문학』 48

ㅌ
〈토끼전〉 255

ㅍ
「푸른 쪼각 하나」 26

ㅎ
「호적의 빈칸」 116
『호주한인문학』 132
「훅스턴 파크의 바퀴벌레」 144

기타
『GO』 87, 99
「Hunter」 60
「Phantom Pain」 147
「SADDEST THING」 91
「What a Beautiful, Beautiful Day」 150